생각을 바꿔야 안전이 보인다

생각을 바뀌야 안전이 보인다

유인종 지음

삼성그룹 최초
안전관리자 출신 임원
유인종 쿠팡 부사장의
'대한민국 안전을 찾다'

| 들어가는 글 |

오직, 안전 하나만을 생각하며 살아온 인생

대학에서 안전을 공부하고 삼성에 입사하여 안전관리자의 길을 걸어온 지 어느새 만 33년이란 세월이 흘렀다. 20대 후반에 입사했으니 내 인생의 반 이상을 산업현장에서 안전관리자로 일했고, 그동안 강산도 세 번이나 바뀌었다. 중화학업종과 건설 및 서비스 등 두 개 회사 4개 사업장(본사 포함 6개)을 거치면서 공교롭게도 11년은 담당자로, 11년은 관리자로, 그리고 11년은 경영임원으로, 근무 기간 중 3분의 1씩 역할을 달리했지만 안전이란 업무에는 변함이 없었다.

안전문화란 용어도 없었고 지금처럼 안전이 크게 부각되지도 않던 시절에 안전을 시작해 오직 안전은 나의 사명이자 운명이란 일념으로 안전과 기나긴 동행을 했다. 시도 때도 없이 발생하는 안전사고로 인해 사고처리와 예방조치를 병행하느라 밤낮없이 일해야 했고, 가끔씩 발생하는 중대재해는 젊은 안전관리자를 절망과 좌절로 몸서리치게 하기도 했다. 그럼에도 사고란 악령에 지기 싫었고, 단 한 번도 포기하지 않았다. 안전사고가 발생할 때마다 찾아 드는 자괴감은 새로운 도전에 대한 동인動因으로 승화시키고자 이를 악물었다.

다행히 운 좋게 안전의 중요성을 일찍이 인식하고 믿어주고, 밀어주는 부서장, 공장장, 최고경영자 그리고 동료 및 선후배를 만나 소신껏 원없이 일했고, 안전관리자로서 이룰 수 있는 것은 모두 이뤘다. 내가 가는 회사, 가는 사업장마다 안전관리 체계를 잡아 동종 업계 세계 최장 무재해 사업장과 세계 최고의 안전관리 사업장을 만들어 냈다. 뒤돌아보면 이러한 힘은 업무에선 책임감과 사명감을 바탕으로 한 열정과 긍정의 마인드에서 나왔고, 인간관계에선 성실과 진솔함이 아니었나 감히 생각해 본다. 지금도 변함없는 생각은 "일은 하려고 하면 방법이 보이고, 하기 싫어하면 변명만 보인다"라는 것이다.

직장 생활 30년이 다 되어가던 3년 전 어느 날, 문득 안전관리자로서 걸어온 나의 길을 한번 기록해 보고 싶다는 생각이 들었다. 혹시 안전관리자라는 길을 먼저 걸어온 어떤 선배의 경험이 이 길을 걷고 있는 단 한 명의 후배에게 조금이라도 도움이 될 수 있다면 의미 있는 일이겠다 싶은 마음에서 이 책을 쓰게 되었다. 근로자를 다치지 않게 하는 것, 그것이 우리 안전관리자의 일이고 사명이다. 단 한 생명도 놓치지 않으려고 했던 이름 없는 안전관리자의 기록이자 생각이다.

우리가 역사를 배우는 이유는 과거의 사건을 통해 현재의 문제를 이해하고 미래를 대비하는 지혜를 얻을 수 있기 때문이다. 축적된 시간과 경험이 녹아 있는 역사는 때로 찬란한 영광을 기록하기도 하지만 동시에 지워버리고 싶은 실패를 기록하기도 한다. 영광의 기록은 우리에게 자긍심을 심어주고 실패의 기록은 우리에게 같은 실수를 반복하지 말라는 교훈을 일깨워 준다. 그러나 원고를 쓰면서 더욱 가슴 아프게 느낀 것은 수없이 발생하는 대형 참사 속에서도 우리 사회가 아직도 교훈을 얻지 못하고 있다는 것이다. 제발 한번 발생했던 사고만이라도 다시는 반복되지 않도록 했으면 하는 간절한 바람이다. 그러면 우리 사회 대부분의 사고는 막을 수 있다.

이 책은 총 Part4로 구성되어 있다. Part1은 신입사원 시절부터 임원으로 퇴임하기까지 33년간 안전관리자로 겪은 일에 대한 기록이다. 회사나 사업장 및 근무 위치가 바뀌는 등 주요 변곡점 위주로 정리했다. Part2는 산업현장에서 사고 예방에 꼭 필요한 요소들을 내가 겪고 시행한 사례와 함께 구성했다. Part3은 사고 통계를 바탕으로 우리 사회와 국민들이 안전의 본질을 알고 실천해야 할 내용을 정리했다. 마지막 Part는 기업의 최고경영자부터 근로자, 그리고 국가(정부)부터 국민에 이르기까지 각자의 위치에서 안전에 대한 역할과 해야 할 일들에 대해 안전 업무를 하면서 보고, 듣고, 느낀 것을 기술했다.

나는 전문적으로 글을 쓰는 전문 작가가 아니다. 서툰 글솜씨로 생각을 표현함에 있어 내가 보기에도 부족한 부분이 많다. 너

그러운 이해를 구한다. 또한 짧은 지식을 경험과 연결해 책을 쓰는 과정에서 안전과 관련한 많은 자료, 문헌, 신문 사설 등을 인용하고 참조했음을 미리 밝혀 둔다.

33년 동안 삼성그룹에서 안전업무를 하면서 분에 넘치는 지원과 응원을 정말 많이 받았다. 안전 업무를 소신껏 할 수 있는 여건을 만들어 준 회사와 최고경영자 그리고 함께 했던 많은 공장장 및 사업부장께 감사드린다. 수많은 날들을 함께 동고동락했던 회사 동료, 선후배들에게도 마음으로부터 진한 고마움을 표한다. 코로나19로 기업의 위생과 안전이 최대의 화두로 떠오른 2020년 하반기, 그동안 오늘의 나를 있게 해준 정들었던 삼성을 떠나 쿠팡에서 또 다시 새로운 도전을 시작했다. 한국에서 가장 안전한 회사, 고객에게 신뢰받고 사랑받는 회사를 만드는 데 최선을 다하고자 한다.

마지막으로 외롭고 힘들 때 늘 힘이 되어준 같은 길을 가는 이 땅의 '안전인' 선·후배와 동료들에게 감사드린다. 아울러 함께 근무하다 안전사고로 유명을 달리한 분들의 명복을 빈다.

2020년 10월

안전한 세상을 소망하며

저자 유인종

| 차례 |

들어가는 글 — 오직, 안전 하나만을 생각하며 살아온 인생 4

PART 1 내 인생의 키워드, 안전

1 어떻게 나는 안전관리자가 되었나? 13
2 사고, 그 아픈 기억들 16
3 유리 제조업계에서 안전의 금자탑을 쌓다 22
4 구미공장에서도 이룩한 업계 세계 최장 무재해 기록 27
5 헬기를 타고 수원과 구미를 오가며 수행한 안전관리 32
6 안전 업무를 떠난 새로운 도전의 길 35
7 안전은 나의 운명 38
8 에버랜드, 선진 안전 테마파크로의 변신 42
9 안전관리자 출신 임원, 현장 운영을 맡다 48

PART 2 산업재해 예방의 메커니즘

1 기업경영에서 안전은 순위의 문제가 아니다! 55
2 안전은 예방! 소 잃기 전에 외양간을 고쳐라! 64
3 안전은 공짜로 얻어지지 않는다 74
4 후진국형(재래형) 사고와 안전습관 88

5 안전의식을 촉진하는 효과적인 방법들 118
6 4차 산업 혁명 시대의 안전에 대하여 134
7 원활한 의사소통이 안전을 지킨다 145
8 해외 선진 기업의 안전경영에서 배우자 152
9 위기관리Crisis management, 어떻게 할 것인가? 166

PART 3 사회 공동체 생활 속의 사고예방

1 우리는 왜 사고를 잊고 살까 185
2 세 살적 안전 버릇, 평생 간다 199
3 대한민국 양심 수준, 얼마나 높아졌을까? 213
4 우리 사회를 위험으로 내모는 안전 불감증의 망령 225
5 생활 속 안전사고의 주범, 교통사고! 235
6 레포츠Leisure & Sports 활동의 첫번째 준비물 '안전' 253
7 사회적 신뢰와 팬데믹, 어떻게 대비해야 하나? 271
8 대한민국, 이제는 선진 안전 사회로 나아가야 한다 281
9 골든 타임, 함께 해야 더 안전하다 296

PART 4 생각을 바꿔야 안전이 보인다

1 국가(정부)는 국민 안전의 마지막 수호자 319
2 기업의 안전을 좌우한다 — 최고경영자CEO 336
3 안전 컨트롤 타워 — 경영자(임원) 344
4 사업장 안전의 키 맨Key Man — 관리감독자의 안전 리더십Safety Leadership 353
5 사업장 안전의 파수꾼 — 안전관리자 364
6 나의 안전은 내가 지킨다 — 근로자의 안전 책임의식 383
7 안전을 최우선 하는 사회 공동체 건설 — 우리 국민 모두가 해야 할 일 389

SAF

PART
1

내 인생의 키워드, 안전

어떻게 나는 안전관리자가 되었나?

나는 어린 시절 아버지를 일찍 여읜 관계로 큰 형님의 지원으로 중·고등학교를 마쳤다. 그런 큰 형님이 내가 대학 2학년이 되던 해, 만성신부전증으로 신장을 이식받지 못하면 생명이 위태로울 수 있다는 소식을 들었을 때 나는 주저없이 나의 신장 하나를 형님과 나눠 가졌다. 우리나라 근현대사의 주요 변곡점이 되었던 10·26 사태와 1980년 5·18 민주화운동이 한창이었던 해로 당시 나는 기계공학을 전공하던 공학도였다. 수술 후 회복 기간 중 우리나라에 처음으로 대학에 안전공학과가 생긴다는 이야기를 들었다. 다른 사람의 안전을 지켜주는 학문, 무엇보다 인간존중 사상의 이념에 따라 공부하고 일할 수 있다는 매력에 이끌려 편입학을 했다.

졸업을 앞둔 1987년 11월 16일 다른 친구들 보다 일찍 삼성그룹의 관계사인 삼성코닝이라는 회사에서 본격적인 직장생활을 시작했다. 27세의 젊은 열정과 안전에 대한 사명감으로 시작한 직장생활이었지만 현실은 그렇게 만만치 않았다. 삼성코닝은 수원 삼성전자단지에 있던 회사로 당시 일본의 ASAHI, NEG에 이어 세계 3위의 흑백 및 칼라 TV브라운관용 유리를 만드는 유리제조 기업이었다. 1,600℃의 초고온 유리 용해로, 고온의 유리를 반자동 및 자동으로 성형하는 프레스, 연마기 그리고 불화수소HF를 사용하여 표면을 코팅하는 NGPNon Glare Panel공정 등 여러 공정에서 다양한 제품을 생산하는 중화학 업종의 회사였다.

내가 처음으로 맡은 업무는 산재담당이었다. 사고원인을 조사하고, 대책을 수립하여 재발을 방지함과 동시에 산재보험료 정산, 그리고 재해자의 산재처리 및 사후관리를 담당하는 것이다. 의학에서 정확한 진단을 해야 환자에 대한 처방을 효과적으로 할 수 있듯이 안전관리에서도 사고 조사는 매우 중요하다. 사고의 근본 원인을 정확히 알아야 대처가 가능하기 때문이다. 이때부터 단순히 사고조사에만 그치지 않고 생산공정의 이해 및 기계설비의 구조, 작동 메커니즘까지 샅샅이 공부해 나갔다. 당시 연간 산재 사고만 해도 매년 10~20건씩 발생하던 때였으니, 경미사고까지 합하면 거의 모든 공정에서 다양한 사고가 발생하고 있었다. 이렇게 1년여 만에 사고를 통해 위험요인을 거의 파악하였다.

이때까지만 해도 아직 우리나라의 산업현장에는 안전관리가 체계적으로 시행되지 못하다 보니 근본적인 문제해결보다는 안전관리의 마지막 수단인 안전보호구에 많이 의존했다. 산업안전보건법이 1984년에야 제정되었으니 그럴 수밖에 없었다. 법과 기준이 없으니 어떻게 보면 당연한 일이기도 했다. 우리보다 먼저 안전업무를 담당했던 선배들은 정말 열악한 환경에서 제대로 인정도 못 받으며 안전관리를 해 오고 있었음을 피부로 느낄 수 있었던 시기였다. 이 선배들이 안전관리 1세대이고, 산업안전보건법이 제정되면서 대학에 안전공학과가 개설되어 전문인력이 배출되던 때가 아마도 안전관리 2세대라 할 수 있을 것 같다. 그나마 선배들의 헌신적인 노력이 있었기에 지금 우리의 안전관리 명맥이 유지되고 있다는 생각이 들었다. 이런 생각에 이르게 되자 이왕 안전관리자의 길로 들어선 이상 '내가 아니면 누가 하겠는가?'라는 생각으로, '이제부터 제대로 한번 잘 해보자'하는 사명감과 책임감으로 충만했다. 세상 물정 모르고 겁 없이 의욕이 충만한 시기였다.

2

사고, 그 아픈 기억들

언제든지 흉기가 될 수 있는 자동화설비

열심히 현장을 발로 뛰고 배우며 사고의 원인을 파악하고 한참 대책을 실행해 나가던 중에 안타까운 중대재해가 발생하였다. 1989년 1월 27일 TV 브라운관용 유리의 표면을 연마하는 자동화 설비와 세척용 린스 박스 사이에 머리가 끼어 29세의 젊은 근로자가 병원에 입원한 지 1주일 만에 생명을 잃은 것이다. 그때까지만 해도 자동화 설비 도입 초기라 안전장치가 완벽하지 못했고, 안전모마저 착용하지 않은 채 설비 가동 중에 점검을 하다 당한 사고였다. 입사한 지 1년이 조금 지난 시점에 직접 충격적인 사고를 접하게 되자 “내가 이런 것 보려고 안전을 공부했나”하는 큰 자괴감마저 들었다. 하지만 이런 자괴감은 곧이어 사고가 없는 사업장을 만들어 보겠다는 새로운 다짐이 되었다.

그때 사고로 인해 개인적인 아픔도 겪었다. 사고가 발생하고 일주일 후 갑자기 환자의 상태가 좋지 않다는 얘기를 듣고 중환자실로 급히 갔는데 곧바로 사망선고가 떨어졌다. 그때까지만해도 자식이 살 수 있다는 희망으로 고맙다며 회사 직원들과 잘 소통하던 재해자 가족들은 돌변했다. 저놈들 잡아 죽이라는 폭언과 함께 상황이 험악해지자 함께 있던 선배와 나는 쫓기듯 병원 로비를 빠져나갔다. 당시 그곳에는 임신 상태를 미처 알고 있지 못했던 와이프가 인적 드문 집에 혼자 있기 무섭다며 병원 로비에서 책을 보고 있었다. 이 모든 상황을 목격한 와이프는 크게 놀라 혼자 새벽에 택시를 타고 집으로 돌아갔고, 다음날 뱃속의 아이를 잃었다.

언제 어디서나 발생할 수 있는 감전사고

1989년 1월에 발생한 중대재해 이후 대대적인 안전대책의 적용과 임직원들의 안전의식 확산을 통해 무재해를 이어가던 중 예상치 못했던 곳에서 또다시 중대 재해가 발생하였다. 1991년 8월 30일 10:05분경 NGP공장 지하 변전실에서 변압기의 온도 상승 방지를 위해 설치한 쿨링 팬 모터cooling fan motor의 전원선power line

을 부하 직원과 함께 점검하던 관련 시설의 전기담당 직장이 절연튜브가 해체되어 있던 몰드형 변압기 탭 전환단자(6.6kv)에 오른쪽 손목 부위가 접촉되어 사망하는 안타까운 사건이 일어난 것이다.

변전실 전기시설의 책임을 맡고 있던 감독자인 직장의 사고였기에 그 충격은 더욱 컸다. 게다가 사고로 인한 정전이 있기 전까지는 정상적인 생산활동이 이루어지는 등 외부의 요인이 전혀 없었는데도 유족 측의 근거가 없던 주장(정전작업 중 같이 일하던 부하 직원이 전원을 투입했다)으로 인해 무려 11일 동안이나 장례를 치르지 못하고 대치 상황이 이어지기도 했다. 함께 작업했던 부하 직원은 유족 측의 지속적인 협박과 괴롭힘에 병원에 입원까지 했다가 결국 퇴사하고 말았다.

1994년 6월 30일 09:10분경에는 KO3 용해로 냉간 보수 기간에 용해로 연도 상부에서 스팀배관 보온공사를 하던 공사 협력업체 직원이 전선이 단락된 임시 가설 전등(220V)을 깔고 앉아 작업하다 감전되어 사망한 사고도 있었다.

안전관리체계가 정착되는 과정에서 겪은 많은 사고와 중대 재해를 경험하면서 수없이 많은 좌절감과 자괴감에 몸서리친 적이 한두 번이 아니었다. 미처 사전에 챙기지 못한 것에 대한 한없는 후회와 자책을 많이 하기도 했다. 내가 한발 먼저 안전장치를 도입하고 사전 안전성 검사나 확인을 했더라면, 내가 먼저 점검해서 미리 알려주고 주의하게 했더라면 하는 그런 후회를 수도 없이 했다.

2002년 월드컵 하면 떠오르는 악몽 같은 사고

2002년은 대한민국 국민 모두에게 한일월드컵의 가슴 벅찬 감격과 환희를 떠오르게 하는 해일 것이다. 그러나 안전관리를 담당하던 나에게는 악몽과 같은 사고가 먼저 떠오르는 해이기도 하다.

구미공장에 있는 KO8 용해로(길이 30m, 폭 7m, 높이 5m)는 당시 세계에서 가장 규모가 큰 유리 용해로였다. 유리 용해로를 5년 정도 사용하면 내화벽돌 등이 침식되어 정기적으로 용해로를 완전히 해체한 후 새로운 내화벽돌로 교체하는 냉간보수cold repair 공사를 해야 한다. 2002년 5월 21일 17시25분경 용해로 상부 내화벽돌 설치 공사 중에 용해로가 붕괴되는 사고가 발생하였다. 다행히 사망자는 없었지만 용해로 상부에서 작업 중이던 외부 공사 협력업체 작업자 25명이 부상(중상 1명, 경상 24명)을 당했다.

사고가 발생하자 구미소방서 등에서 구조대가 도착하고, 현장에 사고대책본부가 설치되는 등 사고수습이 이루어졌다. 당시 저녁 시간에 한일 월드컵을 앞두고 우리나라와 잉글랜드의 국가대표 평가전이 열리고 있었는데 이 중계 화면에 '삼성코닝 용해로 붕괴, 수십명 매몰'이라는 뉴스 속보가 지나가고 있었다. 이 뉴스를 본 전국의 친인척과 친구 및 지인들로부터 걱정과 위로의 전화가 집으로 빗발쳤다고 한다. 사고 당시 나는 환경안전부서의 부서장(그룹장)이었다.

냉간보수 공사는 2,000명 이상의 작업자가 동시에 투입되는 매우 중요한 대규모 공사이기에 안전관리부서에서도 사전 준비부터 공사에 이르기까지 총력을 다해 대비한다. 주관 부서는 용해로의 설계와 축로築爐 및 해체를 담당하는 로爐 설계팀이었다. 당시만 해도 용해로 축로 공사는 해외 동종업계 선진사 등에서도 경험과 관행에 따라 전문 축로 공사업체에 맡겨 공사를 했었다. 철저한 구조안전성을 확인하지 않고 시행했던 것이 가장 큰 문제였다. 그 사고 이후에는 전문 구조설계 및 감리회사를 통해 설계 및 구조 안전성에 대한 검증 프로세스를 제도화하였다.

당시 구조를 담당하던 119대원들은 용해로가 붕괴되었으니, TV 뉴스 속보 내용처럼 수십 명이 매몰되었을지도 모른다고 했지만 재해자와 작업 인원을 30분 만에 확인한 나는 매몰자는 없다고 확실하게 얘기해 주었다. 대규모 인력이 동시에 투입되는 위험성을 감안해서 작업에 투입되는 작업자들의 안전모에 개별 인식번호를 부여해서 관리한 결과였다. 당일 출근한 3명이 마지막으로 확인되지 않았지만 개별 연락을 통해 일찍 퇴근했음을 파악한 뒤에서야 그나마 안도의 한숨을 내쉬었다. 그 날 현장의 모든 직원들이 밤을 새워 무너진 내화 벽돌을 치우며 현장을 정리했던 기억이 지금도 생생하다.

사고에는 반드시 원인이 있고(원인 계기의 원칙), 사고의 결과는 운에 의해 결정된다(손실 우연의 원칙)는 하인리히의 '사고 예방의 원칙'을 현장에서 발생하는 대부분의 사고를 통해 직접 확인할 수 있다. 붕괴 사고가 발생하기 1시간 전 공사가 진행 중이던 용해로 하부를 공장장과 같이 점검하고 나왔었는데 만약 그때 용해로가 붕괴되었으면, 나와 공장장은 아마 뼈도 추리지 못했을 것이다. 내화벽돌의 무게가 개당 0.5~1.5톤 이상씩이나 되기 때문이다. 이런 뼈아픈 사고 과정을 직접 겪으면서 혼신의 힘을 다해 안전관리를 하지 않을 수 없었고 무사고에 대한 신념과 의지는 더욱 강해졌다.

3

유리 제조업계에서 안전의 금자탑을 쌓다

유리 제조업 중에서도 특히 TV브라운관용 유리 제조 산업은 대표적인 장치산업이자 중화학업종이다. 1,600℃의 유리 용해로에서 흘러나오는 500~1,000℃ 정도 되는 유리물을 수동, 반자동, 자동화설비를 이용하여 성형-융착-1차검사-연마-2차검사 등을 통해 제품을 생산한다. 전 세계적으로 제품의 수요대비 공급이 부족하여 용해 불량률이 국내·외 M/S와 손익에 절대적인 영향을 미친다. 따라서 기술 개발과 공정 관리는 회사의 명운을 가르는 중요한 요소다.

TV 브라운관용 유리 제조현장은 용해로의 고열과 제품의 고온 등으로 인해 여름철에는 용해와 성형공정의 주변을 지나가기만 해도 옷이 흠뻑 젖을 정도로 땀이 흘러내리는 매우 무더운 현장이다. 고열뿐 아니라 공정에서 발생하는 각종 분진과 자동화설비의 소음 등으로 전형적인 3D 업종에 해당하는 아주 열악한 작업환경을 갖고 있다. 이런 이유로 같은 업종의 국내외 산업 현장에서는 각종 안전사고가 끊이지 않고 발생하고 있었다. 삼성코닝의 안전사고 발생률은 당시 그룹 관계사 중에서 건설과 중공업 다음으로 높았다.

입사 후 1년간은 회사의 분위기를 파악하고 공정과 설비를 배우며 사고를 처리하는데 급급했다. 그렇지만 그 과정에서 과거의 사고 사례와 사고발생 공정 및 설비 등을 대부분 익히고, 위험요인을 샅샅이 파악하면서 앞으로 무엇을 어떻게 해야 하는가에 대한 고민을 많이 했었다. 무엇보다 생산부서에서 자율적이고 주도적으로 안전활동을 전개하지 않으면 사고예방에 한계가 있다고 판단했다. 이때까지만 해도 생산부서의 관리감독자들은 생산과 안전을 별개의 업무로 생각하여 안전은 안전부서에서 해야 하는 것으로 인식하고 있었다. 이런 인식을 개선하고 안전관리를 생산부서에서 주도적으로 시행하도록 하기 위해 부서장한테 건의하여 부서에서 가장 경험이 많은 안전관리자 3명을 주요 생산부서로 전진 배치했다. 이때부터 회사에서 '자율안전'이란 개념을 사용하기 시작했다.

자동화 설비에서 중대 재해가 발생했을 때는 독일의 부퍼탈대학교 안전공학과 교수들을 초빙하여 안전진단을 받았고 그 결과를 바탕으로 〈자동화설비의 안전화 대책〉 등을 주요 골자로 하는 〈안전관리 중장기계획〉을 수립했다. 동시에 부서장과 경영진을 설득해 안전 우선의 제도정비와 과감한 투자를 시작하였다.

1990년대 초반에 설비의 안전화를 위해 매년 매출액 대비 3.4%, 총투자액 대비 27.3%에 달하는 예산을 안전보건부문에 과감히 투자하였다. 당시로서는 획기적인 일이라 아니할 수 없었다.

그룹 최초로 개설된 사내 케이블 TV방송을 통해서는 안전캠페인, 공정별 안전수칙, 기획특집, 안전 1분 및 3분 스피치 등 하루도 빠짐없이 안전과 관련된 내용을 제작해 방영했다. 요즘에는 담당 작가도 있고 PD도 있어서 얘기만 하면 전문 시나리오 작가가 다 알아서 해 주지만 당시만해도 사내 방송국에 아나운서, 촬영, 편집 등 3명의 인력밖에 없어서 시나리오를 직접 써야 했고, 촬영과 편집도 같이 해야 했기에 퇴근시간은 밤 12시를 넘기기 일쑤였다.

게다가 일에 대한 욕심이 많아 어떻게 하면 임직원들이 조금이라도 쉽게 안전에 대해 이해하고 공감하여 실천으로 연결되게 할 수 있을까 하는 고민을 많이 했다. 당시만해도 안전보건과 관련한 교육자료나 홍보물이 거의 없었고 안전보건공단도 설립 초창기라 기업에서 필요한 것을 많이 제공하지 못했다. 그래서 좀 더 질 좋고 과학적인 영상과 시나리오를 만들기 위해 해외 도서와 자료를 찾고, 안전장치나 안전위생 보호구 제조업체를 샅샅이 물색하여 관련 사진이나 그림, 영상 자료를 확보하고 삽화를 만들어 애니메이션 제작까지 도전하기도 했다.

이렇듯 회사의 안전에 대한 과감한 투자와 체계적인 교육과 홍보, 그리고 안전을 담당하는 직원들의 지속적이고, 열정적인 추진력과 임직원들의 안전에 대한 적극적인 참여가 한데 모여 안전을 중시하는 문화가 서서히 형성되었다. 그 결과 안전사고는 매년 현저하게 감소되었고, 이런 노력이 4년 정도 쌓이면서 꿈에도 그리던 무재해 사업장을 실현할 수 있었다.

삼성코닝의 안전중시 경영과 성과가 외부에 알려지면서 1993년 3월 18일 국무총리(안전 행사에 최초 참석) 주재로 개최된 '전국 무재해 운동 전진대회'에서 회사의 우수사례가 유일하게 행사장에 전시되었고, 공장장이 우수사례를 발표했다. 이때부터 시작된 무재해는 세계 동종업계 최장기간 무재해(19배 목표 3,880만인시, 9년 5개월)를 기록하였다. 이런 공로를 인정받아 당시 공장장은 정부로부터 안전분야 최고의 훈장인 동탑산업훈장을 받았으며, 당시 대리로 안전관리 실무를 총괄하던 나는 부서에서 신청하지도 않았는데 인사위원회 위원들의 즉석 추천으로 회사 창립기념일 유공자상인 '자랑스런 삼성코닝인상'을 수상했다.

안전관리 체계가 서서히 정착되어 가는 과정에서 두 번의 중대재해가 발생하였지만, 이를 헛되이 넘기지 않고 안전관리를 더욱 강화하고 발전시켜 나가는 확실한 전환점과 기회로 삼았다. 변화관리 분야의 대가인 존 코터 하버드대 경영대학원 교수가 "큰 변화를 성공적으로 끌고 가려면, 위기감이 높을 때 단기적인 작은 성공이 필요하다"고 말했듯이 중대 재해가 발생했을 때 안전분야의 변화를 가속화하기 위한 노력에 집중하였다. 그동안 직원들의 반발 등으로 인하여 더욱 강력하게 시행하지 못했던 안전과 관련한 각종 제도(사원 승격시험 과목에 안전과목 반영 등)를 기획해 추진했고, 고질적인 문제점에 대한 시설 보완 등 투자와 안전 우선의 정책을 과감하게 시행하여 빼아팠던 과거의 사고가 결코 헛되지 않도록 했다.

회사에 입사해 안전업무를 시작했을 때만 해도 그룹에서 안전사고가 많이 발생하는 관계사 상위 그룹에 랭크됐던 사업장이 5년여 만에 안전관리를 가장 잘하는 사업장으로 변모하는 현장의 중심에 있었다는 것이 자랑스러웠다. 그 당시 고락을 함께했던 동료들 중에는 현재 전국의 산업현장에 안전을 전파하는 명강사가 되어 왕성한 활약을 펼치는 이도 있고, 독창적이면서 세련된 이미지로 위험을 알려주는 안전표지판을 디자인하는 회사 대표도 있다. 회사에서 일했던 안전을 매개로 평생의 업業으로 삼아 일하고 있으니 이 또한 얼마나 감사한 일인가.

구미공장에서도 이룩한 업계 세계 최장 무재해 기록

수원공장의 안전관리가 어느 정도 궤도에 올라 안정기에 접어들 즈음인 1997년 6월 대형 TV브라운관용 유리와 특질 유리를 생산하고 있던 구미공장에서 제품생산에 사용되는 원료인 페라이트 파우더ferrite powder가 공정에서 일부 누출되어 공장 인근에 있는 하천(이계천)으로 흘러 들어가는 환경 오염사고가 발생하였다.

다행히 큰 오염사고로 확대되지는 않고 회수처리 되었지만 지방신문 1면에 자극적으로 과장된 사진 등이 노출되면서 대내·외적으로 큰 곤혹을 치르고 있었다. 이에 당시 구미공장을 맡고 있던 공장장이 나를 지명해서 보내 달라고 본사에 요구하는 바람에 1997년 7월 1일 자로 구미공장으로 전배를 가게 되었다.

경상북도 구미는 친인척이나 친구도 하나 없는 아주 낯선 곳이라 처음엔 선뜻 엄두가 나지 않았다. 그렇지만 나를 필요로 하는 곳이라면 그 지역이 어디든 관계있겠냐는 생각으로 혼자서 내려갔다. 처음 6개월간은 수원과 구미를 오가는 주말 부부로 지냈지만 안전환경을 담당하는 간부가 365일 가동되는 사업장에서 아무리 주말이라도 멀리 떨어져 있다는 게 늘 마음에 걸려 가족과 함께 아예 이사를 해 구미 시민이 되었다. 당시 과장 2년 차로 환경사고로 문제가 됐던 환경 파트장을 맡았었는데 1년여 만에 오염물질 발생원 관리의 문제점을 파악해 모두 개선했다. 수원공장에 있을 때 ISO 14001 인증을 담당했고 회사의 지원으로 대학원에서 환경공학을 전공한 것이 큰 도움이 되었다. 그 외에도 환경오염 방지시설에 대한 효율을 향상시키는 등 환경 부문의 안정화와 효율 향상을 조기에 달성했다. 안전이나 환경 등 혁신활동을 할 때에 내가 가장 많이 활용하는 방법은 '5 Why 기법'이다. 이 5 Why를 분석해서 파고 들어가면 대부분은 해법이 나온다.

구미 공장에서도 안전사고는 예외없이 발생하고 있었다. 구미에 내려간 지 6개월 정도가 지나던 1998년 1월 메인 변전실 내부에서 TPM(Total Productive Maintenance, 전사적 생산보전)활동의 일환으로 전력공급 케이블에 공급 위치 표시용 라벨을 부착하던 중에 26세의 젊은 직원이 6,600V 전원 단자에 왼손이 접촉되는 감전 사고가 발생했다. 다행히 목숨은 건졌지만 양손을 모두 잃고 말았다. 사소한 한순간의 판단 착오와 실수가 한 사람의 인생과 가족의 행복을 송두리째 파괴하는 이 무서운 안전사고는 우리 주변에서 언제, 어디에서나 예고없이 나타나고 있었다.

당시 사고를 당했던 그 직원은 오랜 치료와 재활과정을 거쳐 회사에 복귀했지만 회사의 만류에도 불구하고 곧바로 퇴사하고 말았다. 한동안 어렵고 힘든 과정을 거쳐 불굴의 투지로 재기하여 '양손 없는 장애인 마라토너'란 별명으로 우리나라 장애인 마라톤 대표 선수가 되어 이름을 알리며 활동하기도 했다.

환경업무를 담당하고 있던 때에 목격한 이때의 충격적인 사고는 구미공장의 안전을 처음부터 다시 생각하는 계기가 되었다. 나는 이 사고가 발생하고 2개월 후인 1998년 3월, 구미에 내려온 지 8개월 만에 환경안전부서의 부서장(그룹장)이 되었다.

그때부터 수원공장에서 실시했던 설비의 근원적인 안전확보, 관리감독자 및 근로자들에 대한 계층별, 단계별 안전교육과정 개설 및 임직원 안전의식 확산을 위한 다양한 안전활동을 지속적이고도 집중적으로 진행했다. 생산부서 직원들이 자주보전에 대한 책임감을 가지고 안전하고, 청결하게 설비를 관리하자는 취지에서 마이 머신my machine 활동을 전개했다. 동시에 자신이 관리하는 설비에 행복한 가족사진과 함께 안전 다짐 문구를 새겨 항상 사랑하는 가족을 생각하면서 안전하게 일할 수 있는 안정된 분위기를 조성했다.

또한 가정과 회사의 안전소통 매체인 안전 가정통신문을 정기적으로 공장장 명의로 직원들 집으로 발송했으며, 임직원 가족들이 참여하는 안전수기 공모전 등 '안전은 가정에서부터 시작된다'는 생활안전운동도 전개했다. 이때의 가족 안전수기를 모아 '안전이 가져다주는 행복'이라는 책자를 발간하기도 했다.

이러한 활동을 통해 구미 사업장은 당시 세계 동종 업계에서 최장 무재해 기록인 〈무재해 10배 목표 1,290만인시(6년 2개월)〉를 달성하는 쾌거를 이루었다(수원공장은 2001년 6월 19일 사고 발생으로 무재해 중단). 이외에도 '6 시그마 기법'을 적용한 경영혁신 활동을 통해 폐수 발생원 관리, 공업용수 및 에너지 사용량을 획기적으로 절감하여 우수 사례가 공중파 TV방송에 소개되기도 했다.

안전환경 부문에서 시행한 다양한 활동으로 사고 예방 등 큰 성과가 나타나면서 사업장에서 실시하고 있는 사례가 외부에 소개되기도 하고 그 성과를 인정받아 대내·외에서 상도 많이 받았다. 임직원 건강증진 활동은 '제1회 사업장 건강증진 우수사례 발표대회'에서 최우수상(고용노동부 장관상)을 받았고, 사업장 안전활동 및 안전교육 내용은 '제1회 안전활동 및 안전교육 우수사례 발표대회'에서 최우수상(고용노동부 장관상)을 수상했다. 2001년 1월에는 안전환경 부문의 성과를 인정받아 삼성그룹 최고의 상인 '자랑스런 삼성인상'을 수상하는 영예를 안았다.

그리고 2001년 11월에는 국가 품질경영대회에서 에너지 절감 및 오·폐수 저감 등의 청정기술 개발과 환경 친화적인 개선활동에 공헌한 기업에게 수여하는 환경분야 최고의 상인 환경경영상(대통령상)도 수상했다. 구미 사업장에서 환경안전 부서장으로 일했던 5년 6개월 동안의 시간은 환경안전 업무를 하면서 일에 대한 보람과 환희를 함께 느끼고 경험할 수 있었던 최고의 시간이었다.

무엇보다 한 방향 팀워크가 회사 내에서 최고였다. 팀원들 사이에 소통과 신뢰가 쌓여 즐겁게 일하는 분위기가 형성됐고 팀원들은 무엇이든 할 수 있다는 자신감으로 충만했다. 부서원 단합 체육대회, 연말 송년파티 등에는 직원들의 가족까지 함께 했으며, 매월 서로의 집에 초청해 분식 파티를 열기도 했다. 이렇게 되다 보니 서로 믿고 의지하며, 밀어주고 끌어주는 끈끈한 팀워크가 자연스럽게 형성됐다. 업무 강도가 매우 높았지만 맡은 일에 대해서는 서로 협조하며 철저히 완수해 성과를 만들어냈다.

신입사원으로 입사할 당시만 해도 환경안전부서는 한직 취급받으며 가기 싫은 부서 중 하나였지만 어느새 일해보고 싶은 부서로 바뀌어 가고 있었다.

헬기를 타고 수원과 구미를 오가며 수행한 안전관리

구미공장에 근무하는 동안 수원공장에서 몇 차례 중대 재해가 발생하며 무재해가 중단되는 안타까운 일이 발생했다. 또한 그 시기에 회사에서 새롭게 시작하는 신규 사업의 공장착공 등이 이어지면서 본사 차원의 환경안전 조직의 필요성도 대두되고 있었다. 그때까지 국내에는 수원공장, 구미공장, 신규로 건설되는 아산 탕정공장이 있었으며, 해외 생산법인으로는 중국, 말레이시아, 독일 등에 생산 기지를 두고 있었다. 기획, 관리 및 인사 등의 본사 조직은 따로 있었지만 기술 지원부문과 환경안전은 수원공장에서 전사 지원역할을 담당하고 있었다. 2003년 3월 수원과 구미공장, 그리고 본사 조직을 아우르는 통합 환경안전그룹장이 되어 다시 수원공장으로 올라오게 되었다. 그 이전에는 수원공장과 구미공장의 환경안전부서에 그룹장이 각각 별도로 있었다.

수원에 상주하면서 구미공장까지 챙겨야 하는 상황에서 수원과 구미를 오고 가야 하는 물리적인 시간과 거리를 극복할 수 있었던 것은 당시 삼성전자 수원과 구미를 오가는 업무용 헬기가 하루에 한 번씩 운행을 했기에 가능했다. 전자와 코닝의 수원공장과 구미공장은 같은 단지의 바로 옆에 위치해 있었다. 열차나 승용차를 이용하면 편도 3시간 이상이 걸리는데 비해 헬기를 이용하면 50분 정도 밖에 걸리지 않았기에 대부분 헬기로 1주일에 한 번(1박 2일)씩 구미공장을 오가면서 업무를 수행했다. 헬기에서 내려다 보는 계절별로 변하는 우리 산하의 아름다운 경치를 마음껏 감상할 수 있는 기회도 되었다.

헬기를 이용하면서 느낀 점은 헬기 운행상의 안전기준을 철저히 준수한다는 것이다. 날씨가 안 좋을 때, 즉 운항 조건을 벗어나는 상황에서는 어떠한 경우에도 운행하지 않는 원칙이 있었고, 그 원칙은 예외없이 지켜지고 있었다. 풍속과 운고雲高 등 기상 상태는 저고도로 비행하는 헬기 운항에 있어 안전과 직결되는 사항이기 때문이다. 그러나 최근 발생하는 많은 헬기(응급 헬기 포함) 사고의 원인을 보면 열악한 이착륙장의 환경 이외에도 이러한 기본적인 안전기준을 철저히 지키지 않는 경우가 많이 있다. 예외 없는 기본과 원칙의 준수가 안전의 시작이자 사람의 생명을 지킬 수 있는 출발점임을 헬기를 이용하면서 다시 한번 생각하게 되었다.

이 기간에는 다소 흐트러져 있던 수원공장의 안전관리를 다시 한번 추스리는데 집중했다. 또한 국내 공장과 해외법인을 지원하는 환경과 안전인력을 별도로 두고 사업장별 Best Practice를 수평 전개하여 관리수준을 상향 평준화했고 전사적인 환경안전 제도 및 규정을 정립하였다. 신규로 건설되는 공장에 대해서는 사전에 환경안전과 관련된 사전 위험성 평가를 통해 환경안전 가이드라인을 만들어 기획-설계-건설(시공) 단계에서 철저하게 적용하였다. 특히 이 때는 지진, 홍수 및 태풍 등 자연재해에 대비하기 위한 활동을 중점적으로 실시했다. 회사에서 가장 중요한 핵심시설인 용해로에 대한 지진 안전성 평가와 태풍 및 풍수해에 대비한 시뮬레이션을 해외 전문기관을 통해 수행하여 문제되는 부분을 보완했다.

TV용 디스플레이의 급속한 기술개발로 TV 브라운관용 유리의 대체제가 예상보다 빠르게 부상하자 브라운관용 유리의 사양화가 급격히 진행되면서 수원공장의 철수가 결정되었다. 어느새 도심 속에 위치하게 된 공장 전체를 철거하는 대규모 철거공사(70m 이상 굴뚝 4기 포함)의 안전관리 계획을 수립하며 직접 철거공사의 안전관리를 사고없이 진두지휘했다. 신입사원으로 입사한 지 19년 만에 수원공장이 철거되는 현장의 안전관리 책임자를 끝으로 삼성코닝에서의 마지막 임무를 완수하였다.

6

안전 업무를 떠난 새로운 도전의 길

전자산업 특히 디스플레이 업계의 기술진화는 하루가 다르게 변화하고 있다. 당시만 해도 TV용 디스플레이는 전통적인 CRT(Cathod Ray Tube, 음극선관, 일명 브라운관)가 주류를 이루고 있었지만, 점차 PDP(Plasms Display Panel, 플라즈마를 이용한 화면 표시장치)를 거쳐서 LCD(Liquid Crystal Display, 액정표시장치)로 전환되고 있었다. 현재는 LCD도 사업이 철수되고, 그 자리에 OLED(Organic Light Emitting Diodes, 유기발광 다이오드)가 새롭게 자리잡고 있다. 여기에 더해 QD(퀀텀닷)나, QNED(퀀텀닷 나노 LED) 등 차세대 신개념의 디스플레이도 빠른 속도로 개발되고 있다. 이렇듯 디스플레이 업계는 예나 지금이나 예측했던 것 보다 훨씬 더 빠른 속도로 변화되고 있다.

수원공장의 철거 공사가 거의 마무리되어 갈 즈음 소방방재시스템 사업을 진행하고 있던 삼성에버랜드의 경영진으로부터 함께 일하자는 제의를 받았다. 당시 삼성코닝은 수원공장의 철수에서 보듯이 사업이 성장의 정점을 지나 서서히 정체기에 접어들고 있어 새로운 도전이 필요한 시기였다.

많은 생각과 고민 끝에 회사가 성장하지 않는 상태에서는 환경안전 관리도 현재 상태로 잘 유지만 하면 된다고 생각했고 그 역할은 후배들이 충분히 할 수 있겠다는 판단을 했다. 당시 공장장을 찾아가 어렵게 얘기를 했는데 회사가 어려워도 환경안전은 중요하고 아직은 당신이 필요하다는 말과 함께 사장도 승인하지 않을 것이라는 얘기를 하는게 아닌가. 마음이 혼란스러웠다. 고민 끝에 구미공장에 있을 때 공장장으로 모셨던 부사장을 직접 찾아가 상황을 얘기하고 도움을 청했다. 다행히 나의 뜻을 이해하고 사장을 설득해 관계사 전배가 이루어졌다.

새로운 일을 해보겠다고 결심한 것은 안전관리자로 입사해 19년간 지옥 같은 중대재해도 몇 차례 겪었지만 이를 극복하고 밤낮없이 일한 결과, 많은 응원과 인정 속에서 눈부신 성과를 창출했기에 안전관리에 여한이 없었기 때문이었다.

2006년 11월 1일 관계사 전배를 통해 삼성에버랜드 환경개발사업부 방재사업팀장에 부임했다. 이때 나이 만 45세의 부장 3년차로 삼성에 입사한 지 20년째 되던 때였다. 방재사업팀은 화재조기 감지시스템인 자동화재 탐지설비를 미국에서 들여와 삼성그룹 및 외부 시장에 판매, 시공 및 A/S를 담당하는 부서로 단일부서에서 사업을 모두 관할하는 소사장에 해당하는 업무를 담당했다. 부임하자마자 업무를 파악하고, 2007년도 경영전략을 팀원들과 수립하여 업무를 시작한 지 보름만에 사업부 경영전략회의에서 발표를 하였다. 새로운 업무를 맡아 시작하니 각종 아이디어와 열정으로 충만한 시기였다. 다행히 전략발표에 대한 사업부장의 강평은 칭찬 일색으로 기존의 팀장들로부터 따가운 눈총을 받기도 했다. 6개월 정도 지나자 국내 최초로 자연재해 컨설팅을 시작했던 리스크 컨설팅 업무까지 맡게 되었다. 리스크 컨설팅 사업은 국내·외 석박사 및 기술사 등으로 구성된 전문 인력들이 미국의 ABS Consulting사와 기술 제휴해 기업에서 발생할 수 있는 지진, 태풍, 풍수해 및 폭발 등 자연재해와 폭발 전문 컨설팅을 수행하는 것이었다. 한번 일을 맡으면 최선을 다하고, 이왕이면 최고의 성과를 내고 말겠다는 목표의식이 뚜렷한 성격 탓에 업무에 대한 열정과 추진력은 대단했었던 것 같다. 2년 만에 매출액을 연 400억원에서 800억원으로 두 배를 신장시켰다. 어려운 여건 속에서도 삼성에버랜드 최초로 해외법인을 러시아에 설립하기도 했다. 이런 성과로 인해 전배 온 첫해부터 근무기간 내내 역량평가와 성과평가에서 모두 최고를 받았다. 또한 안전관리자 출신답게 소방시스템의 시공특성상 고공의 위험작업이 많았지만 안전사고가 단 한 건도 발생하지 않았다.

되돌아보면 참으로 인복이 많았던 것 같다. 삼성코닝에서는 직속 상사나 공장장, 사장의 전폭적인 지원을 받았고, 에버랜드에서도 담당 임원, 사업부장의 전폭적인 지원과 응원을 받았다. 팀원들과도 소통과 신뢰를 바탕으로 한 방향 팀워크가 형성되어 즐겁게 일할 수 있었다.

7

안전은 나의 운명

삼성코닝에서 삼성에버랜드로 전배올 때 안전과 관련된 책자나 자료를 단 하나도 가지고 오지 않았다. 삼성에버랜드 방재사업팀이 내 직장생활의 마지막 부서로 생각했기 때문이다. 그러나 운명은 나를 그냥 두지 않았다. 앞으로 안전을 계속하리라는 생각을 조금이라도 하고 이런 글을 쓸 기회가 있을 줄 알았더라면 아마도 기록이 될 만한 자료나 사진 등을 잘 보관했을 터인데 그러지 못한 아쉬움이 있다.

우리 국민들에게 에버랜드와 캐리비안베이로 널리 알려져 있는 삼성에버랜드 리조트사업부는 2007년 1월 고객 사망사고, 2008년 6월 협력사 감전 사망사고 등 크고 작은 안전사고로 언론에 자주 오르내렸다. 그룹 회장님께서도 에버랜드의 안전관리에 문제가 있음을 지적하셨고 2008년 12월 회사의 최고경영자가 교체되면서 안전분야에 새로운 변화가 일기 시작했다. 새로 부임한 CEO는 기존 조직의 직원들과 몇 개월 일해 본 후 본사 환경안전팀장을 교체하라는 지시를 내렸다. 인사부서에서 환경안전 업무를 할 수 있는 사람을 물색하던 중에 나의 인사카드 이력을 발견하고 CEO에게 후보자로 올렸다고 했다. 영업을 배우겠다고 회사를 옮긴 지 2년 3개월 만인 2009년 2월 9일 나는 본사 환경안전팀장으로 발령이 났다. 안전은 나의 운명임을 실감하는 순간이었다.

환경안전팀장으로 발령이 난 다음 날 서울에 있던 사무실에서 짐을 챙겨 용인에 있는 사무실로 내려오는 길에 환경안전 복귀 인사차 그룹 안전환경연구소에 잠깐 들렀다. 연구소장과 임원 및 주요 간부들과 함께 환담을 하면서 삼성에버랜드의 환경안전 현황이나 관리 수준에 대해 물었다. 그때 나온 말들은 "환경안전 점검을 해도 점검 결과에 대한 개선이 안된다" "영업을 우선하는 문화가 있다"는 아주 실망스러운 답들이었다. 단도직입적으로 "우리 그룹의 관계사와 비교해 上·中·下로 등급을 매긴다면 어디에 해당하겠냐"는 나의 물음에 주저없이 이구동성으로 "下"라고 답하는 게 아닌가.

무거운 마음을 안고 용인으로 발걸음을 옮겼다. 당시 삼성에버랜드에는 건설사업부, 리조트사업부, 골프사업부, FC^{Food Culture} 사업부 등 다양한 사업부서가 있었다. 환경안전 조직은 본사에 환경안전팀 그리고 사업부 규모에 따라 환경안전부서가 팀 또는 그룹 등으로 구성되어 있었다. 안전관리 부서에서 2년여 떠나 있었지만 중화학 업종에서 환경안전을 오랫동안 해 봤었기 때문에 업종은 달라도 안전의 본질은 같다고 생각했다. 삼성에버랜드에 안전을 잘 심어 보겠다는 새로운 자세와 각오를 다짐하며 다시 환경안전팀에서의 생활을 시작했다.

먼저 과거에 발생했던 안전사고 기록을 앗차사고부터 경미사고, 중대 재해까지 샅샅이 분석하여 사고의 원인을 파악했다. 회사 내·외부의 점검 및 진단결과 등 환경안전과 관련된 사항과 이에 대한 개선여부 확인을 통해 안전관리 문제의 본질을 찾아 나갔다. 직원들의 업무 수행 능력과 장단점도 빠르게 파악했다.

대부분의 제조나 건설 현장의 안전관리 대상은 근로자와 협력사 직원이다. 그러나 에버랜드는 다중 이용시설로 근로자 및 협력사 직원 이외에도 연간 약 800만명에 이르는 고객의 안전을 책임져야 한다. 고객 중에는 영유아와 거동이 불편한 노약자 및 장애인도 있기에 이런 사람들까지 고려한 안전관리를 해야 하는 어려움이 있다. 그런데 이런 다양한 고객을 응대하고 놀이기구 등 시설을 운영하는 사람들은 평균 근속 5~6개월 정도 되는 아르바이트생(테마파크에서는 배역을 담당하는 사람이란 의미의 캐스트cast라고 호칭함)들이다. 이들이 연간 5,000명 정도 입사하고 있는데, 이들을 교육하고 훈련시켜 안전하게 파크를 운영하는 데는 많은 시간과 노력 그리고 노하우가 필요하다.

부임하자마자 사고 현황을 파악해 보니 고객 사고가 꽤나 많이 발생하고 있었고 직원이나 캐스트 사고도 적지 않게 발생하고 있었다. 사업부 환경안전 부서는 이러한 사고처리 및 뒷수습하기에 급급하여 상대적으로 예방관리에 소홀한 것이 가장 큰 문제였다.

안전을 지키는데 필요한 3가지를 꼽으라고 하면 나는 주저없이 '사람과 시간 그리고 돈'이라고 말한다. 안전관리를 잘 하려면 우선 능력 있고 사명감있는 안전관리자와 직무에 관한 지식과 경험 그리고 소양을 갖춘 관리감독자가 있어야 한다. 또한 생산이나 영업 및 공기工期 등에 영향을 미칠 수 있는 최소한의 시간이 확보되어야 한다. 그리고 이를 뒷받침할 재원(財源, 돈)이 있어야 한다. 이런 것을 갖추지 않고 지원하지 않으면서 안전을 하려고 한다면 그것은 말로만 하는 안전이며 공염불에 불과할 뿐이다.

사람과 시간 그리고 돈에 입각한 안전관리상의 문제점을 분석하고, 대책을 수립하여 최고경영자에게 보고하였고 승인과 함께 전폭적인 지원을 받아 본격적으로 실행해 나갔다. 이때부터 안전관리가 체계를 갖춰나갔고 안전사고도 급격히 감소하였다. 누가 쉬지 말고 열심히 하라고 시켜서 한 것도 아니었고 임원이 되겠다는 목표를 가지고 한 것도 아니다. 단지 해야 할 일이 있었고 내가 해야 할 일이고 할 수 있는 일이라고 생각했기에 기꺼이 했을 뿐이었다. 다만 어차피 해야 할 일이라면 즐거운 마음으로 잘 하자는 평소의 소신대로 했을 뿐이다. 그 해 1년의 시간을 되돌아보니 쉰 날이라고는 여름에 휴가삼아 아이들과 1박 2일간 캠핑 갔었던 게 전부였다. 그렇게 하나하나 해야 할 일을 묵묵히 수행하며 앞만 보고 무사고를 위해 달려나갔더니 그 해 12월 초 그룹 임원 인사에서 경영임원으로 승진했다.

8

에버랜드,
선진 안전 테마파크로의 변신

안전공학을 전공하고, 안전관리자로 입사하여 일한 지 22년 만에 그룹에서 처음으로 안전관리자 출신의 경영임원이 되었다. 지금까지와는 다른 차원의 안전에 대한 책임과 사명감이 느껴졌다. 내가 잘하고 모범을 보여야 많은 후배들에게도 기회가 열리고, 안전의 길잡이가 될 수 있다는 책임감도 생겨났다. 임원이 된 후 환경안전 리스크가 가장 많은 리조트사업부의 안전기술팀장으로 업무위촉을 받았다. 안전기술팀은 파크의 각종 설비와 전기 등 인프라를 운영하고 제반 공사를 담당하는 퍼실리티facility 기술그룹과 놀이기구에 대한 기술과 메인터넌스maintenance를 담당하는 어트랙션attraction 기술그룹 그리고 환경, 안전보건, 방재 등을 담당하는 환경안전 그룹을 관장하는 조직이다.

본사에서 근무할 때 안전관리에 대한 큰 틀에서의 방향과 전략을 이미 설정해 놓았기 때문에 기조에 따라 철저히 실행에 초점을 맞추어 업무를 수행해 나갔다. 해외 선진 테마파크의 기술과 운영 노하우를 배우기 위해 동경 디즈니에서 오랫동안 근무했던 일본인 고문을 초빙하여 5년간 자문을 받았고 독일의 TUV SUD에 의뢰하여 어트랙션 종합 안전진단을 실시했다. 전기·설비·토목·건축 등 파크 내에 있는 모든 시설에 대한 외부 전문기관의 정밀안전진단을 받아 문제점도 파악했다. 진단 결과 개선이 필요한 것으로 꼽힌 1,572개 항목에 대해서는 우선순위를 매겨 3개년 계획으로 모든 개선을 완료했다. 3년간 집행된 투자금액이 무려 540억원 정도나 되었는데 당시 리조트사업부의 영업 이익이 연간 500억 정도였던 것에 비하면 안전분야에 투자한 규모를 짐작할 수 있을 것이다. 불특정 다수가 방문하는 테마파크의 특성상 어떠한 경우에도 고객과 임직원들의 안전을 최우선적으로 지키겠다는 회사의 강한 의지의 표현이기도 했다.

과거에 이미 설치되어 운영하고 있던 시설과 설비에 대해서는 이렇듯 회사 내외부의 전문가나 전문 업체의 위험성 평가를 통해 안전성을 검증하고 문제가 될 만한 부분은 보완했다. 그리고 신규로 도입되는 설비에 대해서는 기획과 설계 단계에서부터 시공 및 시운전 과정의 위험성을 철저하게 검증하여 안전성이 보장될 경우에만 최고경영자에게 보고한 후 고객을 상대로 시설을 오픈하는 프로세스인 FAT^{Final Acceptance Test}를 제도화해 운영하였다.

아울러 전력 등 인프라 시설에 대해서는 정전 등의 비상상황에 대응하기 위해 설비의 이중화를 구축하였고 주요 놀이기구에는 제어와 안전 감시기능을 분리 운영하는 두 개의 PLC(Programmable Logic Controller, 디지털 동작의 전자장치) 시스템을 적용해 시스템의 안전을 강화하는 등 페일 세이프fail safe 체계도 구축하였다.

에버랜드에서 놀이기구 등을 운영하는 캐스트는 소정의 교육과 필기 및 실기 테스트를 거쳐 합격할 경우에만 놀이기구를 운영할 수 있는 사내 어트랙션 조작 자격제도를 갖추고 있다. 자격증이 없으면 어떤 경우에도 놀이기구를 운영할 수 없다. 이들은 시설 운영 중에 고객의 안전과 관련한 작은 이상이라도 발생하면 사전 보고 없이도 언제든지 즉시 놀이기구를 정지시킬 수 있는 권한을 갖고 이를 주저없이 실행한다. 이러한 어트랙션 E-Stop Emergency Stop 제도 등 파크를 운영함에 있어 안전을 최우선으로 판단해서 운영할 수 있도록 하는 각종 안전 제도를 기획하여 실행했다.

안전관리는 무엇보다 예방이 우선이다. 그러나 아무리 예방관리를 완벽히 잘 하더라도 예기치 못한 고장이나 휴먼 에러 등으로 인한 사고는 발생한다. 이러한 예기치 못한 사고에 대비하기 위해 사고 발생 시에 인명피해를 예방하고 손실을 최소화하기 위한 비상상황 대응 프로세스도 갖췄다. 즉, 어트랙션 운행 중 안전장치 작동 등 이상 발생으로 인한 고공정지 및 화재 발생 등 최악의 상황을 가정한 시뮬레이션을 통해 어떠한 경우에도 인명피해가 발생하지 않도록 대응 프로세스를 구축하고 교육과 주기적인 훈련을 반복해서 실시했다.

이와 같이 안전 우선의 제도와 규정을 만들어 시행하고 설비의 근원적인 안전을 확보함과 동시에 교육홍보 등을 통한 임직원 안전의식의 확산 등을 중점적으로 실시하자 매년 50% 이상씩 안전사고가 획기적으로 감소하기 시작했다. 이러한 성과로 인해 2011년 12월에는 그룹의 환경안전 우수사례를 평가해서 시상하는 삼성 녹색경영상을 수상하기도 했다. 과거 사고처리에 급급할 정도로 발생하던 고객 안전사고는 2014년부터 경미사고가 10건 이하로 줄었으며 세월호 사고를 거치면서 더욱 체질화되고 강화된 안전관리로 인해 2015년부터는 단 한 건의 사고도 발생하지 않게 되었다.

2009년 리조트사업부 종합 안전대책 수립 당시만 해도 해외 선진 테마파크라고 하는 일본의 동경 디즈니랜드(TDL)와 고객사고 발생률을 비교했을 때 에버랜드가 높았으나(E/L 2.3, TDL 2.0, 입장객 10만명당 재해자수), 2011년도부터는 TDL보다 사고 발생률(E/L 0.7, TDL 1.0)이 낮게 유지 되었고, 어트랙션 고장률(에버랜드: 917ppm, TDL: 2,000ppm) 또한 낮은 수준으로 관리하게 되었다. 지금 와서 그 시절을 뒤돌아보니 임원이 되어 리조트사업부 안전기술팀장이 된 후 약 5년 동안 거의 하루도 쉬지 못했다. 아니 쉴 수가 없었다. 사고는 계속 발생했고 해야 할 일은 쌓여 있으니 그럴 수밖에 없었다. 요즘 주 52시간 근로에 익숙한 직장인들은 아마 쉽게 이해하지 못 할 것이다.

회사 업무를 하면서 반드시 지켜야 할 '안전을 위한 우리의 다짐'은 최고경영자의 많은 고민과 생각 끝에 만들어진 것으로 모든 회의 시작 전에 참석자 모두가 제창하도록 했다. 이렇게 의

도적으로라도 안전이 의식화되도록 하겠다는 의지의 표현이었다. 또한 경영전략회의 등 모든 회의를 할 때도 안전부서에서 가장 먼저 발표(안전이 매출 등 손익보다 중요함을 강조하기 위함)하게 했으며 경영진과 보직 간부의 KPI(Key Performance Indicator, 핵심성과지표)에 안전부문 가중치를 획기적으로 높이고, 사무직도 포함하게 함으로써 '전원 참여의 안전'을 생활화하도록 하였다.

이러한 최고경영자의 안전에 대한 확고한 철학과 임직원들의 적극적인 참여가 어우러져 전사적으로 안전문화가 확산되고 정착하는 계기가 되었다. 삼성그룹과 DNV가 공동 개발하여 2015년에 처음 실시한 임직원 안전문화 수준 평가 결과 리조트 부문이 그룹의 많은 사업장 중에 Top 3에 랭크되었고, 2017년에는 86.4점으로 World Class 수준인 창의적 단계에 도달하게 되었다. World Class 수준의 안전 파크 구축을 목표로 예방관리 활동을 중점적으로 추진해 온 지 9년여만의 일이다. 2020년 현재까지 최고경영자가 두 번이나 바뀌었지만 이러한 안전중시의 기업문화는 계속해서 유지 발전되고 있다.

임원으로 안전업무에 한창 매진하고 있던 어느 날 최고경영자로부터 받은 한마디 격려의 메일은 지금도 잊혀지지 않는다. "안전에 대해 새로운 각오로 업무를 진행할 때 유상무의 지원과 역량의 도움이 컸습니다. 안전업무를 하면서 필요한 지원, 예산, 선진사 벤치마킹 등의 건의사항이나, 업무 하면서의 고충, 애로사항이 있으면 언제든지 격의없이 알려주기 바랍니다. 앞으로도 잘 부탁합니다" 이런 격려와 분위기 속에서 일하는데 어떻게 단 한

순간이라도 최선을 다해서 일하지 않을 수 있겠는가. 지금 생각해도 그저 감사할 뿐이다.

안전관리에 입문한 지 30년이 지난 2018년 7월 2일에는 '제51회 산업안전보건의 날' 기념식에서 정부로부터 2개 회사 4개 사업장을 무재해 일터로 만든 공로로 산업포장을 수상하는 영광까지 얻었다. 행복한 삶을 꿈꾸며 회사와 국가 발전을 위해 땀 흘려 고생하는 직원들을 다치게 해서는 안 된다는 사명감으로 앞만 보며 안전관리 외길을 33년간 달려왔다. 가정보다 회사가 먼저였고, 우리 아이들보다 직원들의 안전이 우선이었다.

지금 젊은 사람들은 도저히 이해할 수 없는 삶이기도 했다. 그렇지만 그때는 나뿐만이 아니라 많은 선배와 동료들이 그랬다. 치열한 세계 경쟁 속에서 살아남기 위해 밤낮없이 기술을 개발하고 생산공정에 불량이 발생하면 그것을 잡기 위해 몇 날 며칠을 집에도 못가고 야전침대에서 쪽잠으로 버티며 수없이 많은 날을 지새웠다. 그런 열정과 노력, 그리고 희생으로 일본의 아사히를 넘어설 수 있었고, 소니를 이길 수 있었으며, 오늘날 우리나라가 선진국으로 도약할 수 있었다. 그래서 그들을 산업역군이라 부르지 않았던가.

9

안전관리자 출신 임원, 현장 운영을 맡다

회사의 안전문화가 어느 정도 정착되고 안정기에 접어들 즈음인 2018년 1월 회사에서는 파크 운영에 안전이 가장 중요한 만큼 안전을 잘 아는 사람이 리조트사업부의 파크운영팀을 맡아야 한다며 파크 운영팀장으로 발령을 냈다. 파크운영팀은 에버랜드와 캐리비안베이의 어트랙션 운영, 서비스(티켓, 그리팅, 주차, 그린 등)를 담당하는 서비스 운영, F&B Food & Beverage, MD Merchandise 및 CS Customer Service 등 부서명칭처럼 파크의 전체적인 운영을 담당하면서 동시에 매출과 손익도 함께 담당하는 부서로 제조 회사의 생산부서와 같은 역할을 하는 조직이다.

지금까지는 직장생활 중 환경개발사업부 방재사업팀에서 2년여 영업과 시공을 담당하면서 현장의 안전관리를 수행한 것 이외에는 본사 및 사업장의 환경안전 스텝으로 환경안전 업무만 전담했었다. 현장의 운영팀장으로 업무가 위촉되자 안전스텝에서 하던 일을 현장에서 직접 적용해 볼 수 있는 좋은 기회라고 생각했다. 물론 안전업무가 주업무는 아니지만 현장관리에 있어서 가장 기본이 되는 것이 안전이고, 안전을 담당했던 임원이었기에 더욱 안전관리를 철저히 해야 한다는 다짐도 했다. 물론 새로운 업무에 대한 기대와 설레임도 있었다.

현장에서 어트랙션 운영과 매장 등을 직접 담당하는 직원들은 평균 근속연수가 5~6개월 정도되는 캐스트들이다. 이들은 대부분이 대학을 졸업하거나 휴학 또는 방학을 이용해 일하는 청년들로 직장이란 조직 생활을 미리 경험해 보고 싶거나, 학비 마련 및 해외 어학연수나 여행 경비 마련 등 다양한 목적으로 아르바이트를 한다. 또한 이들은 지금까지 살아오면서 체계적으로 안전교육이란 것을 한 번도 받아 본 적이 없고 대부분 학교와 가정에서 귀하게 자란 친구들이다. 때로는 기분 상하고 마음 내키지 않는 일이라도 고객을 위해 친절하게 웃어줘야 하는 서비스업의 본질을 모르는 상태로 입사한다.

짧은 기간에 이들이 안전 기준을 익히고 서비스 마인드를 갖추어 일하도록 하는 것은 여간 어려운 일이 아니다. 그렇기에 이들에 대한 체계적이고 실전적인 교육은 매우 중요하다. 에버랜드에서는 신입 캐스트 입문교육, 부서 배치교육, 개별 접점교육 등 3단계 교육을 실시하고 있다. 이외에도 입사 1개월이 경과할 때 실시하는 점프 업jump up 교육 등 근무 기간별 보수교육을 실시한다. 매일 실시하는 안전과 서비스 교육은 쌍방향 소통과 체험형으로 진행한다.

또한 캐스트들의 소속감과 자긍심을 고취하고, 근무의욕 향상과 자기계발을 지원하기 위해 다양한 활동을 하고 있다. 이외에도 희망하는 모든 캐스트가 참여할 수 있는 진로 상담이나 취업 준비 과정에서 필요한 면접 스킬, 그리고 각종 교양상식, 스포츠·문화예술 등 해당 분야의 외부 전문가를 초청해 강의와 실습을 병행하며 진행하는 오픈 클래스를 매월 한 번씩 운영하고 있다. 이렇듯 사회진출을 앞둔 캐스트들에게 필요한 소양을 미리 경험하고 준비할 수 있게 도와주는 것도 청년들과 우리 사회에 기여하는 일이라고 생각한다.

특히 개인의 생명과 직접 관련이 있는 안전에 대해서는 체계적인 지식과 태도를 갖추어 실천하도록 끊임없이 교육하고 훈련하고 있다. 가정에서는 부모와 가족에게 누구보다 소중한 자녀들이기에 일하는 과정에서 조금이라도 다치는 일이 있어서는 안 된다는 생각으로 안전관리에 만전을 기하였다.

파크운영팀장으로 부임해서는 기존에 시행해 오던 일반적인 안전관리 활동 외에 과거에 가장 많이 발생했던 사고와 공정별 위험성 평가 결과를 바탕으로 최소단위 접점별로 'Risk Top 5'를 선정하고 위험요인과 대책을 명확히 하여 교육했다. 그리고 현장에서 잘 실천하고 있는지에 대한 실행 여부를 매주 1회 이상 직접 확인하고 점검했다. 또한 그동안 발생했던 앗차사고Near Miss 사례를 분석한 결과 90%가 불안전한 행동에 있었다는 것에 착안해 안전행동관찰BBS, Behavior Based Safety 활동을 중점적으로 시행하였다. 안전행동관찰 기법은 직원들과의 쌍방향 소통을 강화하고 칭찬과 격려를 통해 안전행동을 증가시켜 불안전한 행동을 감소시키는 기법으로 해외 선진사에서 시행하여 많은 효과를 보고 있는 기법이다.

'Risk Top 5'와 '안전행동관찰' 활동을 처음 시작하기 전에 각 부서의 안전담당자들과 수차례에 걸쳐 도입 취지와 시행방법 등을 설명하고 시행시 예상되는 문제점들에 대해서도 사전에 충분히 의견을 듣고 보완한 후 시행했다. 그렇게 한 이유는 아무리 좋은 기법과 제도를 도입해도 실제 현장 직원들의 이해나 적극적인 관심과 참여가 없이는 성공할 수 없다는 것을 너무 잘 알고 있기 때문이다. 이렇게 3년 동안 안전활동을 적극적이고 지속적으로 시행해 나가자 앗차사고도 현저히 감소했다. 손님 사고뿐만 아니라 직원들의 산재사고가 한 건도 발생하지 않았으며, 니어 미스는 80% 이상이 감소했다.

SAF

PART

2

산업재해 예방의 메커니즘

ETY

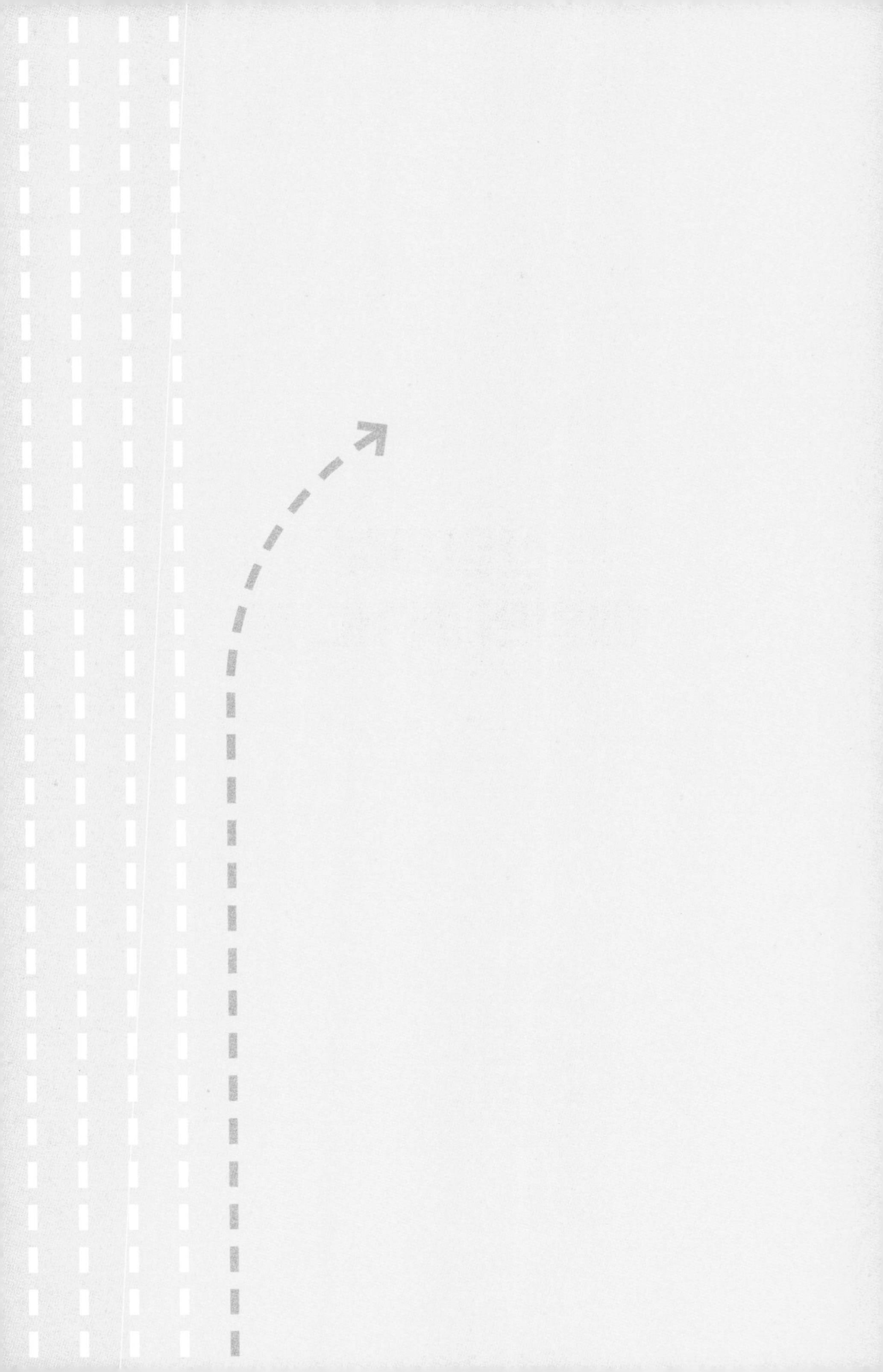

기업경영에서 안전은 순위의 문제가 아니다!

안전은 기업의 핵심 가치가 되어야

기업에서 안전관리를 성공적으로 추진하려면 가장 중요한 요소는 무엇일까? 여러가지 요인이 있겠지만 가장 중요한 것이 회사의 경영철학이나 최고경영자의 마인드라고 생각한다. 이윤추구가 목적인 기업의 입장에서 당장 사고가 나지 않고 돈이 되지 않는 안전이 어떻게 유지될 수 있는지 그 생리를 알아야 하기 때문이다. 안전은 겉으로 잘 드러나지 않고 때로는 번거롭기까지 하다. 생산속도를 늦추기도 하고, 적지 않은 비용을 필요로 한다. 또한 안전은 한번 만족하는 것으로 끝나는 것이 아니라 지속적인 관리와 노력이 필요한 부분이다. 이런 특성으로 인해 안전을 중요하게 관리한다고 해도 현실적인 요인들로 인해 항상 쉽게 타협하고자 하는 유혹에 빠지기도 한다.

소비자들이 겉으로 드러나는 가치에 대해서는 쉽게 지갑을 열지만 보이지 않는 안전요소를 구입하는 데는 주저하는 이치와도 같다. 이렇듯 시장 원리만으로는 안전이 지켜지기 어렵기 때문에 기업에서 안전을 흔들림없이 지속적으로 시행하고, 유지하려면 절대적으로 필요한 것이 하향식Top Down으로 만들어지는 경영철학에 기반한 경영방침이다. 이것을 바탕으로 전임직원이 참여하고 실천하는 상향식Bottom Up 안전활동이 조화를 이룰 때 선진안전문화가 형성될 수 있다.

안전제일? 안전우선? 안전은 순위의 문제가 아니다. 우선 순위라고 하는 것은 상황에 따라 얼마든지 바뀔 수 있다. 그래서 안전은 우선 순위의 문제가 아니다. 안전은 기업에서 어떠한 상황에서도 변하지 않는 기업의 핵심가치core value로 내재화되어야 한다. 사람이 바뀌어도 시간의 제약이 있어도 세월이 흘러도 변하지 않는 것이 핵심가치이다. 예를 들면 생산성, 품질, 효율, 또는 영업이 더 필요한 상황에서도 안전이 양보되지 않고, 타협의 대상이 되지 않을 때 진정한 핵심가치가 되는 것이다. 굳이 순위로 매긴다고 하면 순위의 가장 앞에 변치않고 위치하는 것이 가치라고 할 수 있다.

이렇듯 안전이 기업의 핵심가치로 기업의 경영철학이나 경영방침에 반영될 때 비로소 모든 임직원들이 회사에서 업무를 하거나 현장에서 작업을 할 때 안전에 대한 생각이나 판단 그리고 행동이 실천으로 나타나게 된다. 이러한 것들은 하루아침에 형성되지 않는다. 안전이 기업경영의 핵심가치로 내재화되어 습관화하고 생활화가 되기 위해서는 각종 제도와 프로그램으로 정립되고 뒷받침되어야 하고 일관성 있게 오랜 시간동안 꾸준한 노력과 실천이 필요하다. 이런 환경이 조성되고 실천이 습관화가 되면 자연스레 선진 안전문화도 형성된다.

안전제일Safety First의 의미를 다시 한번 새겨보자

산업현장뿐만 아니라 우리의 생활 주변 어디에서나 오래전부터 쉽게 보아왔고 자주 접할 수 있는 말, 바로 '안전제일'이다. 그 유래는 1906년으로 거슬러 올라간다. 당시 미국의 최대 철강회사 U.S. Steel의 게리E.H. Gary 사장이 작업장에서 일하다가 철판에 깔려 사망한 근로자를 목격하고 회사의 경영방침을 '생산제일주의'에서 '안전제일주의'로 바꾼데서 비롯되었다. 사고로 남편을 잃은 미망인이 게리 사장에게 "당신에게는 내 남편이 비록 종업원 몇천명 중의 한 명일지 모르지만 나와 우리 가족에겐 단 한 명 밖에 없는 모든 것이다"라고 말한데에 깊은 반성과 깨달음을 느껴 회사의 경영방침을 안전제일로 만들었다는 것이다.

당시에는 안전의 개념이 제대로 정립되지도 않은 상황에서 성장과 개발이 주류를 이루던 시대로 안전을 생산의 상위 개념으로 둔다는 것은 상상하기 어려운 일이었을 것이다. 게리 사장이 안전제일주의 경영방침을 실행한 결과 재해감소와 함께 품질과 생산성이 모두 향상된 것으로 나타났다고 한다. 안전제일을 탄생시킨 U.S. Steel 사례 이후에도 안전을 기업의 핵심가치로 정하고 기업을 경영하여 회사를 획기적으로 성장 발전시킨 회사가 무수히 많이 있다. 안전의 대명사로 불리는 듀폰이나, 알코아, 카길 등이 100년 이상 영속하며, 발전을 거듭할 수 있었던 배경에는 바로 안전과 안전문화가 자리잡고 있다.

안전제일이 생겨난 지 113년이 흘렀다. 무려 한 세기가 지나도록 안전이 제일이라고 공장의 외벽이나 대형 현판에 내걸고 안전모나 작업복에 새겨 강조하건만 왜 21세기 대한민국은 아직도 OECD 회원국 중 산재 사망률 1위를 벗어나지 못하고 있는 것일까? 안전은 우리가 삶을 살아가는데 가장 기본적인 전제 조건이 되는 중요한 문제이기에 이렇게 표현하고 사용하고 있을텐데도 말이다. 사람의 생명과 안전은 그 무엇과도 바꿀 수 없다. 우리 사회가 반드시 갖춰야 할 기본 중의 기본이다. 누가 뭐라 해도 안전문제만큼은 아무리 강조해도 지나치지 않는다는 것, 이제는 더 이상 구호로만 외치는데 그치지 말고 말로만 떠들고 글로만 쓰지 말고 행동으로 실천하여 안전을 기업의 핵심가치로 내재화할 때도 되지 않았는가?

안전 중심의 경영방침이 곧 인간중심 경영!

경영방침business policy이란 반복적으로 일어나는 같은 종류의 문제에 대해 의사결정에서 일관성을 부여하기 위하여 설정한 지도 원칙 또는 그 실행 절차를 의미한다. 방침은 반복적 조건 하에서 일어나는 행동에 대한 결정 룰rule이며 환경의 변화에 관계없이 항상적인 것이다. 그러나 경영방침은 단순히 선언적인 상태에 머물거나 상징적인 의미의 것이 되어서는 아무런 의미도 효과도 없다. 경영방침에 안전이 중요한 요소로 반영되었으면 거기에 따른 회사의 정책이나 투자 우선순위, 임직원들의 평가, 교육홍보 및 신상필벌 등의 실행을 위한 제도가 반드시 뒷받침되어야 그 효과를 볼 수 있다.

경영방침이 명확하면 목적 달성을 위한 수단의 선택에 일정한 제약을 주게 되고 일정한 방향으로 각자의 노력을 집중시킬 수 있다. 그리고 권한 위임을 쉽게 하여 관리자는 예외적인 원칙에 의하여 관리할 수 있으며, 문제처리에 일관성을 확보할 수 있다. 또한 각 부문 활동의 조정을 쉽게 한다. 품질경영 시스템(ISO 9001)이나 환경경영 시스템(ISO 14001) 및 안전보건경영시스템(OHSAS 18001 & ISO 45001) 등에서 시스템 구축을 위해 가장 중요한 요건이 되는 것이 바로 경영방침인 것은 시사하는 바가 크다고 하겠다. OHSAS 18001에서 정의하는 안전보건 방침은 '최고경영자에 의해 공식적으로 제시된 안전보건 성과와 관련된 조직의 전반적인 의도 및 방향'이라고 되어있다.

지난 33년 동안 여러 기업과 사업장에서 안전관리를 해온 나의 경험상 기업의 경영철학이나 핵심가치 또는 경영방침에 안전이 명시되지 않은 기업은 안전도 없다고 단언코 얘기할 수 있다. 사업주가 인간존중의 기본이념과 경영 마인드를 갖고 강한 실천의지를 보여야 한다. 안전을 단순히 생산 활동의 부가적인 요소가 아니라 선행요소로 인식하고 독려해야 한다. 근로자가 안전하게 일할 권리를 보장해 주어야 하는 것이 기업과 최고경영자의 역할이다. 만약 당신이 최고경영자 또는 생산을 책임지고 있는 위치에 있는 사람이라면, 비록 생산이나 영업에 차질이 생기더라도 안전이 확보되지 않으면 작업하지 않게 할 수 있는가? 그렇게 할 수 있는 회사인가?

안전을 위한 우리의 다짐

많은 그룹과 기업에서 안전을 중요한 요소로 인식하고 경영이념이나 경영철학 또는 경영방침에 반영하고 있다. 삼성그룹은 경영원칙 다섯가지 중에 '안전·환경·건강을 중시한다'라는 원칙이 있으며 삼성전자는 '安全이 經營의 第1原則이다'를 대내·외에 천명하고 있다.

2014년에 발생한 세월호 사고를 계기로 삼성물산 리조트 부문의 안전경영이 한 단계 더 도약하는 새로운 전환점을 맞게 되었다. 안전중시의 경영활동을 체계적이고 집중적으로 전개하여 그 결실을 맺어가고 있기 시작한 지 5년여가 지나가고 있던 때였다. 세월호 사고로 전 국민이 충격과 슬픔에 빠져 있던 어느 날 당시 회사 최고경영자였던 김봉영 사장이 집무실로 나를 불렀다. "우리나라는 안전의 갈 길이 아직 요원한 것 같다. 정부와 국민들의 안전 체감도가 확립되려면 많은 시간이 걸릴 것이고 그때까지 우리가 기다릴 수 없으니 많은 고객들이 즐겨 찾는 우리 에버랜드에서 먼저 제대로 된 안전문화를 만들어 보자"라고 했다.

어떻게 하면 임직원들이 안전을 회사의 가장 중요한 핵심가치로 인식하고 실천하게 할 것인가를 고민하다 사장님이 직접 만든 것이 '안전을 위한 우리의 다짐'이었다. 당시 사장님은 세월호 사고를 접하면서 "우리 회사가 안전관리를 열심히 한다고는 하지만 아직 갈 길이 멀고 임직원들의 안전의식이 체질화되고 개인의 삶 속에 내재화되어 습관적으로 생활화할 수 있게 해야 한다"고 강조하며 나를 다시 본사 Q-SHE Quality-Safety Health Environment 팀장 겸 리조트사업부 안전기술팀장으로 발령을 냈다.

그때 사장님과 문자를 주고받으며 고민해서 최종적으로 만든 우리의 다짐 내용은 아직도 나의 휴대폰 갤러리에 그대로 저장되어 있다. 그 내용은 다음과 같다.

안전을 위한 **우리의 다짐**

1 **안전을 모든 가치에 우선한다**

회사 업무를 수행함에 있어 공기, 손익, 안전 등의 다양한 업무가 상충하는 경우 의사결정의 최우선 순위는 '안전'으로 한다.

□ 안.전.제.일.

2 **룰과 프로세스는 반드시 지킨다**

회사에서 정한 규정, 규칙, SOP 등을 반드시 지킨다.
그 외 업무상 정한 약속(10대 안전수칙 등)도 반드시 지킨다.

□ 원.칙.준.수.

3 **공정한 인사로 최고의 인재를 양성한다**

현장소장, 안전관리자, 보직간부 등 업무 수행에 필요한 소양, 전문지식을 교육하여 인재를 양성하고, 필요한 사람을 적재적소에 배치한다.

□ 적.재.적.소.

삼성물산 리조트부문 안전방침

우리의 다짐은 모든 임직원이 회사 생활을 함에 있어 가슴에 새기고, 무의식적인 상태에서도 안전을 최우선적으로 생각하고 실천하도록 하기 위한 내용들로 구성되었다. 우리 회사 모든 임직원들이 세월이 흐르고, 사람이 바뀌어도 변하지 않는 핵심가치로 '안전'을 인식하게 하고자 함이었다. 이것을 우선 의식적으로라도 임직원들의 뇌리에 각인시키기 위하여 모든 공식적인 회의 시작 전에 함께 제창하였고 이것은 최고경영자가 바뀐 지금까지도 이어지고 있다.

이렇게 한 지 6년 이상이 된 지금은 현장이든 사무실이든 그 어떤 임직원들도 안전이 회사 업무의 가장 중요한 사항이자 가장 먼저 고려해야 하는 절대 불변의 가치라는 것을 명확히 알고 실천하고 있다.

안전중시의 경영방침은 만드는 것도 중요하지만 그것보다 더욱 중요한 것은 그 의미에 따라 모든 임직원들이 흔들림 없이 지속적으로 실천할 때에만 가치가 있다. 아무리 좋은 경영방침을 만들더라도 구호로만 그친다면 아무런 의미가 없기 때문이다.

안전은 예방!
소 잃기 전에 외양간을 고쳐라!

화타 3형제와 안전관리

중국 한나라 말기에 동양의학의 아버지로 추앙받았던 '화타(AD~208)'라는 의사가 있었다. 화타는 환자의 상태를 보고 병을 진단하는 능력이 뛰어난 것은 물론 그에 따른 약물 처방에도 능통했던 명의名醫이자 '죽은 사람도 살려낸다'는 신의神醫로 불리며 그 명성이 매우 높았다.

그에게는 두 명의 형이 있었는데 두 명 모두 화타와 같은 의사였다. 화타가 이렇듯 자타가 공인하는 명의였지만 정작 자기 자신은 의술에 있어 두 형님을 더 높게 평가했다. 화타의 둘째 형님은 상대방의 병이 미미한 상태에서 병을 알아보고 이를 치료해 중병이 되는 것을 막았다(안전점검 등을 통한 현상파악, 문제점을 개선하는 수준).

그러나 큰 형님은 어떤 사람이 아픔을 느끼기 전에 얼굴빛을 보고, 병이 있을 것임을 예측해 병의 원인을 미리 제거했다(사전 리스크 파악, 변경 점 등의 예측관리). 그래서 사람들은 아파보지도 않은 상태에서 치료를 받아 자신이 어떤 고통을 겪었을 상황인지도 미처 몰랐다고 한다.

반면 화타는 자신을 이렇게 평가했다. "나는 병이 커지고 환자가 고통 속에 신음할 때가 되어서야 비로소 병을 알아보고 치료한다. 환자의 병이 중重하므로 그의 맥을 짚고 진귀한 약을 먹이고 살을 도려내는 수술을 한다. 사람들은 그런 나의 행동을 보고 내가 자신의 큰 병을 고쳐주었다고 믿는다. 내가 명의로 소문나게 된 이유가 여기에 있다"

화타의 말처럼 병이 생기거나 커지기 전에 미리 예방하고 치료하여 중병이 되지 않도록 하는 것이 가장 이상적인 건강관리 방법이자 치료법이다. 여기에 해당하는 예방관리 활동이 정기적인 건강검진이라고 하겠다. 그러나 대부분의 사람들은 증상이 발생하거나 중병에 걸려 큰 수술을 받는 등 고통을 당한 뒤에야 비로소 예방관리의 중요성을 깨닫고 후회하게 된다.

안전도 마찬가지다. 사고가 발생하여 크게 다치거나 생명을 잃게 되고 난 뒤에야 소 잃고 외양간 고치듯 설비를 개선하고 안전교육을 강화하는 등의 조치를 취한다. 그러다 시간이 지나고 사고가 잠잠해지면 또 다시 예방관리를 소홀히 하게 되고 다시 사고가 발생하는 등 악순환이 반복된다.

소 잃기 전에 외양간을 고치려는 노력에서 안전은 시작된다.

위험성 평가나 안전점검 등을 통한 위험요인의 개선과 안전교육 등을 평상시에 일관성 있고 지속적으로 실시할 때에만 사고에 대한 예방관리가 가능하다고 하겠다. 발생 가능한 리스크에 대해 '위험을 보는 눈'을 향상하여 사전 위험성 관리를 강화해야 한다. 즉, 화타 3형제 중에서 큰 형님이나 둘째 형님과 같은 역할을 해야 사고를 사전에 예방할 수 있다. 그래서 무엇보다 안전은 예방이 중요하다.

과거에는 많은 기업에서 안전을 경영의 핵심가치로 인식하지 않다 보니 사고가 발생할 때에는 요란법석을 부리며 안전을 강조하다 가도 시간이 지나면 잊히는 과정을 반복하는 경우가 많았다. 물론 아직도 그런 기업들이 많다. 그렇게 될 경우 사고 예방보다는 사후처리에 급급할 수밖에 없다. 한때 삼성코닝도 그랬고 에버랜드도 그랬다.

이럴 때는 안전관리를 신속히 예방관리 체제로 전환해야 한다. 사고가 발생하는 순간에도 사후관리는 사후관리대로 진행하되 예방관리를 소홀히 해서는 안 된다. 사람과 조직 그리고 설비 개선을 위한 투자와 안전중시의 제도 등 예방관리를 위한 체계를 하루빨리 정립하여 사고가 발생하는 원인을 정확히 분석하고 대책을 수립하여 적기에 실행해야 한다. 삼성코닝과 에버랜드는 이런 과정을 통하여 안전관리를 사후관리에서 예방관리 체제로 전환하는데 성공했다.

먼저 깨진 유리창부터 치워라

1969년 필립 짐바르도 스탠퍼드대 심리학과 교수는 치안이 허술한 골목에 보존상태가 동일한 두 대의 자동차 보닛을 열어 놓은 채 1주일간 방치하는 실험을 했다. 자동차 한 대는 보닛만 열어 놓았고, 다른 한 대는 고의적으로 창문을 조금 깬 상태로 두었다. 그리고 1주일 뒤 흥미로운 결과가 나왔다. 보닛만 열어 둔 자동차는 상태가 그대로 유지됐지만, 유리창을 조금 깬 자동차는 배터리와 타이어가 분실되고 낙서와 파손으로 반 고철 상태가 되어 있었다.

이 실험은 '깨진 유리창의 법칙broken window theory'이라는 심리학 이론을 증명하기 위해 한 것이다. 이 법칙은 사소한 것들을 방치하면 나중에 더 큰 범죄와 사고로 이어진다는 사실을 설득력 있게 설명하고 있다. 반대로 얘기하면 아무리 사소한 문제라도 미리 발견해서 개선해야 향후 더 큰 문제가 발생하는 것을 방지할 수 있다는 의미이기도 하다.

깨진 유리창의 법칙은 안전관리에도 중요한 시사점을 준다. 사고 발생의 원인이 되는 물적요인의 불안전한 상태나 인적요인인 불안전한 행동이 사소하게 한두 개씩 쌓여 누적되면 예상치 못한 큰 사고로 연결되기 때문이다. 따라서 사고의 원인이 되는 작은 문제점도 그냥 지나치지 않고 개선하려는 노력이 필요하다.

이것은 하인리히 법칙과도 일맥상통한다. 하인리히 법칙(1:29:300 법칙)은 한 건의 중대재해가 발생하기까지는 29번의 경미재해 그리고 300번의 앗차사고가 발생한다는 것으로, 대형 사고가 발생하기 전에 그와 관련된 수많은 경미한 사고와 징후들이 반드시 존재한다는 것이다. 즉, 중대재해는 어느 날 갑자기 예고없이 찾아오는 것이 아니라 항상 사소한 것들을 방치할 때 발생한다. 하인리히 법칙에 기반해 2003년에 발표된 '사고 피라미드'는 하인리히 법칙을 좀 더 세분화해서 앗차사고가 발생하는 원인까지 밝혀주고 있다.

해마다 여름철이면 동해안 해수욕장은 피서객이 버리고 간 쓰레기로 몸살을 앓는다. 속초 해수욕장 역시 2018년 개장 기간(45일)에 155톤의 쓰레기가 발생했다. 하루 평균 3.4톤이 발생한 것이다. 그러나 지난해 축구장에서 사용하는 고성능 대형 LED 조명탑 2기(1기당 가격 1억원)를 해변에 설치하니 피서철마다 모래사장을 뒤덮던 쓰레기가 싹 사라졌다고 한다. 이와 동시에 동해안 해수욕장 중 최초로 밤 9시까지 야간 개장을 했는데도 안전사고가 한 건도 없었다고 한다. 해변이 밝아지니 쓰레기와 음주 및 흡연이 눈에 띄게 줄어든 것이다. 이처럼 깨진 유리창의 법칙은 안전분야뿐만 아니라 우리 생활 주변의 청결 위생분야 등에도 그대로 적용되고 있다는 것을 알 수 있다.

"끓는 물을 식히려 할 때 한 사람이 불을 때는데 백 사람이 물을 퍼냈다가 다시 담더라도 소용이 없습니다. 장작을 빼서 불을 그치게 하는 것만 못합니다" 한漢나라 매승枚乘이 오왕에게 간하여 올린 글上書諫吳王에서 나온 말로 "끓는 물을 퍼냈다가 다시 부어 끓는 것을 그치게 하는 것은 땔나무를 치우는 것만 못 하다揚湯止沸, 莫若去薪"는 뜻으로 문제가 있으면 발본색원해서 근원적으로 해결해야지 임시방편으로 돌려 막기 해서는 안 된다는 의미이다. 사고의 원인이 될 만한 위험요인은 근본적인 해결책을 마련해서 제거하는 것이 무엇보다 중요하다. 깨진 유리창을 내버려 두면 위험요인은 증가하므로 깨진 유리창부터 빨리 치워야 한다.

위험 요소가 있는 한
언젠가는 사고가 발생한다

길을 가던 한 나그네가 어떤 집 앞을 지나가면서 우연히 그 집의 굴뚝을 바라보았더니 굴뚝이 너무 곧게 뻗어 있고 곁에는 땔나무가 잔뜩 쌓여 있었다. 나그네는 그것을 보고 주인에게 다가가 말했다. "화재가 염려되니 굴뚝을 좀 구부려서 만들고, 땔나무는 다른 곳으로 옮기도록 하십시오" 하지만 주인은 그냥 흘려들었다. 얼마 지나지 않아 그 집에 불이 났고 이웃들의 도움으로 간신히 불을 껐다. 이에 주인은 술과 고기로 이웃들에게 답례했다.

그때 한 사람이 주인에게 이렇게 말했다. "그때 당신이 그 나그네의 말을 들었더라면 불이 날 일도 없었거니와 이렇게 수고한 사람들을 위해 돈을 낭비할 필요도 없었을 것이오. 예방책을 알려준 나그네에게는 은택이 가지 못하고, 불을 끈 사람들은 상객上客이 되었군요" 한서漢書 곽광전霍光傳에 나오는 고사로 굴뚝을 굽히고 땔감을 옮긴다는 고사성어인 곡돌사신曲突徙薪이다. 곡돌사

신은 재난에 대비하여 미연에 방지한다는 본래의 뜻 외에도 화재의 예방책을 얘기한 사람은 상을 받지 못하고 불을 끈 사람이 상을 받는다는 의미로도 쓰인다.

안전업무를 담당하면서 직접 체득한 진리가 하나 있다. 비록 아무리 사소한 위험요소라 하더라도 위험요소가 있는 곳에서는 반드시 사고가 발생한다는 사실이다. 다만 그 시기가 언제가 될지 예상할 수 없을 뿐이다. 넓은 놀이공원에서 사람들이 다니는 동선動線에 조그마한 걸림돌(단차)이라도 있으면 누가 거기에 걸려 넘어지겠냐 싶지만 실제 그런 곳에 걸려 넘어지는 사고가 발생한다. 그래서 단차가 발생하는 곳이 없도록 세심한 관리를 한다.

시설을 오픈한 지 24년 동안 또는 38년 동안 운행하면서 수천만명이 이용했는데도 아무런 사고가 없었던 놀이기구에서 사고가 발생하였을 때 사고원인을 분석해 보면 거기엔 어김없이 위험요소가 있었다. 단지 발견하지 못했고 고객들의 다양한 행동양상에 따라 발생할 수 있는 2차원, 3차원적인 위험성을 미처 알지 못했을 뿐이었다. 24년간 그리고 38년 동안 다행히 사고가 없었을 뿐이지 위험요소가 없었던 것이 아니었던 것이다.

"어느 날엔가 마주칠 재난(사고)은 우리가 소홀히 보낸 어느 시간에 대한 보복이다"고 말한 나폴레옹의 말을 곱씹으면서 안전관리를 해야 할 일이다. 지금은 안전분야에 있어서만큼은 디즈니랜드 등 선진 해외 테마파크와 견주어도 손색이 없을 정도로 아니 그 이상의 수준에 이르렀다. 이런 의미에서 남녀노소, 장애인, 노약자 등 다양한 사람들이 즐겨 찾는 에버랜드는 안전교육의 장이기도 하다. 걸어 다닐 수만 있는 어린아이가 혼자 와서 놀더라도 다치지 않고 미아가 되지 않게 하는 것이 에버랜드의 고객에 대한 안전철학이다. 에버랜드는 안전을 느끼고 바른 줄서기 등 공동체 질서를 배울 수 있는 산 교육의 장이기도 하다.

검은 백조를 찾는 마음으로, 안전은 '위험을 볼 줄 아는 눈'에서 시작된다

2018년 우리나라의 산업재해 분석결과 재해자의 근속 연수를 살펴보면 근속 기간이 1년 미만인 근로자는 3만8557명으로 전체 재해자의 52%에 달했다. 산재 사고자의 절반 이상이 1년 미만의 신입사원에게서 발생한다는 사실은 지식과 경험의 중요성을 잘 대변해 준다. 위험에 대한 올바른 지식과 경험은 반드시 노력을 통해서만 갖춰질 수 있다. '위험을 보는 눈'을 좋게 하기 위해서는 근로자는 근로자대로, 관리감독자는 관리감독자대로, 안전관리자는 안전관리자대로 끊임없이 노력을 경주해야 한다. 그래서 "위험은 아는 만큼 보인다"고 한다.

4차 산업혁명으로 불리는 21세기에는 새로운 기술의 출현과 기술의 융·복합화 등으로 인한 기술의 급격한 발전과 진화로 위험도 대형화, 다양화되고 있으며 예측할 수 없는 형태로 위험이 나타나기도 한다. 따라서 검은 백조black swan를 찾는 정성으로 위험을 찾아야 한다. 유럽인들은 1697년 호주대륙에서 검은색 백조가 처음 발견되기 전까지는 모든 백조는 흰색이라고 생각했다. 이때의 발견으로 검은 백조는 진귀한 것 또는 존재하지 않는 것이라고 생각하는 것이나 불가능하다고 인식된 상황이 실제 발생하는 것을 가리키는 은유적 표현으로 사용되었다.

여기에 착안해 미국의 투자전문가 나심 탈레브Nasim Nicholas Taleb는 2001년 블랙 스완 사건Black swan event이라는 용어를 처음 사용하였다. 블랙 스완 사건의 특징은 극단적으로 예외적이어서 발생 가능성이 없어 보이지만 일단 발생하면 엄청난 파급효과를 가져온다. 아직까지 사고가 발생하지 않았지만 발생할 경우에는 막대한 인적, 물적손실을 초래할 수 있는 블랙 스완형 위험이 우리 현장에는 없는지 세밀하게 살펴보아야 한다. 즉, 너무 사소해서 놓치기 쉬운 위험이나 갖춰야 할 프로세스가 갖춰져 있지는 않은지 세심하고 철저하게 들여다봐야 한다. 위험을 보는 눈은 디테일에 달려 있다.

위험을 찾기 위한 노력에는 여러가지 방법이 있다. 가장 기본이 되는 것은 자체적으로 시행하거나 외부 전문기관에 의뢰하여 시행하는 위험성 평가이다. 인력과 장비를 갖추고 있다면 자체적으로 시행하는 것이 좋겠지만 자체적으로라도 몇 년에 한 번 정도는 외부의 전문기관과 비교 평가해 보는 것이 필요하다. 위험성 평가는 국내 법규 및 해외 선진국가 법규상의 안전기준을 검토하고 과거 사고사례 및 동종업계 사고사례도 중요한 자산으로 소홀히 해서는 안 된다. 내가 새로운 사업장에서 안전관리를 시작했을 때 가장 먼저 한 일은 앗차사고를 포함한 과거의 사고사례를 파악하고 그 대책이 잘 시행되고 있는지를 확인하는 것이었다. 한번 발생했던 사고도 방지하지 못하면서 어떻게 알지도 못하는 위험을 찾아서 예방할 수 있겠느냐 하는 생각에서 그렇게 했다.

그 다음은 안전점검이다. 정기적으로 실시하는 안전점검 외에 취약 시기별로 시행하는 특별점검 그리고 매일 시행하는 일일점검이나 일상점검을 통해 각종 위험 요소를 찾아 선제적으로 예방하는 것이 중요하다. 이외에도 각종 잠재 재해 발굴활동이나 안전 신문고 등을 통해 접수되는 사항들도 절대 간과해서는 안 된다. 에버랜드에서는 하인리히의 1:29:300의 법칙에서 니어미스near miss 즉, 앗차사고에 해당하는 300을 치워 깨끗이 없애자는 의미로 위험 요소 발굴활동인 'Clear 300'을 적극적으로 시행하고 있다.

아는 만큼 두렵지 않다는 말이 있다. 박지원의 '열하일기'에 있는 '일야구도하기一夜九渡河記'를 보면 밤에 강을 건널 때는 물이 눈에 보이지 않고 소리가 크게 들려 무서웠지만 낮에 건널 때는 눈으로 물을 보니 소리도 크게 들리지 않아 무섭지 않았다고 하였다. 위험을 묻혀 두고 불안하게 작업할 것이 아니라 위험을 찾아 발본색원함으로써 안심하고 즐겁게 일할 수 있는 환경을 만들어야 한다.

3

안전은 공짜로 얻어지지 않는다

안전사고는 왜 발생하는 것일까? 안전 전문가들은 사고발생 원인을 분석할 때 크게 불안전한 상태와 불안전한 행동으로 분류한다. 즉, 기계설비나 작업 자체의 위험성을 잘 관리하지 못하거나, 작업자의 실수 때문이라는 것이다. 겉으로 보이는 사고 자체만 보면 맞는 말이지만 조금 더 깊이 파고 들어가면 결국 돈과 시간을 충분히 들이지 않았기 때문이다. 그리고 이러한 돈을 언제, 어디에, 얼마나, 어떻게 쓸 것인지를 결정하는 것은 결국 사람이다.

이외에도 안전을 확보하고 유지하기 위해 필요한 요소들이 많이 있지만 안전을 하고자 하는 마음이 정해지면 우선적으로 반드시 갖춰야 할 요소가 바로 '돈'과 '시간' 그리고 '사람'이다. 안전에 조건이 있다는 것은 조건이 충족되어야 비로소 안전이 보장된다는 것을 의미한다. 안전한 기업이나 안전한 산업현장 그리고 안전한 사회는 그냥 공짜로 얻어지는 것이 절대 아니다.

안전은 '돈'으로 지켜진다

산업현장에서의 산업재해나 화재 등 우리 사회 곳곳에서 대형 참사가 끊이지 않고 발생하고 있다. 우리의 일터나 우리 사회가 이렇게 위험한 것은 안전 유지를 위한 돈을 쓰는데 인색하기 때문이다. 그러나 안전은 그럴싸한 구호만으로는 절대 개선되지 않는다. 말 잔치 만으로 간단하게 안전해지지도 않는다. 반드시 돈을 들여야 바뀐다.

안전은 겉으로 잘 드러나지 않고 때로는 번거롭다. 적지 않은 비용도 발생한다. 게다가 예방한 사고는 사고가 아니라고 생각하기 때문에 대부분 평가 절하된다. 안전조치의 성과는 쉽게 체감할 수도 없다. 오히려 현실에서 안전조치는 불편조치로 생각한다. 그래서 사전예방은 귀찮은 것처럼 느끼고 쉽게 돈을 쓰려고 하지 않는다. 그러나 안전을 강화하고 안전해지려면 반드시 돈을 써야 안전해진다. 안전은 공짜로 오는 것이 아니다. 반드시 대가를 지불해야만 얻을 수 있는 것이다.

1911년 미국 뉴욕 맨해튼의 봉제공장(트라이앵글 셔트웨이스트)에서 불이 났다. 공장주가 비상 통로의 문을 잠가 놓는 바람에 10~20대 소녀 146명이 도로 위로 하염없이 추락해 숨졌다. 이 참사를 계기로 시민, 정치인, 노동 단체들은 공공 안전위원회를 만들어 강한 안전규제를 만들었다. 이후 미국에선 2001년 9·11테러 때까지 이보다 많은 건물에 의한 대규모 인명사고는 없었다. 맨해튼 화재 당시만 해도 미국도 하루 100명씩 죽어 나가는 위험 사회였다. 싼 목숨값 때문이었다. 골드러시 때 사람 목숨값은 노새보다 못했다고 한다. 한 시대의 사고 발생률은 당대의 사람 목숨값과 반비례한다고 한다.

미국은 1973년 2년간 연구 끝에 현재의 소방안전 관련조직, 제도, 교육 시스템의 기초가 된 '아메리카 버닝리포트ABR'를 작성했다. 당시 미국의 화재 사망률은 캐나다의 2배, 영국의 5배, 일본의 6.5배였다. 세계 최강국이었지만 소방안전은 후진국에 가까웠다. 보고서가 채택된 후 미국은 연방소방국, 소방학교, 화재연구센터 및 국가화재정보시스템을 구축했다. 초·중·고교생을 대상으로 화재 예방교육을 실시하고 건축물을 설계할 때 화재 안전을 최우선으로 고려하도록 법제도를 정비했다. 스프링클러, 화재감지기 설치가 의무화된 것도 이때다. 안전에는 지름길도, 무임승차도 없다. 우리 모두가 안전에 꾸준한 관심을 쏟고 투자할 때 안전한 일터, 안전한 기업, 안전한 사회에 도달할 수 있는 것이다.

사람들은 '안전은 비용'이라고도 하고, '안전은 비용이 아니라 투자'라는 인식의 전환이 필요하다고도 한다. 둘 다 맞는 말이다. 우리가 버스나 지하철을 안전하게 이용하려면 낮은 요금으로 안전한 이용이 가능할까? 안전은 거기에 합당한 비용을 요구한다는 측면에서는 '안전은 비용'이다. 안전에 필요한 적정 비용을 누구도 부담하지 않는 구조적인 부실이 있는 곳에서 사고는 발생한다. 많은 사람들이 투자와 비용의 개념을 혼동하는 것 같다. 기업은 돈을 벌어야 투자도 하고 고용도 늘리고 세수도 늘어나는 선순환이 이루어진다. 기업이 이익을 낼 수 없는 어려운 환경에 처하게 될 때 비용을 아끼다 보면 확률상 사고의 가능성을 줄이는 안전장치를 하나둘씩 아끼게 되는 것이다. 이런 상황은 개인 사업자나 중소 영세기업일수록 더욱 심해질 수밖에 없다.

반면에 안전을 투자의 관점에서 보아도 충분히 투자의 효용성이 있는 시대가 되었다. 사고로 인한 막대한 손실을 예방하고, 기업 이미지 실추와 사회적 평판에 따른 불매운동 등이 매출 저하로 이어져 기업이 패망할 수도 있는 시대가 되었기 때문이다. 그러므로 안전에 대한 투자는 손해가 아니라 잠재적 이익창출 행위가 되므로 투자로 보아 마땅할 것이다. 듀폰이나 카길 등 세계적인 기업이 100년 이상 영속적으로 지속 가능한 세계적인 기업이 될 수 있었던 비결은 바로 안전에 대한 투자와 안전문화가 그 바탕이 되고 있음을 상기해 볼 필요가 있다.

삼성코닝 수원공장과 구미공장 그리고 삼성물산 리조트부문에 근무하면서 가장 먼저 중점을 두고 추진했던 것이 바로 '설비의 안전화'였다. 사람은 언제든지 부주의하거나 생략하거나 착각하는 등 실수(휴먼 에러)를 할 수 있다. 그렇기 때문에 이런 전제하에 최대한 작업자가 실수를 해도 다치지 않게 하고 설비가 고장이 나도 사고로 연결되지 않게 하기 위해 풀프루프와fool proof 페일세이프fail safe 개념에 입각해 설비의 근원적인 안전화를 추진하였다. 이를 위해 밤을 새워가며 최적의 기술적인 방법을 찾았고 투자승인을 받기 위해 부서장과 경영진을 설득하는 데에도 부단한 노력을 기울였다. 다행히도 많은 어려운 여건 속에서도 대부분의 경영진들은 흔쾌히 얘기를 듣고 지원해 주었다. 이러한 것이 안전사고 예방에 가장 큰 기여를 하였음은 두말할 나위가 없다.

안전은 '시간'이다!
안전확보를 위한 적정 시간은 보장해야

우리나라에서는 1960~1970년대 고도 경제 성장기에 생산제일 문화와 빨리빨리 문화가 생겨났다. 단기간에 초고속 근대화와 산업화의 압축성장을 거치면서 우리나라가 선진국 대열에 올라서게 한 원동력이 되었지만 미처 산업사회와 기술사회를 떠받치는 시스템적 가치관이나 안전의식이 함께 발맞춰 정립되지 않았다. 그리고 그 반대 급부로 우리 사회가 안전을 무시하고 등한시하게 된 가장 큰 장애물로 작용하고 있다. 이러한 대가로 우리 사회는 각종 안전사고나 대형 재난을 하루가 멀다 하고 치르고 있다.

산업현장에는 '조금 위험하긴 해도 이게 더 빠른 방법인데'라고 생각하고 작업하는 빨리빨리 문화가 널리 만연되어 있다. 아직도 많은 경영진과 근로자들이 다소 위험이 따르더라도 빨리빨리 그리고 안전을 적당히 지키면서 작업을 해서 생산성을 높이는 것이 기업의 이익을 높이는 빠른 길이라고 생각하는 경향이 있다. 아주 위험한 시대착오적인 발상이 아닐 수 없다. 빨리빨리는 더 이상 성공방정식이 아니라는 것을 이제는 알아야 한다. 100번의 작업 중에 99번 사고가 없었다고 해도 단 한 번의 사고가 소중한 목숨을 빼앗고 장애를 갖게 만든다. 그래서 100-99=1이 아니라 100-99=0인 것이 바로 안전이다. 절대로 안전은 확률로 이야기할 수 있는 분야가 아니라는 것이다.

안전의 조건에 있어서 시간이 중요한 것은 아파트 건설현장에서 쉽게 찾아볼 수 있다. 건설현장의 아파트 외벽 도색작업을 한번 살펴보자. 고용노동부 통계에 따르면 2016~2018년 추락에 의한 사망재해가 발생한 외벽 도색작업 총 25건 중에 수직 구명줄을 설치하지 않은 것으로 확인된 경우는 21건으로 84%에 달했다. 나머지 4건 중 3건은 수직 구명줄 설치 여부 자체를 확인하지 못한 경우였다. 사망재해가 발생했던 작업의 대부분은 추락방지조치 없이 실시하였던 것이다.

수직 구명줄은 작업자가 외벽 도색을 위해 매달리는 주 작업줄과는 별개로 주 작업줄이 파손될 경우에 작업자를 보호하도록 설치하는 작업자 안전용 장비다. 산업안전보건법의 산업안전보건 기준에 관한 규칙에는 '근로자의 추락위험을 방지하기 위하여 달비계에 안전대 및 구명줄을 설치해야 한다'고 정하고 있다. 그렇다면 왜 이런 위험한 작업에 수직 구명줄을 설치하지 않고 작업을 할까? 바로 시간을 아끼기 위해서다. 도색작업은 작업기간이 짧기 때문에 작업의 효율이 중요한데 구명줄을 설치하면 본 작업줄과 엉키는 등 작업속도를 늦추는 원인이 된다는 이유로 작업자들이 설치하는 것을 꺼리고 관리감독자는 이를 방치하는 것이다.

안전은 속도에 반비례한다. 쉽게 자동차만 생각해 봐도 그렇다. 속도를 올리면 당연히 위험해지지 않겠는가? 자동차만이 아니라 앞에서 언급했듯이 각종 공사현장이나 제품을 생산하는 제조현장에서 공기를 단축하고 생산량을 늘리기 위해 조금이라도 빨리하려는 모든 과정에서 안전은 속도에 반비례한다. 속도를 높이는 것이 시간을 아끼고 비용을 줄이려는 것이기 때문이다. 그래서 안전은 속도를 싫어한다.

시간을 줄이고 속도를 높이려면 기업에서는 안전을 보장하면서도 속도를 올릴 수 있는 기술이나 작업방법을 개발하는 연구와 투자를 많이 해야 한다. '하려고 하면 방법이 보이고, 하지 않으려고 하면 변명만 보인다'는 말을 그래서 나는 즐겨 쓴다. 생산성이나 품질을 높이려고 밤새 연구하고 고민하는 노력을, 안전을 위해서도 그렇게 할 수 있다면 안전하게 못할 게 없다는 것을 제조 회사인 삼성코닝에 근무할 때 참으로 많이 경험했다.

에버랜드에서는 이러한 문제점을 해결하기 위하여 새로운 기종이나, 시설을 도입할 때에는 FATFinal Acceptance Test라고 하는 제도를 시행하고 있다. 새로운 기종이나 시설의 기획-설계-시공-시운전 전과정에 걸쳐 회사 내·외부의 전문가들에 의해 안전성을 평가하고 검증 한 후에야 상용적인 오픈을 한다.

예를 들어 시운전 과정에서 승용물에 더미(dummy, 실험용 인체모형)를 적재한 상태에서 몇 천회 또는 몇 만시간 시운행을 해야 한다고 하면 비록 고객과 약속한 그랜드 오픈일을 맞추지 못해도 반드시 이행한다. 어떤 경우에도 고객의 안전이 영업에 우선하지 않는다는 경영철학이 확고하기 때문에 가능한 것이다. 그러나 사실 생산현장이나 많은 고객을 상대하는 서비스 산업현장의 현실에서는 이런 단순한 원칙이 준수되는 것이 그렇게 쉬운 일이 아니다. 투자예산 승인 등 기획이나 설계단계에서 일정이 늦어진 것을 시공이나 시운전 단계에서 시간을 줄이라고 한다면 과연 어떤 일이 벌어지겠는가? 안전이 보장될까?

안전을 위해서는 안전확보에 필요한 최소한의 절대적인 시간은 반드시 필요하다. 이것마저 무시하면 절대로 안전을 확보할 수 없다. 우리는 그동안 너무 빠름에 익숙해져 있었다. 그러다 보니 대충이라는 문화에 우리도 익숙해지지는 않았는지 한번 생각해 봐야 한다. 이젠 좀 늦더라도 정확하고 바르게 가야하지 않겠는가?

개통 50주년에 생각해 보는 경부고속도로

올해로 경부고속도로가 개통한 지 50년이 지났다. 대한민국의 압축 고도성장은 '한강의 기적'으로도 불린다. 한강의 기적을 이룬 대표적인 사례 중의 하나로 많은 국민들은 1970년 7월 7일 개통한 경부고속도로를 기억하고 있다. 경부고속도로는 1인당 국민

소득이 142달러에 불과했던 1967년 당시 '제2차 경제개발 5개년 사업' 중의 하나로 정부예산의 23.6%인 429억7300만원을 투입한 초대형 국책사업이었다. 사업 자금은 한일기본조약에서 얻은 차관과 미국으로부터 베트남 전쟁 파병의 대가로 받은 돈이었다. 경부고속도로의 개통으로 15시간 이상이나 걸리던 서울~부산간 소요시간은 5시간으로 단축되면서 물류와 산업구조에 대대적인 혁신을 가져왔다. 주행 시간과 거리의 단축 이외에도 수송비 절감, 지방산업 및 지방자원개발 등 조국 근대화의 초석이 되었다.

이 건설공사는 165만대의 장비와 연인원 900만명이 동원된 단군 이래 최대의 역사役事였다. 당시 공사에 참여했던 16개 국내·외 시공업체 중 고속도로 건설 경험이 있는 곳은 현대건설뿐이었다. 그 외에는 태국에서 하도급으로 참여한 업체가 대부분이었다. 공사에 사용된 중장비도 6·25전쟁 이후에 들여온 노후 장비가 대다수였다. 이런 열악한 건설환경 속에서도 당초 계획보다 무려 1년이나 앞당겨 불과 29개월 만에 완공하였다. 당시 공사는 익히 알려진 대로 속도전으로 이뤄졌다. 공기 단축을 위해 갖가지 방법이 동원됐다. 믿을 것이라고는 사람밖에 없었다. 열악한 환경에서 대부분이 20~30대 젊은 청년들이었던 현장의 근로자들은 휴일도 없이 밤낮으로 공사에 매달렸다. 예전에는 대부분이 그랬듯이 휴일은 고사하고 명절도 제대로 지내지 못하고 현장을 지켰다. 그러나 열악한 기술력과 살인적인 공사속도로 인해 필연적으로 안전을 담보로 하지 않을 수 없었다.

"터널공사에서 수맥이 터질까 두려워 작업자가 주저하고 있으면 서슴치않고 착암기를 빼어 들어 직접 바위를 깨고는 했다" 정주영 현대그룹 前 회장의 생전 회고담이 무용담처럼 회자되던 개발성장 위주의 시대였다. 이 건설공사 과정에서 낙반사고, 폭파사고 등으로 수많은 인명피해가 발생했다. 총 길이 415km를 건설하는 과정에서 근로자 77명이 목숨을 잃었다. 11일에 1명 5.4km 건설에 1명꼴로 사망자가 발생했다. 경부고속도로 추풍령 휴게소에는 이들의 넋을 위로하고 영원히 잊지 말자는 취지에서 박정희 前 대통령이 세워준 높이 5m의 순직자 위령탑이 있다. 이 탑은 77단으로 이뤄져 있다. 희생된 근로자 77명을 기리는 의미이다. 사망한 사람이 이 정도인데 다친 사람의 수는 얼마나 많았을까? 이에 대한 것은 통계조차 없다.

순직자 대부분은 어느 집안의 하나밖에 없는 소중한 아들이고, 생계를 책임진 아버지였을 것이다. 이들의 남은 가족의 삶은 어떠했을지 생각만 해도 끔찍하고 새삼 머리 숙여진다. 당시 순직자 유가족들은 정부 차원의 보상도 받지 못했고 소속 건설사에서 50만원(현재가치로 5,000만원 정도) 정도의 위로금을 받은 것으로 알려졌다. 조국의 근대화 과정의 산업화 역군이라는 명예만 남았을 뿐이다.

한 시대의 사고 발생률은 당대의 사람 목숨값과 반비례한다. 경부고속도로 1km를 건설하는데 9.3명이 숨졌다면 최근에는 1km 건설에 1명 사망으로 줄었다고 한다. 그 사이 목숨값이 10배 비싸지기는 했다. 그러나 같은 기간에 소득이 150배 늘었으니 여전히 우리사회는 목숨값이 싼 사회이다.

근대화의 과정에서 무엇이든 빨리빨리 하려는 대한민국은 눈부신 경제성장과 사회발전을 이루었다. 얻은 만큼 그 대가도 톡톡히 치러야 했다. 이렇게 해서 한국경제는 세계 10위권으로 도약했지만 안전에 대한 인식은 여전히 경제발전 수준을 따라가지 못하고 있다. 그러다 보니 생명과 안전을 무시한 후진국형 사고가 계속 발생하고 있는 것이다. 이제 고속성장 만능시대에 만연했던 안전무시의 관행과 설마주의가 더 이상 이 땅에 발붙이지 못하게 해야 한다. 이제는 속도가 중요한 것이 아니라 방향이 중요한 시대이다.

안전은 '사람'이다.
책임감 있는 안전관계자가 필요하다

안전의 3요소를 다른 말로 얘기하면 안전의 조건이라고 할 수 있다. 그렇다면 돈과 시간만 있으면 안전이 가능할까? 아니다. 특히 기업은 한정된 재원財源과 시간으로 국내외의 기업들과 생존을 위한 무한경쟁을 펼쳐야 한다. 수익은 별로 안 나는데 안전에만 돈을 쓰며 투자할 수는 없다. 그리고 안전만 생각하면서 생산속도나 공사속도를 마냥 늦출 수도 없다. 이러한 어려움 속에서 안전성과 경제성을 동시에 추구해 나가는데 결정적인 역할을 하는 것은 결국 사람이다.

안전을 제일의 가치로 여기며 안전한 일터에서 기업의 경쟁력을 높이기 위해 노력하는 사람들 즉 경영진, 안전부서, 전문지식과 경험을 갖춘 엔지니어와 근로자들이다. 특히 사고예방에 결정적인 역할을 담당하는 안전관리 부서와 안전업무를 일선에서 담당하는 '안전하는 사람들'에 대해 생각해 보고자 한다. 우수한 안전관리자 및 역할과 책임을 다하는 안전관리 부서가 있으면 사고는 없을까? 단언컨대 '그렇다'이다. 그렇다면 무책임하고 무능한 안전관리자에 홀대받는 안전부서라면 어떨까? 당연히 사고는 많이 발생할 수밖에 없다.

사고예방을 위한 수단과 실행 방법을 확립하고, 이를 체계적으로 관리하는 사람을 일컬어 안전하는 사람, 즉 안전관리자라고 한다. 산업현장에서 안전관리자의 역할은 실로 막중하다고 할 수 있다. 각 공정의 위험성을 과학적으로 평가해 위험요소를 정확히 찾아내고 효과적인 대책을 수립하며 이를 실행하여 사고를 사전에 방지할 수 있게 하는 것도 안전관리자요, 임직원의 안전의식 향상을 위한 실효성 있는 안전교육과 홍보 등을 실시하여 회사의 안전문화를 향상시키는 것도 안전관리자이다. 즉, 안전관리를 체계적이고 효과적으로 실행하려면 책임감 있고 능력 있는 안전관리자가 반드시 있어야 하는 것은 두말할 필요가 없다.

정부나 공공기관도 마찬가지다. 예산만 많이 쓴다고 안전관리를 잘하는 것이 아니다. 국민의 안전과 안심을 위해 책임감을 갖고 효과적으로 예산을 집행하고 실효성 있는 정책을 펴야 한다. 그래서 안전은 '사람'이다. 그런데 일부 기업의 안전관리자나 부서장 및 경영자가 임명되는 것을 보면 도대체 안전을 제대로 할 생각을 갖고 하는지 의문이 드는 경우가 종종 있다. 환경안전업무는 크게 안전·소방·환경·보건위생 등의 전문 분야로 구성되어 있다. 대학의 학과도 모두 다르고 법률체계도 각각 별도의 법규로 구성되어 있다. 이 중 한 분야도 모르고 경험하지 못했던 사람을 부서장으로 앉히면 안전환경이 제대로 굴러갈까?

해당 법규 한 가지를 제대로 이해하는 데도 많은 시간이 소요된다. 물론 부서장이나 경영자의 역할이 방향을 잘 설정하고 관리하는 리더십 측면에서만 보면 현상 유지는 할 수 있을지 몰라도 시간이 지나면 퇴행할 수밖에 없고 환경안전을 발전시키는 데는 분명 한계가 있다. 그래서 삼성물산 리조트부문에서는 안전과 밀접한 부서장을 임명할 때에 '적재적소'를 중요한 가치로 여긴다.

환경안전부서는 어떠한가. 지난해 중대 산업재해가 발생한 어떤 대기업 사업장에 대한 고용노동부의 특별 감독이 있었다. 감독 결과 언론에 보도된 내용 중에 일부를 살펴보면 우리나라 기업의 안전환경 부서에 대한 위상이 어떠한지를 적나라하게 엿볼 수 있다. 기업에서 안전업무를 총괄하는 환경안전부서에 대한 회사의 홀대가 중대 산업재해 발생의 원인으로까지 지목되었다.

환경안전팀에 대한 인식과 지위 그리고 권한이 낮아 실질적으로 안전업무를 각 부서나 현장의 작업장에서 별개로 수행하고 있어 근로자에 대한 안전보건 총괄관리가 부재하다는 것이었다. 그렇다 보니 안전관리 업무를 적극적으로 추진하기도 어렵다는 것이다. 즉, 환경안전팀이 관리나 인사부서 및 각 생산부서 등 회사의 모든 부서를 통솔하여 관리해야 함에도 불구하고 사업장

내에서 그런 역할을 하지 못해 사고가 발생한다는 게 요지였다. 충분히 공감하는 내용이다. 지금이 60~70년대 개발 위주의 성장 만능시대도 아닌데 말이다. 대기업이 이럴진대 중소기업의 상황은 과연 어떨지 심히 우려하지 않을 수 없다.

이런 회사일수록 안전관리라는 직종이 한직에 머물 수밖에 없으며, 우수한 안전관리자가 찾아오지도 않을 것이며 오랫동안 머물러 있지도 않을 것이다. 그런 상황에서 큰 사고라도 발생하면 그 모든 책임은 안전관리자에게 고스란히 덮어 씌울 것이다. 아주 먼 옛날에 많은 기업에서 그랬던 것처럼.

이제는 안전부서를 회사 조직의 최상위에 위치시켜 안전우선의 의사결정체제를 구축해야 한다. 안전관리자와 안전부서에 대한 지위와 권한을 부여하여 안전관리를 성공적으로 수행하는 해외 유수의 안전 선진기업들을 본받아야 한다. 안전부서의 위상 강화와 안전관리자에 대한 지위 격상이 사고를 줄이고 안전관리 수준을 향상시키는 원동력이 된다는 것을 잊지 말아야 할 것이다.

후진국형(재래형) 사고와 안전습관

사고의 교훈을 잊지 말자

수십 년간 근대화 산업사회를 거치는 동안 수없이 많은 사고를 겪으면서도 같은 사고나 비슷한 유형의 사고同種類似事故가 계속 반복되고 있는 것은 도대체 무슨 이유일까? 사고가 발생하면 큰일 난 것처럼 야단법석을 부리고 재발방지대책을 수립하며 안전관리를 강화하겠다고 다짐하지만 시간이 지나면 언제 그랬냐는 듯이 흐지부지되다가 다시 사고가 반복되는 현상을 어떻게 이해해야 할까. 사고가 날 때마다 안전을 강조하고 요란하게 외치지만 그때뿐이다. 쉽게 잊고 금방 사라져 버리는 냄비 안전의식을 이제는 산업현장에서 추방해야 한다.

흔히 과거에 발생했던 사고가 다시 똑같은 형태로 발생하는 사고를 재래형在來型 사고 또는 후진국형 사고라고 한다. 입사한지 채 1년이 안된 신입사원 시절, 공사를 담당하는 협력업체가 가동이 멈춰선 쿨링 타워cooling tower에서 용접작업 중에 불씨가 PVC 충진재로 옮겨붙으면서 큰 화재가 발생한 적이 있었다. 이와 똑같은 화재 사고가 30년 이상이 지난 지금까지도 국내 유수의 대기업에서도 계속해서 발생되고 있다. 건설현장에서의 고소작업 중 추락사고나 밀폐공간 작업 중 질식사고뿐만 아니라 지하철 스크린 도어 사고 등 과거에 발생했던 것과 똑같은 사고가 시간과 장소만 달리해서 계속 발생되고 있는 것이다.

반복되는 사고가 해당 기업에서 발생했던 사고든 다른 기업에서 발생했던 사고든 동일한 사고가 반복되는 이유는 사고를 겪고도 그 사고로부터 아무런 교훈을 얻지 못하기 때문이다.

스페인 출신의 미국 철학자 조지 산타야나George Santayana는 "과거를 기억하지 못하는 사람은 그 과거를 되풀이하는 벌을 받는다"고 했다. 2차 세계대전 당시 유태인 학살 현장인 독일 아우슈비츠 수용소 정문에는 다음과 같은 말이 적혀 있다. "역사를 잊은 자는 역사를 다시 산다" 사람들이 실수를 되풀이하는 어리석음에 경종을 울리는 말들이다. 이는 비단 역사 문제에 국한된 것만은 아니다. 다른 사업장에서 발생했던 사고라도 반면교사삼아 같은 사고가 발생하지 않도록 해야 한다는 말이기도 하다.

사고가 반복되는 것은 기업이 거듭되는 사고를 통해서도 아직 사고예방의 충분한 교훈과 그에 따른 해결책을 제대로 찾지 못하고 있다는 의미이다. 일반적으로 위험 행동을 감수할 것인가

회피할 것인가를 판단하는 의사결정은 위험성 평가결과로만 하는 것은 아니다. 리스크 심리학에서는 위험을 감수하더라도 얻어지는 결과의 가치가 크다면 누구든 그 위험을 감수하려고 하는 것을 '위험 감수 행동의 효용'이라고 한다. 반대로 위험을 회피하는데 많은 노력이 필요하거나 추가적인 비용과 시간이 소요될 때 또는 내키지 않는 행동의 경우에도 역시 소극적 선택의 결과로써 위험감수 행동을 쉽게 취하는 것을 '위험회피 행동의 불효용'이라고 한다.

이 두 가지는 사람들의 위험 관련 행동을 결정하는데 중요한 요소이다. 위험 감수 행동의 효용은 작고 위험회피 행동의 불효용이 크다면 사람들은 굳이 불안전한 행동을 하려고 하지 않을 것이다. 기업에서는 근로자들이 현장에서 일을 할 때에 위험 감수 행동의 효용은 작고, 위험회피 행동의 불효용이 훨씬 크다고 생각하며 실천할 수 있도록 생산정책이나 작업환경을 안전중시의 안전문화로 형성되도록 만들어야 한다.

나는 사업장에서 안전관리를 하면서 과거의 중대재해는 물론이고, 경미사고나 앗차사고까지 하나도 빠짐없이 모두 조사하여 '실패 사례집'으로 발간하여 교육하고 활용하면서 한번 발생했던 사고는 두 번 다시 발생하지 않도록 많은 노력을 기울였다. 안전관리도 데이터에 기반한 기록 문화가 매우 중요하다. 과거에 발생했던 사고도 예방하지 못하면서 어떻게 발생하지도 않았던 사고를 예방할 수 있겠는가. 실패의 경험에서도 배우지 못한다면 어이없게도 실패가 반복된다면 어떻게 안전관리를 하고 있다고 할 수 있을까?

공자는 "자신의 실수에서 교훈을 얻지 못하는 사람은 어리석은 사람이요, 자신의 실수에서 교훈을 얻는 사람은 현명한 사람이다"라고 했다. 한번 사고가 발생했는데도 교훈을 얻지 못하는 어리석은 일은 더 이상 안전관리에서는 없어져야 한다. 안전사고에서 교훈을 얻지 못하는 사람이나 기업은 안전을 얘기할 자격이 없다.

안전문제는 개선될 때까지 끈질기게 물고 늘어져야 한다

산업현장에서 수없이 많은 안전사고가 반복되는 이유는 조직학습이론에서 그 원인을 찾아볼 수 있다. 조직학습이론에는 단일 순환학습과 이중 순환학습이라는 개념이 있다. 큰 사고를 경험했을 때 단일 순환학습은 기존시스템을 유지한 채 외부요인을 바꾸는 것으로 대표적인 예가 안전부서를 확대하거나 명칭을 바꾸며 인원을 보강하고 책임자나 관련자를 처벌하는 것 등을 주로 하는 것을 말한다. 이런 것들도 물론 중요하지만 본질적인 것은 아니다. 반면 이중 순환학습은 시스템 실패의 근본적인 원인을 내부에서 찾는 방식이다. 부서의 명칭을 바꾸고 책임자를 처벌하면 잘못된 관행이 개선될 수 있는지, 현장 담당자에게 안전과 관련된 권한위임이 안 돼 있는 것은 아닌지, 사고를 유발하는 근본적인 원인은 무엇인지 등을 고려하는 접근법이다.

세월호 사고 후 해경을 해체하고 국민안전처를 만들어 관련자 처벌 등을 시행한 것이 대표적인 단일 순환학습 사례이다. 반면 1979년 3월 28일 미국 북동부 펜실베니아주 스리마일섬Three Mile Island, TMI 원자력발전소 사고 이후 미국에서 진행했던 진상조사가 이중순환 학습의 대표적인 사례이다. 원전사고 이후 미국에서는 학계, 노동계, 지방자치단체 대표자 및 주민대표로 선출된 사고조사 특별위원회를 구성하여 사고원인을 철저하게 조사했다. 12차례의 공청회와 150회 이상의 증인소환 및 여러가지 검토결과를 토대로 보고서를 발간하였다.

사고는 언제든지 발생할 수 있다. 그렇다면 선진국에서는 왜 같은 사고가 반복되지 않을까? 바로 안전사고에 관한 한 사고의 원인을 다각도로 분석하고 개선대책을 수립하여 개선될 때까지 끈질기게 물고 늘어지기 때문이다. 사고만 나면 원인분석과 재발방지 대책은 소홀히 한 채 보여주기식의 책임자 처벌에만 급급한 우리와는 사고를 대하는 태도부터가 근본적으로 다르다. 다소 시간이 걸리더라도 차분히 모여 앉아 냉정하게 근본적인 원인을 분석하고, 점검하여 제대로 된 대책을 수립하고 철저히 실행해 나가야 한다.

이제는 사고가 발생했을 때 문제를 해결하는 접근방법을 새롭게 해야 한다. 작업자들이 어떤 작업을 어떻게 하는지, 어떤 도구와 장비가 주어지고 있으며 어떤 정보를 어떤 식으로 주고받는지, 어떤 환경에서 일을 하는지에 대해 철저히 분석해야 한다. 나아가 작업자가 어떤 고용절차를 거쳐 고용되는지, 성과가 어떻게 평가되는지, 어떤 근무 시간제로 관리되는지, 건강상태는 어떻게 관리되는지 등에 대해서도 근본적인 이해가 필요하다. 안전기준을 지키지 않아 사고가 발생할 경우에 안전수칙을 무시하는 배경에는 어떠한 인적 또는 시스템적인 요인들이 있는지를 파악하고 장기적인 개선방안을 찾는 것이 중요하다.

'스위스 치즈 모델'
안전은 시스템으로 관리해야 한다

산업화와 근대화, 정보화가 진행될수록 커지는 위험을 막기 위해 영국의 심리학자 제임스 리즌은 '스위스 치즈모델(1997)'을 제시했다. 스위스의 대표적인 에멘탈 치즈에는 불규칙한 구멍(사고요인 또는 결함)이 숭숭 뚫려 있는데 여러 장을 겹쳐 놓으면 구멍이 메워진다. 위험에 대응할 여러 안전장치 또는 단계 가운데 한 가지만이라도 제대로 작동하면 사고로 연결되지 않는다. 반면 조직내에서 '나 하나 쯤이야, 이것 하나 정도는…'과 같은 생각이 각 프로세스나 단계에서 중첩될 때 사고로 이어진다는 것이다.

일반적으로 사고원인의 90%는 사람에 의한 불안전한 행동에 기인한다. 사고를 예방하거나 최소화하려면 여러 개의 스위스 치즈를 겹쳐 놓아야 한다. 작업자뿐만이 아니라 시설과 절차, 장치 그리고 제도와 환경 등 각각의 '스위스 치즈'에 위험요소, 즉 구멍이 뚫리지 않았는지 확인하고 또 확인해야 한다. 각 단계를 총체적으로 점검하는 시스템적 접근이 필요한 이유다. 위험은 철저하게 관리해야 할 대상이다.

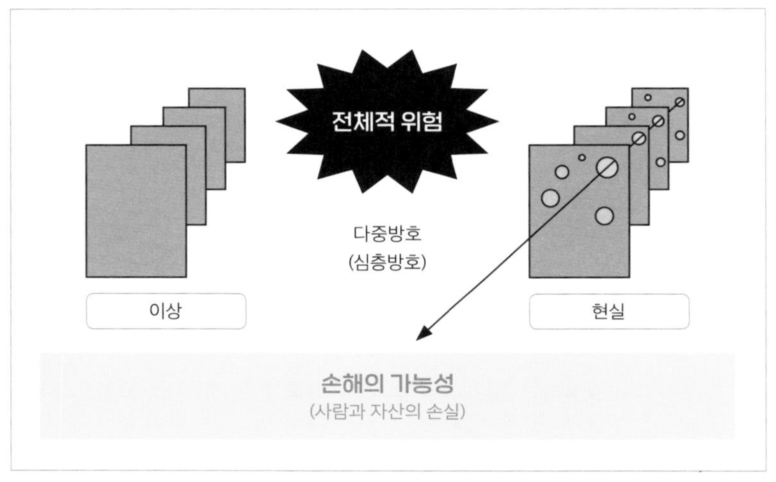

스위스 치즈 모델

2014년 5월 2일 오후 3시 30분경 서울지하철 2호선 상왕십리역에서 차량 이상으로 승강장에서 잠시 정차해 있던 열차를 뒤따라오던 열차가 추돌하여 승객 391명이 다쳤다. 68km/h의 속도로 뒤에서 진입하던 열차가 128m 앞에 정차해 있던 열차를 발견하고 비상 제동을 시도했으나 제동거리가 부족하여 정지하지 못한 채 15km/h의 속도로 추돌하였다.

사고조사 결과 지하철 안전운행을 구성하는 여러 시스템의 상호보완 작용이 제대로 작동하지 않은 것으로 나타났다. 신호기의 설계·제작에서부터 점검 및 유지관리와 관제업무에 이르기까지 문제투성이였다. 지하철에는 열차간 안전거리를 유지하도록 앞 기관차와의 거리가 200m 이내가 되면 자동으로 제어하는 자동열차정지장치ATS, Automatic Train Stopping Device가 있는데 이 장치에 신호를 주는 신호기에 고장이 생겨서 발생한 것이다. 사고 발생 3일전 각 신호구간 간 열차 운행의 속도조절을 위한 데이터 변경 작업을 한 이후부터 신호체계 오류가 계속 발생하였으나 직원들은 이를 확인하지 않았다. 신호팀 담당자는 사고 당일인 5월2일 01:30분경 ATS감시모니터에서 신호 오류사실을 발견했음에도 현장확인 및 수리 등의 조치를 취하지 않고 소속팀 상부에 보고도 하지 않았다.

앞차의 기관사는 열차가 한 곳에 40초 이상 정차할 경우 기관사가 관제소에 알려야 하는데 기관사는 2분간이나 정차했는데도 관제소에 이 사실을 보고하지 않았다. 관제소에 출발지연 사실을 보고했더라면 관제소가 뒤 열차에 이 같은 사실을 알려 사고를 막을 수도 있었을 것이다. 또한 운행 관제소의 관제사는 운행상황판LDP을 주시하면서 전동차 간의 간격, 운행 전동차의 상황 등을 파악하여 돌발상황 발생시 사고를 예방하도록 전반적인 감시와 통제를 해야 하는데 사고 직전 앞서가던 열차와 뒤따르던 열차가 모니터상에 서로 붙어있는 것으로 나타났는데도 신호제어장치만 믿고 그냥 넘어갔다. 또한 신호제어장치를 납품하는 업체도 통신장애 등 고장이 발생하면 정지신호가 켜지도록 제품을 설계해야 하는데 그렇게 하지 않았다.

지하철에는 여러 단계의 안전시스템이 갖춰져 있다. 어느 한 단계에서라도 정신을 똑바로 차리고 있는 사람이 있으면 사고로 연결되지 않는다. 내가 한눈 팔더라도 누군가가 대신 막아주겠지 하는 생각으로 모두가 넋 놓고 있으면 사고는 필연적으로 발생한다. '스위스 치즈 모델'을 다시 한번 생각해 보게 하는 사고이다.

안전, 운명과 직결되는 아주 중요한 습관

사람들이 불안전한 행동을 계속하는 이유는 무엇일까? 이것은 응용행동분석에서 찾아볼 수 있다. 응용행동분석은 환경에 적응하는 인간행동의 기본 원리를 이용하여 바람직한 행동을 향상시키거나 문제행동을 감소시키기 위해 사용하는 행동치료의 한 형태로 여기에서 사용하는 대표적인 분석 방법이 PIC/NIC 분석이다. 이 분석은 행동 전에 특정 행동을 촉구, 유발, 유도하는 선행자극antecedent과 행동 이후에 개인이 내적, 외적으로 경험하는 결과consequence를 체계적으로 분석하여 그 행동이 왜 발생하는지 혹은 발생하지 않는지를 분석하는 방법이다. 특히 개인이 경험하는 행동의 결과에 대해 P(Positive, 긍정적)-N(Negative, 부정적), I(Immediate, 즉각적)-F(Future, 미래적), C(Certain, 확실히 발생하는)-U(Uncertain, 발생이 불확실한) 3가지 차원으로 분석한다.

아래 표는 안전행동과 불안전한 행동에 대한 PIC/NIC 분석 결과의 예를 나타내고 있다. 산업 현장에서는 겨울철 근로자들은 호주머니에 손을 넣고 걷는다. 이러한 입수보행은 보행이 부자연스러워 넘어지기 쉽고 넘어질 경우 뇌진탕을 일으키는 원인이 되기도 한다. 실제로 매년 살얼음 바닥 등 미끄러운 곳에서 뇌진탕으로 사망하는 경우가 종종 발생하고 있다. 호주머니에 손을 넣고 보행하는 경우를 생각해 보면 분석결과를 쉽게 이해할 수 있을 것이다. 안전행동을 하게 하는 선행 자극들이 많이 있지만 개인이 경험하는 주관적인 결과를 살펴보면 안전행동은 불편함, 추위, 부자연스러움 등 부정적인 결과가 즉각적으로 확실하게 오는[NIC] 경우가 많다. 반면 사고예방이라는 긍정적인 결과는 미래에 불확실한 결과[PFU]로 나타난다.

안전행동과 불안전 행동에 대한 PIC/NIC 분석 결과

선행자극	행동	결과	P/N	I/F	C/U
안전사인물 아침조회/안전교육 안전관리자 사고 또는 사고목격	안전행동 (出手보행)	불편함 부자연스러움 손이 시림 사고 미발생	N N N P	I I I F	C C C U
날씨가 춥다 습관 안전관리자의 부재 관리자들의 무관심	불안전 행동 (入手보행)	손이 따뜻함 자유로움 편안함 사고 발생	P P P N	I I I F	C C C U

이에 비해 불안전한 행동은 편안함, 따뜻함, 그리고 자유로움 등 즉각적이고 확실하며, 긍정적인 결과[PIC]를 가져오는 경우가 많기 때문에 계속 유지된다. 특히 불안전한 행동을 했을 때 나타나는 사고나 재해와 같은 부정적인 결과는 먼 미래에 불확실한

결과NFU이기 때문에 영향을 미치기 어렵다. 이러한 분석결과와 관련하여 《안전심리학handbook of safety psychology》의 저자 겔러Geller는 불안전한 행동을 안전행동으로 변화시키는 것을 'fighting with human nature'라고 표현하였다. 즉, 인간 본성과의 싸움으로 매우 어렵다고 지적하였다.

불안전한 행동을 안전행동으로 바꾸기 위해서는 불안전한 행동에서 오는 긍정적인 결과를 상쇄시킬 수 있을 만큼 안전행동을 했을 때 긍정적인 결과를 충분히 제공하는 것이 필요하다. 즉 교육홍보, 점검 및 안전 사인물 등이 필요하지만 이러한 선행 자극만으로는 불안전 행동을 안전행동으로 변화시키기는 어렵다. 조직 내에서 안전행동에 대해 인정해주고 칭찬과 격려 그리고 다양한 보상 등을 지속적으로 자주 제공해 줄 수 있는 안전행동 향상 프로그램을 설계하여 실행하는 것이 필요한 이유다.

사람과 집단에 대한 몇 가지 연구 결과를 분석해 보면 우리가 생각하는 변화나 습관을 고치는 것이 왜 그렇게 어려운지를 잘 알 수 있다. 첫째, 사람들은 현재의 행동을 유지하려는 경향이 있다. 담배를 피는 사람은 심각한 질병으로 인해 의사가 담배를 끊지 않으면 죽을 수 있다고 얘기하기 전까지는 담배를 끊기가 쉽지 않듯이 변화해야 하는 아주 절실하거나 절박한 이유가 있기 전에는 기존처럼 하던 대로 하는 것이 일반적이다.

둘째, 사람들은 다른 사람이 겪은 일에 대해 자기가 겪은 일만큼 크게 영향을 받지 않는다. 어떤 사람이 교통사고로 목숨을 잃었다는 뉴스를 들어도 안타까워는 하지만 내가 아는 친척이나 지인 그리고 가깝게는 친구나 가족이 아니면 남의 일로 생각하고 쉽게 잊어버린다. 언제든지 나 자신이나 내 가족에게도 닥칠 수 있는 일인데도 말이다. 셋째, 사람이 행동을 변화시키는데 필요한 시간은 평균 66일이다. 이것은 아주 동기가 높고 변화의 의지가 강한 사람들의 평균이다.

습관은 뇌가 일상생활을 효율적으로 하기 위해 만든 편리한 장치이다. 기존의 습관을 바꾸기 어려운 건 뇌가 이미 난 길로 가는 것을 좋아하기 때문이다. 좋은 습관을 가져야겠다고 결심하는 것은 올바른 방향으로 목표를 정하게 하고 편한 길로 가려는 충동을 억제하여 인내심을 갖게하는 뇌의 전두엽 때문이다. 습관은 뇌에 새로운 길을 만드는 것이기 때문에 새로운 습관을 만들려면 익숙한 행동을 어떻게 바꿀지 구체적인 목표를 정하고 꾸준히 실천해야 한다. 이 말은 적어도 66일은 변화를 위한 계획과 노력이 필요하다는 얘기다. 그리고 그 행동을 지속하려면 그 행동으로 인해 얻는 결과에 좋은 점이 있어야 한다. 이러한 사실들은 안전한 행동을 하도록 생각을 바꾸는 노력은 체계적으로 꾸준히 하지 않으면 안 된다는 것을 시사해 준다.

동서고금을 막론하고 습관의 중요성을 강조한 금언金言들이 많이 있다. 논어에는 '性相近也 習相遠也(성상근야, 습상원야)'라는 글귀가 있다. 사람의 타고난 본성은 서로 엇비슷하지만 습관이 큰 차이를 만든다는 말이다. 고대 철학자 아리스토텔레스는 '탁월함은 한 차례의 행동이 아니라 반복된 습관으로 이루어진다'라고 하였으며 '습관의 힘'의 저자 찰스 두히그는 '습관 하나하나가 그

자체로는 큰 의미가 없을지라도 결국에는 건강과 생산성, 경제성, 안정과 행복 등에 막대한 영향을 끼친다'라고 했다.

흔히 '생각을 바꾸면 행동이 바뀌고, 행동을 바꾸면 습관이 바뀌고, 습관이 바뀌면 운명이 바뀐다'고 한다. 곧 습관이 운명이라는 뜻이다. 습관을 만드는 것은 우리 자신이지만 결국엔 그 습관이 우리 삶을 만들게 되므로 좋은 습관들을 갖는 것은 무엇보다 중요하다. 그중에서도 운명과 직결되는 습관이 있다면 그것은 바로 '안전'이다. 찰스 두히그는 습관이 형성되는 이유가 우리 뇌가 활동을 절약할 방법을 끊임없이 찾기 때문이라고 했다. 어떤 자극도 주지 않고 가만히 내버려 두면 뇌는 일상적으로 반복되는 거의 모든 일을 습관적으로 전환해 휴식의 시간을 가지려고 한다는 것이다. 따라서 습관을 바꾸려면 일상이 바뀌어야 하고 그 일상이 바뀌기 위해서는 반복되는 행동의 고리를 끊어 줄 인식의 전환이 필요하다.

불안전한 행동(습관)을 바꾸려는 노력이 필요하다

임직원들의 안전습관을 바꿔서 위기의 기업을 5배까지 성장시킨 사람이 있다. 바로 미국의 알루미늄 제조회사인 알코아Alcoa의 최고경영자였던 폴 오닐Paul H. O'Neill의 이야기다. 그는 나쁜 습관 하나를 고칠 수 있다면 그에 따른 변화가 회사 전체에 파급될 것이라 생각했다. 그 전에는 노동조합과 경영진 모두가 가장 중요하다고 인정하는 것이 품질과 생산성이었으나 안전을 최우선 순위에 두고 구성원 모두의 안전습관을 바꾸어 보기로 했다. 폴 오닐의 안전계획은 습관고리를 바탕으로 한 것이었다. 오닐은 간단한 신호를 찾아냈다. 신호는 직원들의 부상이었다. 그는 자동적으로 수행되는 반복행동을 제도화했다. 근로자가 다치면 관리감독자가 24시간 내에 오닐에게 보고하고, 사고예방대책을 수립하여 제출해야 했다. 그리고 보상이 뒤따랐다. 그런 시스템을 적극적으로 받아들인 사람만 승진했다.

알코아에서 안전습관이 바뀌자 회사의 다른 부분들도 급속히 바뀌기 시작했다. 개별 근로자들의 생산성 평가 등 노동조합이 수십 년 동안 반대했던 조항들까지 수용되었다. 생산성 평가가 생산공정에서 어떤 부분이 제대로 돌아가지 않는지를 파악해서 안전 및 위험요인을 해결하는 데 도움을 주었기 때문이다. 또한 생산라인의 속도가 너무 빨라 감당하기 어려울 때 작업자에게 생산라인을 멈출 수 있는 자율권을 부여하는 정책은 관리자들이 과거에는 그렇게 반대했지만 이런 정책이 사고예방을 위한 최상의 방법이었기 때문에 자연스럽게 받아들여졌다. 회사가 이렇게 대대적으로 변하자 임직원들은 이제 무의식적으로 안전을 최우선으로 생각하게 되었다. 알코아가 세계에서 가장 안전한 기업이 된 덕분에 이 모든 성장이 가능했다.

《넛지》와 《아웃라이어》 이후 세계가 주목한 최고의 비즈니스북으로 알려진 《습관의 힘》의 저자 찰스 두히그Charles Duhigg는 습관이 어떻게 작동하는지 이해하고 습관 고리의 구조를 알게 되면 습관을 쉽게 변화시킬 수 있다고 했다. '신호–반복행동–보상'이라는 습관의 고리를 정확히 파악하면 습관을 얼마든지 자신의 의지대로 조절할 수 있다는 것이다. 동일한 신호와 동일한 보상을 제공하면 반복행동을 바꿀 수 있다. 따라서 습관도 바꿀 수 있다. 신호와 보상이 같다면 거의 모든 행동은 바꿀 수 있다.

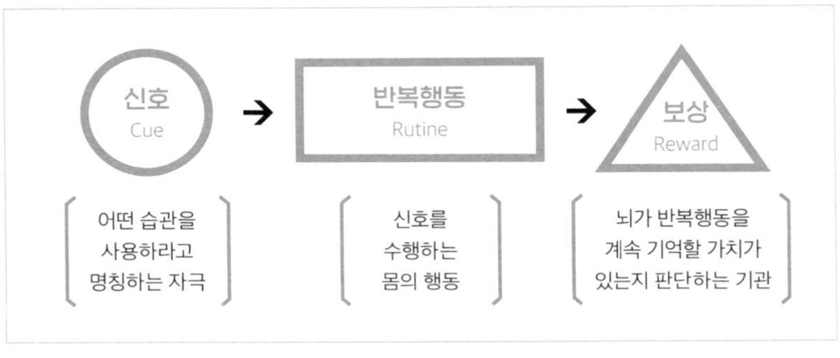

습관의 고리

《아주 작은 습관의 힘》은 미국 최고의 자기계발 전문가로 유명한 제임스 클리어가 온전히 몸으로 체험하고 쓴 책이다. 내 주변의 사소하고 별 것 아닌 일이라도 몇 년 동안 꾸준히 해 나가면 정말로 놀랄 만한 결과가 나타난다고 했다. 대나무는 5년간 뿌리만 키우다 딱 6주 만에 30m가 올라간다고 한다. 작은 습관 모으기가 힘든 것은 바로 습관은 잠복기를 거치기 때문이다. 대나무처럼 80%를 넘겼을 때 습관의 결과가 나타난다는 것이다.

사람들이 습관 만들기에 실패하는 것은 이러한 잠복기를 잘 견디지 못하고 포기하기 때문이다. 그러면서 습관 형성에 이용할 수 있는 효과적인 도구와 전략 4가지 법칙을 제시하였다. 분명해야 달라진다(신호)–매력적이어야 달라진다(열망)–쉬워야 달라진다(반응)–만족스러워야 달라진다(보상)고 하면서 100번만 반복하면 그것이 당신 인생의 무기가 된다고 했다.

습관과 관련한 연구나 책을 보면 몇 가지 공통점을 찾아볼 수 있다. 바로 신호-반복행동-보상이라고 하는 습관 형성의 메커니즘이다. 그 기저에는 하고자 하는 열망이 있고 습관의 상승작용을 일으키게 하는 상황을 변화시키거나 만드는 것 즉, 나를 중심으로 습관 형성에 도움이 되게 주변 상황이나 환경을 재배열하거나 공동체 참여 등을 통해 언제나 유리한 상황에 자신을 놓아두는 법을 터득하는 것이 많은 도움이 된다고 했다. 그리고 새로운 습관이 완전히 정착하는데 필요한 것이 스스로 해낼 수 있다는 자기 자신에 대한 믿음과 자신감이다.

이렇게 습관에 대해 많이 얘기하는 것은 우리가 무심코 행하는 불안전한 행동(습관)이 많은 사고의 원인이 되기 때문에 안전습관(안전행동)으로 변화하기 위해서는 습관의 원리를 이해하고 새로운 습관을 형성하는 방법을 알아야 하기 때문이다. 우리에게 돌아오는 모든 결과는 그동안의 습관이 쌓인 것이다. 재산은 그동안의 경제적 습관이 쌓인 결과이고 몸무게는 그동안의 식습관과 운동 습관이 쌓인 결과이다. 지식은 그동안의 학습 습관이 쌓인 결과이며 안전사고는 그동안의 불안전한 행동 습관이 쌓인 결과인 것이다. 우리는 우리가 반복해서 했던 일의 결과를 그대로 얻는다.

사람이 습관을 바꾸는 일은 여간 어려운 일이 아니다. 어려서부터 안전교육 한번 제대로 받아보지 못하고 성장하면서 무의식적으로 몸에 밴 행동을 성인이 다 된 다음에 바꾼다는 것은 불가능에 가까운 일이기도 하다. 그래서 많은 기업들이 불안전한 행동을 바로잡아 안전행동(안전습관)으로 바꾸기 위해 다양한 방법으로 노력을 기울인다. 삼성물산 리조트부문에서는 임직원들의 안전행동을 체질화하고 생활화하기 위해 안전습관 만들기 캠페인을 중점적으로 실시해 왔다. 대표적인 것이 자신의 행동을 자가 진단하고 평가하는 '안전발자국safety footprint' 프로그램이다.

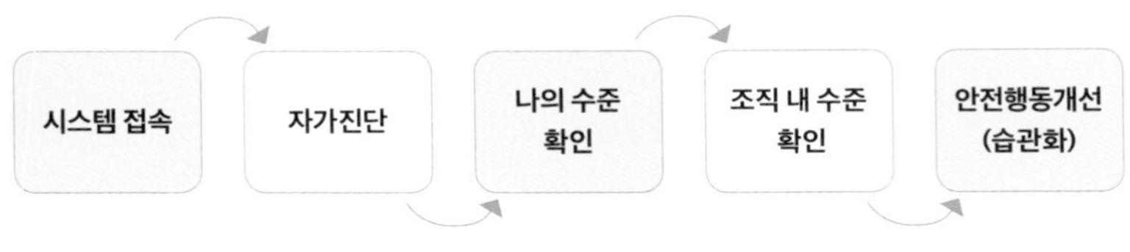

안전발자국 자가진단 프로세스

가정에서부터 출퇴근 과정 그리고 직장에서 일하는 과정에서 발생할 수 있는 모든 상황 속에 안전과 관련해서 반드시 알고 지켜야 할 사항들에 대해 임직원 스스로 자신의 행동을 돌아보고(체크) 분석하여 개선하는 활동이다. 자신의 안전생활 정도를 진단하여 잘 실천하고 있는 것과 그렇지 않은 부분을 스스로 알게 해 줌으로써 스스로 안전행동으로 교정해 나가도록 돕는 것이다.

예를 들면 가정에서의 화재안전 및 생활안전, 출퇴근시에는 보행안전, 교통신호 및 제한속도 준수여부 등 교통안전, 그리고 직장에서의 직무와 관련한 안전 준수사항 등과 관련된 문항들로 구성되어 있다. 시행 초기에는 매일 출근해서 컴퓨터를 켜면 습관적으로 안전 발자국을 체크하며 스스로 안전 행적을 뒤돌아볼 수 있게 하였다. 이를 통해 자신의 안전생활의 현주소를 파악하고 해당 부서와 사업부 및 회사 전체 임직원들의 평균과도 비교하면서 개선의 기회를 만들도록 한 것이다. 현재는 일주일에 1회로 주기를 연장하고 내용도 안전에 대한 상식과 지식을 학습하는 도구로 확대 발전하였다.

안전문화Safety Culture가 조성되어야 한다

최근 기업에서 안전문화라는 용어를 많이 사용한다. 안전문화란 안전제일의 가치관이 개인과 조직 또는 조직 구성원 각자에 충만되어 개인의 생활이나 조직의 활동 속에서 의식이나 관행이 안전으로 체질화된 상태를 말한다. 즉, 인간의 존엄과 가치의 구체적 실현을 위한 모든 행동양식이나 사고방식과 태도 등 총체적인 것을 의미한다. 또한 Douglas A. Wiegmann 등은 기존 연구자들의 정의를 종합하여 '안전문화란 조직 구성원 모두가 스스로의 안전과 공공의 안전을 최우선으로 하는 영속적 가치로 개인 및 집단이 안전을 위해 스스로의 책임을 다하고 안전이 유지될 수 있도록 행동하고 안전에 대한 관심을 증가시키기 위한 대화를 많이 하고 배우기 위해 적극적으로 노력하며, 실수를 교훈삼아 행동을 수정하고 이러한 가치와 행동들이 일관성 있게 지속될 수 있도록 보상하는 문화이다'로 정의하였다.

안전문화가 통용되기 시작한 때는 1988년으로 국제원자력안전자문그룹INSAG이 체르노빌 원자력사고에 대한 보고서를 발표하면서부터다. 문화는 선천적으로 주어지는 것이 아니라 후천적인 학습에 의해 형성된다. 또한 공간적, 시간적으로 전달되고 발전하며 오랜 시간을 거쳐 조직 속에 뿌리내린다. 이러한 문화의 특성을 안전관리에 접목하려면 안전이 기업의 핵심가치로 설정되고 사고예방을 위한 장기적인 계획과 꾸준한 노력을 기울여야 한다. 당장 성과가 나타나는 것도 아니다. 기업에서 안전을 문화로 정착시키는 것이 그래서 쉽지 않다.

조직의 안전문화 수준을 나타내는 모델로는 크게 세 가지가 있다. 미국의 사회심리학자 브래들리가 개발한 행동변화 모델을 듀폰에서 안전문화 수준 평가에 활용한 것이 '브래들리 모델Bradley Model'이다. 이 모델은 안전문화 수준이 가장 낮은 단계에서는 무의식적으로 자기 보호본능 수준의 안전관리만 이루어진다. 다음 단계에서는 규정이나 규칙에서 정해 놓은 대로만 행동하는 규제 순응의 안전문화가 자리 잡는다. 정해진 것을 지키지 않아 적발되면 불이익 받기 때문에 마지못해 안전을 하는 단계이다. 여기서 발전하면 근로자 본인의 안전과 가정의 안위를 걱정하여 스스로 안전을 지킨다. 안전문화 수준이 가장 높은 단계에서는 안전의식이 체득화되어 무의식적으로 안전을 지키면서 함께 일하는

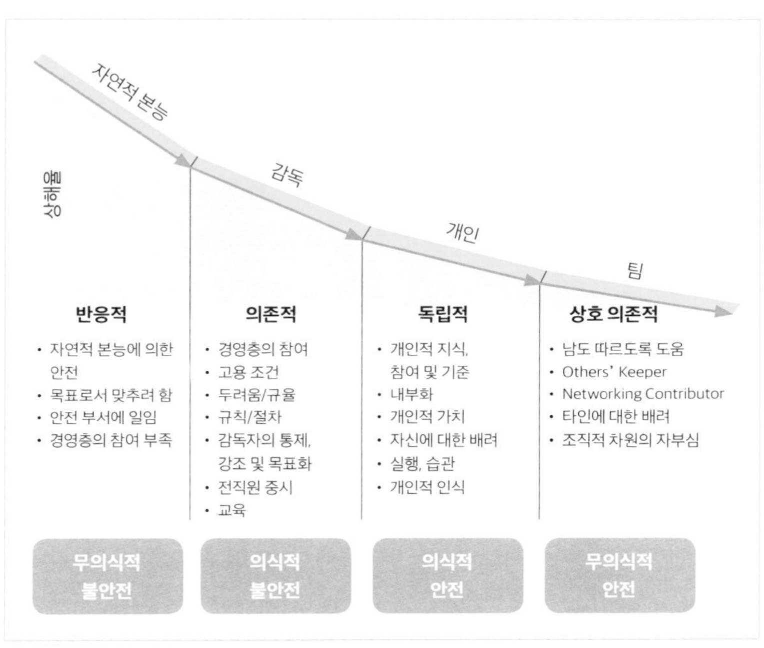

브래들리 모델(Bradley Model)

사람들과 상호 의존적이고 조직적인 안전활동이 이루어진다.

Parker. D, Lawrie. M 등이 개발한 '안전문화 5단계 성숙모델'은 안전을 법규준수 정도로만 생각하여 대부분의 현장 직원은 안전에 관심을 갖지 않는 안전 수준이 가장 낮은 병적인Pathological 단계에서 출발한다. 수동적인Reactive 단계에서는 안전을 단순히 규정과 절차를 준수하고 기술적으로만 관리하며 대부분의 사고는 작업자의 책임이라고 생각한다. 관리감독자는 사고발생 시 부하 직원을 질책하는 등 수동적으로 관리한다. 타산적인Calculative 단계는 대부분의 근로자들은 스스로 안전을 책임지려는 자세를 갖고, 적극적으로 안전활동에 참여한다. 경영진의 의사결정이 사고 예방에 중요하다고 생각하며 대부분의 현장 근로자들은 안전을 개선하기 위해 경영진과 함께 노력한다.

능동적인Proactive 단계는 대부분의 근로자들은 안전이 윤리적, 경제적 관점에서 모두 중요하다고 인식한다. 또한 현장 근로자들은 동료의 안전에 대한 책임을 느끼며 안전개선제안 등을 활발하게 하고 사고를 예방하기 위한 사전조치에 많은 노력을 기울인다. 안전문화가 최고의 수준인 모범적인Generative 단계는 다른 기업들의 벤치마킹 대상이 되는 톱 클래스의 단계로 근로자에 대한 사고를 예방하는 것에 매우 큰 가치를 두고 모든 의사결정에서 가장 먼저 고려된다. 최근 몇 년간 사고가 없을지라도 경영진은 만족하지 않고 사고는 언제든지 발생할 수 있다고 생각한다.

안전문화 5단계 성숙모델

DNV에서 개발한 '안전문화 수준 평가모델'도 5단계로 구성되어 있다. 무관심Ignorant 단계는 기업에서 경영진은 안전에 대해서 법적으로 문제가 되지 않으면 무시하는 등 안전관리가 거의 전무한 상태이다. 수동적Reactive 단계는 법규와 같은 최소한의 요구 사항만을 수동적으로 시행하며 사고가 발생하면 사후관리에 머무는 정도의 안전관리를 한다. 체계화Calculative 단계는 안전에 대한 개인 및 부서의 역할과 책임을 수립하기 시작하고 안전경영 시스템이 도입되고 내재화되어간다.

선제적Proactive 단계에서는 임직원들은 안전 지식과 비상상황에 대한 대응 능력을 갖추고 있으며 안전활동에 모든 임직원들이 자발적이고 적극적으로 참여한다. 그리고 최상위 단계인 창의적Creative 단계는 경영진과 관리자들은 안전이 사업의 지속성 및 기업의 경쟁력을 확보하는 핵심요소로 인식하고 있으며 모든 구성원들이 서로가 격려하고 도와가면서 안전문화를 고도화시켜 나간다.

DNV 안전문화수준 평가 모델

위의 3가지 안전문화 수준 평가 모델은 개발회사나 연구자별로 약간의 차이는 있지만 큰 흐름에 있어서는 큰 차이가 없다. 따라서 이런 모델을 기준으로 현재 속한 기업이나 부서의 안전문화 수준이 어느 위치에 있는지를 평가해 보면 쉽게 알 수 있다. 이를 바탕으로 앞으로 어떤 단계를 목표로 정하고 어떤 노력을 경주해 나가야 할지를 판단해서 실행해야 한다. 듀폰이나 셸 등 해외 안전 선진 기업들이 80점대 이상의 창의적 단계에 위치하고 있다. 2015년 당시 삼성그룹에서 처음 시행한 안전문화 수준 평가 결과 삼성물산 리조트부문을 포함한 3개 사업장 정도가 선제적 단계에 진입하고 있었다. 지금은 당연히 창의적 단계에 있다.

안전문화 수준을 판단하는 구성 요소는 다양하지만 일반적으로 해외 선진사 및 국내 안전관리 우수기업들의 안전관리 P Plan – D Do – C Check – A Action – A Audit를 들여다보면 다음과 같이 8개 대분류로 구분해 볼 수 있다. 경영진의 안전에 대한 인식이나 안전투자 정책 및 안전활동 등 '경영진의 의지 leadership commitment', 근로자, 관리감독자 및 안전조직의 안전환경과 관련된 '역할과 책임 accountability', 위험의 인지부터 조치까지의 일련의 예방관리와 비상대응체계 및 협력사 안전활동 등을 포함한 '위험관리 risk control', 동기부여를 위한 조직의 활동 및 참여와 협의 등의 '의사소통 및 참여 communication & motivation', 관리감독자 및 근로자들의 교육체계 등 '역량 competency', 표준작업절차, 안전기준 및 실행도를 나타내는 '준수 rule & compliance', 앗차사고의 발굴관리와 발생사고 시 근본원인에 대한 사고조사와 개선을 나타내는 '원인분석 및 시정 조치

learn from event', 그리고 안전점검 관리체계 및 안전성과를 측정하는 '모니터링monitoring' 등이다.

안전문화!
사람일까? 상황일까?

안전문화를 얘기할 때면 떠오르는 리처드 니스벳과 리로스가 함께 쓴《사람일까 상황일까》라는 책이 생각난다. 1991년 미국에서 출간된 이래 사회심리학의 고전으로 자리잡은 이 책은 '인간의 행동에서 상황situation이 지닌 위력은 성품을 능가한다'는 메시지로 당시 큰 반향을 불러일으켰다. 사회 심리학자들은 사람의 행동은 크게 두 가지 요인에 의해 결정된다고 한다. 개인적인 인품이나 성격에 의해 좌우되는 성향주의, 그리고 당시에 어떤 상황에 처해 있었는지에 따라 결정되는 상황주의이다.

이 책은 주로 상황주의에 입각해 인간의 행동이 어떤 상황에 영향받는지를 잘 보여준다. 행동에 영향을 주는 상황이 무엇인가를 두고 심리학자들은 실험을 반복했다. 그들은 선한 사마리아인 이야기에서 힌트를 받아 무엇이 선한 행동을 유발하는지 실험했다. 그 결과 설교 연습시간에 늦은 학생이 길가에 쓰러져 있는 행인에게 도움을 준 비율은 10%인 반면 시간 여유가 있는 학생이 도운 비율은 63%에 달했다. 이 실험을 통해 학생들을 선하게 행동하도록 유도한 건 학생들의 성품이 아니라 여유있는 시간임이 드러났다.

평소엔 점잖은 영국신사가 왜 축구장에만 가면 훌리건이 될까? 이는 그 사람 내부에 폭력적 성향이 있기 때문이 아니라 군중에 휩쓸린 분위기로 인해 그렇게 된다는 것이다. 사람들은 혼자라면 도저히 하지 않을 행동을 집단 속에서 버젓이 자행한다는 것이다. 치안이 무너진 도시에서의 약탈과 폭동 등이 그런 사례이다. 또한 도덕 철학자 한나 아렌트가 나치전범 아돌프 아이히만 재판을 보고 얘기한 '악의 평범성'도 상황주의로 설명할 수 있다. 아이히만이 악마여서가 아니라 나치 통치 하의 독일이라는 환경이 그를 악마가 되게 했다는 아렌트의 견해가 바로 상황주의라는 것이다. 독일의 사회학자 쿠르트 레빈도 인간 행동은 특정한 힘(우리를 둘러싼 상황)에 영향을 받는다고 하였다.

상황주의 이론과 비슷한 이론이 동조효과이다. 동조란 어떤 사람이 다른 사람의 특정 행동을 따라하는 것이다. 몇 년 전에 인력개발원에서 실시한 그룹 안전분야 창조 전문가과정 과제발표에 멘토로 참여한 적이 있었다. '자율적인 안전문화 확산 솔루션'에 관한 주제였는데 팀원들이 과제를 수행하면서 횡단보도의 적색 신호 때에 보행자의 행동을 관찰하는 영상이었다. 한 명이 있을 때는 주저없이 횡단보도를 건넜고 두 명이 있을 때도 옆 사람의 눈치를 보지 않고 건넜다. 그런데 세 사람이 횡단보도를 건너지 않고 신호를 기다리고 있자 다음에 오는 여러 사람들도 모두 신호를 지켰다.

동조효과를 설명하기 위한 자료로 대중 심리학에서 얘기하는

'3인의 법칙'과 같다. 그렇다면 왜 다른 사람들을 따라하는 것일까? 개인적인 판단보다는 다수의 의견이나 행동이 더 옳다고 생각하기 때문이고 여러 명이 모이면 주변의 눈치를 봐야 하기 때문이다. 특히 다수의 사람 속에서 나 혼자 안전을 무시하는 것이 쉽지 않을 뿐만 아니라 본인의 결정이나 행동이 올바른지 그렇지 않은지 불확실한 상황에서 사람들은 더욱 다수에 동조하는 모습을 보인다.

이런 현상이 작업 현장에서는 어떻게 작용할까. 신입사원이 입문교육과정에서 안전교육을 잘 받고 안전작업을 하겠다는 다짐을 하면서 현장에 배치받았는데 주변의 선배나 동료들이 정해진 보호구도 착용하지 않고 불안전하게 작업을 하는 것을 본다면 신입사원은 어떤 생각이 들고 어떤 행동을 하게 될까. 반대로 안전교육은 받았지만 지금까지 한 번도 사용하지 않던 불편한 안전보호구를 착용하지 않고 작업을 하려고 하는데 주변의 동료나 선배가 모두 안전보호구를 착용하고 있다면 어떻게 하게 될까?

생각보다 주변 사람들의 행동은 개인에게 많은 영향을 미친다. 집단을 움직이는 힘은 상황이고 문화는 아주 강력한 상황 요소다. 사람은 상황의 힘에 휘둘리기도 하지만 그 상황을 만드는 것 또한 사람이다. 따라서 안전을 무시하려고 해도 도저히 무시할 수 없는 상황을 만들어 나가는 것이 안전문화를 형성해 나가는 방법이다. 안전문화는 바로 이러한 조직의 상황 속에서 형성되고 정착되는 것이다. 구성원 모두가 안전을 중시하고 정해진 룰과 프로세스를 반드시 지키는 안전문화는 말하기는 쉬워도 결코 쉽게 형성되지는 않는다.

안전문화를 향상시키기 위한 방법

안전이 기업의 문화로 자리잡기 위해서는 많은 시간과 노력이 필요하다. 사고가 발생할 때만 반짝 관리하다 시간이 지나면 언제 그랬냐는 듯이 생산과 영업이 우선시되는 환경과 문화 속에서는 안전문화가 절대로 뿌리내릴 수 없다. 사고가 발생할 때뿐만 아니라 한 동안 사고가 발생하지 않더라도 항상 안전을 기업의 핵심가치로 생각하고 사고예방을 위해 해야 할 일은 반드시 실천하는 안전문화가 필요하다. 이러한 것들을 항상 유지하고 생활화하게 하는 원동력은 무엇일까. 바로 안전관리 시스템과 임직원들의 안전 생활습관이다.

안전관리 시스템은 사람이 바뀌고 시간이 흘러도 변함없이 이행되는 사고예방의 가장 강력한 도구이다. 위험성 평가관리, 교육훈련, 안전점검, 위험요인 관리, 작업표준의 제·개정, 안전관련 규정과 제도, 안전투자, 안전활동, 안전소통과 신뢰 및 성과관리 등 제반 사고예방과 관련된 안전관리 프로세스는 P-D-C-A-A를 통해 완성되어야 한다.

일반적으로 안전관리 프로세스를 얘기할 때 보통 P-D-C-A까지만 관리한다. 그러나 개선 여부나 조치결과를 확인하고 사고예방과 관련한 사항들을 제대로 이행하는지에 대하여 정기적으로 확인하고 평가하는 안전감사safety audit가 반드시 이뤄져야 한다. 그리고 이러한 안전감사 결과는 반드시 최고경영자에게 보고되고 개선 사이클로 이어지며 성과평가에 반영되어야 한다. 듀폰이나 디즈니 등 안전문화 수준이 최고의 단계에 있는 해외 선진사들은 예외없이 안전감사를 중요하게 생각하여 시행하고 있다. 안전관리 시스템이 원활하게 유지되고 관리되게 하는 수단이자 안전문화를 정착하게 하는 지름길이기 때문이다.

또한 안전문화를 향상하기 위한 중요한 요소 중의 하나는 바로 조직 구성원들이 함께 하는 안전 생활습관이다. 다시 말해 안전행동을 하지 않으면 안 되는 분위기 즉, 불안전한 행동을 하고 싶어도 할 수 없게 하는 안전 분위기를 형성하는 것이다. 이는 개인의 안전행동이나 안전의식이 전파되고 모여 조직의 안전문화로 형성되는 과정이기도 하다. 우선 근로자 개인의 안전의식이 향상되어 습관화되어야 한다.

안전 심리학자 Geller는 인간의 안전행동 변화 4단계를 제시하며 안전행동의 습관화 과정을 설명하였다. 첫 단계는 어떤 행동이 안전한 것이고 불안전한 것인지에 대한 지식이 없는 경우에 발생하는 무의식적 불안전 행동이다. 두 번째 단계는 어떤 행동이 안전한 행동인지는 알고 있으면서도 의식적으로 행동하는 의식적 불안전 행동이다. 세 번째 단계는 안전한 행동이 왜 중요하고 왜 해야 하는지를 인식하면서 행동을 변화시키는 의식적 안전행동이다. 그리고 마지막 단계는 이러한 의식적 안전행동이 지속적으로 유지되어 안전행동이 습관화되어 있는 무의식적 안전행동이다. 근로자 개인은 교육과 훈련 그리고 안전의 중요성과 가치 인식 등을 통해 안전작업이 습관화되도록 해야 한다.

에버랜드에는 연간 5천명 정도의 캐스트들이 채용되어 평균 근속 5~6개월 정도로 근무한다. 단기간 근무하는 이들에게 안전과 서비스를 바탕으로 직무능력을 향상하게 하는 것은 가장 중요한 일이지만 여간 어려운 일이 아니다. 따라서 회사에서는 캐스트 교육과 소속감과 자긍심을 고취하기 위한 정책과 활동에 많은 공을 들인다. 안전에 대한 개념이 잘 정립되지 않은 상태에서 사고예방을 위해 반드시 필요한 개인 및 공동의 안전규칙을 자세하게 체험식으로 교육을 반복하고 관찰과 지도를 병행하면서 안전습관이 형성되게 한다.

이때 내가 사용한 방법이 BBS Behavior Based Safety 즉, 행동기반 안전이다. 근무 중에 반드시 알고 실천해야 할 안전행동과 서비스 기준을 교육하고 실천하게 하는 것이다. 그리고 관리감독자들은 점검과 소통활동을 통해 관찰하고 지도한다. 중요한 것은 불안전한 행동이나 잘못하는 것에 대해 나무라거나 질책하는 대신 잘하고 있는 안전행동 위주로 칭찬하면서 불안전한 행동이 감소되게 하는 활동을 통해 안전행동이 향상되게 한다. 안전행동을 잘 실천하는 캐스트에게는 칭찬과 함께 음료나 상품권으로 교환할 수 있는 해피카드 happy card를 지급하며 격려한다. 또한 우수 캐스트에게는 단계별로 주니어, 마스터 뱃지도 지급한다. 이런 활동이 자리잡게 되면 캐스트와 직원들의 쌍방향 소통 속에 신뢰가 형성되어 안전사고는 감소하고 서비스 수준은 향상된다.

신입사원 시절 선배들은 완장을 차고 점검을 다니면서 안전보호구를 착용하지 않고 작업하는 사람이 있으면 고래고래 소리를 지르며 혼 내키거나 이름을 적는 모습을 자주 보았다. 사고가 발생하면 뒤따르는 것이 징계였고 징계받은 직원의 이름이 식당 게시판에 공개되기도 했다. 나도 안전수칙을 지키지 않아 발생하는 사고가 너무 많을 때는 안전수칙을 위반하는 개인뿐만 아니라 해당 관리감독자도 인원수에 따른 점유율에 비례해 벌점을 부여받아 징계를 받는 '안전수칙 벌점제'라는 것을 만들어 시행해 보기도 했다.

이런 활동들이 사고를 줄이는 효과로 이어질 수도 있고 때로는 경각심을 고취시키는 측면에서 필요하기도 하다. 그러나 그 효과 측면에서 본다면 그렇게 오래가지 못하고, 오히려 많은 반감을 일으켜 사람이 보는 앞에서는 잘 지키다가도 없을 때는 다시 원위치 되는 것이 반복되는 것을 많이 보았다. 이런 섭리를 비교적 빨리 알게 되어 가급적 현장의 직원들과 많이 소통하고 한번 교육하고 소통해서 안 되면 두 번, 세 번을 반복해서 실시했다. 불안전한 행동에 대한 질책보다는 작은 안전행동이라도 칭찬하며 격려하는 소통을 통해 안전행동을 조금씩 늘려가는 것이 '안전행동 습관화'라는 목표에 도달하는 쉬운 방법이라고 생각한다. 질책이나 징계를 하든 칭찬과 격려를 하든 그 목적은 사고를 예방하기 위함이 아니던가. 그래서 안전문화를 정착하는 데는 많은 시간과 노력이 필요하다.

안전의식을 촉진하는 효과적인 방법들

안전교육과 훈련은 필요충분조건이다

안전을 지킨다는 것은 능률적이지 않을 수 있다. 그리고 안전을 실천하는 것은 귀찮고 때로는 작업효율을 저하시키기도 한다. 그러나 그 대가로 '안전'을 얻을 수 있다. 이런 유혹 때문에 안전이 어렵고 결국은 교육을 통해서 바로잡을 수밖에 없다. 소중한 것을 잃고 난 뒤에야 안전의 중요성을 절감하는 실수를 하지 않도록 하기 위해서도 안전교육이 필요하다.

그런데 우리나라는 세월호 사고 이후에야 생존수영 등 학교 안전교육이 부분적으로 시행되고 있지만, 그 이전에는 회사에 취업하기 전까지 그 어떤 안전교육을 시키지도 않았고 받아 본 적도 없다. 20년 이상을 안전에 전혀 무방비로 생활하다가 기업에 입사해서야 비로소 안전교육이라는 것을 경험하는 것이다. 선진국처럼 유아나 어린이 및 청소년 시절부터 교육받아 몸에 배어 습관화되어도 부족한데 생활습관이 완전히 굳어진 상태에서 안전에 관한 다양한 지식과 기술 그리고 태도를 가르치고 배워 나가야 하는 것이다. 그러니 안전교육에도 얼마나 많은 시간과 노력이 필요할까?

똑같이 4개월 된 원숭이 아기와 인간 아기의 인지를 비교한 실험이 있다. 결론을 말하자면 원숭이 아기는 눈을 반짝이며 영리하게 이것저것 아는 체를 하고 외부와 소통을 하는 반면 같은 나이의 사람 아기에게는 이렇다 할 자각이나 반응도 일어나지 않았다는 것이다. 그 이유는 사람의 뇌에는 억만 개의 뉴런이 있어서 이것들이 제자리를 잡고 일관성 있는 질서의 형태로 발전하려면 오랜 시간에 걸친 환경적 경험이 필요하기 때문이라고 한다. 이 이론대로라면 꼼수나 잔머리가 통하지 않고 곧이 곧대로가 몸에 배여 원칙을 고수하고 안전의식을 내면화하여 체질화시키려면 일정기간 시간이 걸린다는 것이다.

아무리 안전이 중요하고 기본을 잘 지키자고 소리 높여 외쳐도 인간의 두뇌 기능상 조직 구성원의 뉴런에 새로운 질서와 체계가 인식되고 자리 잡으려면 시간이 걸린다. 한 가지 행동을 바꾸는데 필요한 최소한의 시간이 평균 66일이라고 하지 않았던가. 뉴런에 새로운 안전질서와 안전의식 체계를 형성하고 자리잡게 하는 것이 교육말고 무엇이 있을 수 있겠는가. 따라서 안전교육은 사고예방에 있어서 '설비의 안전화'와 함께 가장 중요한 요소이다. 하비J.H. Harvey도 재해 예방대책의 3EEngineering, Education, Enforcement를 통해 안전교육의 중요성을 강조하지 않았던가.

안전훈련도 교육과 다르지 않다. 평소에 훈련을 통해 기본을 익힌 것과 그렇지 않은 것은 위험이 닥쳤을 때 그 위험으로부터 벗어나는 능력에 큰 차이가 있을 수밖에 없다. 대부분의 사고와 재난은 예고없이 발생하므로 항상 반복훈련을 통해 미리미리 대비하는 것이 최선의 방법이다. 우리의 안전을 지키기 위해서는 해야 할 것은 반드시 해야 하고 하지 말아야 할 것은 절대로 하지 않는 것이 안전을 지키는 '필요 충분 조건'이다.

효과를 배가시키는 5가지 안전교육 원리

안전교육은 가장 일반적인 강의식 교육에서부터 시청각 교육, 토론형 교육, 체험형 교육, 역할 연기(role playing), 벤치마킹, 감성교육, 그리고 최근에는 VRVirtual Reality이나, ARAugment Reality기기를 활용한 교육까지 그 대상이나 교육환경에 따라 방법이 매우 다양하다. 그런데 안전교육을 담당하는 많은 사람들이 가끔 안전교육의 목적을 잊고 실시하는 경우를 많이 본다. 후배들에게도 늘 강조하는 말이기도 하다.

안전교육은 몇 회를 실시하고 몇 명이 이수했는지가 중요한 것이 아니라 안전교육을 받은 사람들이 과연 그 교육을 이수한 후에 자신의 행동이나 생각에 얼마나 변화가 있었느냐가 중요하다. 변화가 없다면 그 안전교육은 잘못한 것이다. 따라서 안전교육의 목표를 달성할 수 있도록 하는데 가장 효과적인 방법이 무엇인지를 생각하고 많은 시간과 노력을 들여 준비하지 않으면 안전교육 본래의 목표를 달성할 수 없다. 나도 안전교육을 할 때는 사전에 정말 많은 시간과 노력을 들여서 준비를 한다.

교육에 참여하는 교육 대상자들도 교육에 참여할 때는 당연히 안전에 대한 전향적인 자세가 필요하다. 안전교육을 받을 때는 그 무엇과도 바꿀 수 없는 자기 자신의 생명과 안전에 관련한 일이므로 시간만 때우면 되는 통과의례로 생각하지 말고 내 자신과 가정의 행복을 위해 하나라도 더 알고 배우려고 해야 한다. 시오노 나나미는 '로마인 이야기'에서 '사람은 자기가 보고 싶은 현실만 보려고 한다'고 얘기했다. 자기가 보고 싶은 것만 보고, 하고 싶은 대로만 한다면 당장은 괜찮겠지만 안전과 미래는 없을 것이다.

안전교육은 다섯 가지 원리에 따라 시행할 때 그 효과가 배가 된다. 첫째, '일회성의 원리'다. 안전교육은 단 한 번의 교육만으로도 피교육자로 하여금 적시에 필요한 안전지식을 습득하게 하여 불의의 사고를 예방할 수도 있고 순간적인 깨달음으로 안전을 잘 지키겠다고 다짐하는 계기를 만들 수도 있다. 따라서 한번 실시하는 교육이 처음이자 마지막이라는 생각을 갖고 최선을 다해 준비해야 한다.

둘째, '반복성의 원리'다. 일회성의 원리와 배치되는 것 같지만 안전교육은 반복해서 실시해야 한다. 한 번의 교육으로 그 효과를 얻기가 쉽지 않을뿐더러 한번 받은 교육은 사고나 안전에 관한 이슈가 없어지면 시간이 지나면서 서서히 잊히게 된다. 이때를 놓치지 말고 잊을 만하면 안전을 리마인드 시켜주는 것이 중요하다. 교육 대상자를 분석하여 필요한 내용이나 주제 또는 수준별 교육으로 연간계획을 수립하여 시행해야 한다.

셋째, '방법만이 아니라 이유를 가르치는 원리'다. 대부분의 작업표준과 안전수칙은 How To와 Know How로 구성되어 있다. 그러나 안전교육을 할 때는 How To와 Know How뿐만 아니라 Know Why를 알려 주는 교육이 되어야 한다. 번거로운 절차나 하기 어려운 방법일수록 반드시 그 이유를 알려주어야 한다. 왜냐하면 사람들은 번거로운 것이나, 귀찮은 것 또는 하기 어려운 것은 쉽게 생략하고 최대한 편리한 방법으로 하려는 본능이 있기 때문이다.

넷째, '인성 교육의 원리'다. 안전교육은 자신의 생명과 안전이 소중한 만큼 함께 일하는 동료나 선·후배의 안전도 내 안전만큼 중요하다는 사실을 인식해야 하는 인명존중의 휴머니즘에 관한 교육이다. 따라서 자신의 안전은 물론이고 함께 일하는 사람들의 안전에도 관심을 갖도록 하는 인성교육이 수반되어야 한다.

마지막으로 '실행과 확인의 원리'다. 안전교육이 소기의 목적을 달성하려면 교육받은 근로자는 교육받은 내용을 현장에서 철저히 실천해야 한다. 교육을 실시한 사람은 피교육생이 교육한 내용을 충분히 알고 이해하는지를 평가해야 한다. 아울러 교육한 내용이 현장에서 잘 실천되고 있는지도 확인하고 점검해야 한다. 교육-실행-확인점검의 사이클이 유기적으로 작동되고 실행될 때 안전교육이 제대로 시행되고 있는 것이며, 안전한 일터는 이런 것들이 쌓여서 만들어진다.

안전한 행동을 유도하는데 효율적인 넛지[Nudge] 효과

넛지의 사전적 의미는 '팔꿈치로 옆구리를 슬쩍 찌르다'는 뜻으로 명령 등 직접적인 개입 대신 강요에 의하지 않고 재미있는 놀이방식을 통해 간접적으로 유연하게 개입함으로써 자연스런 선택을 유도하는 방법이다. 넛지는 선택 설계자가 취하는 하나의 방식으로 사람들에게 어떤 선택을 금지하거나 그들의 경제적 인센티브를 크게 변화시키지 않고 예상 가능한 방향으로 그들의 행동을 변화시키는 것이다. 즉, 부드럽고 재미있는 개입을 통해 사람들의 선택을 유도하는 것이다. 행동경제 학자인 리처드 탈러 시카고대 교수와 카스 선스타인 하버드대 로스쿨 교수가 공동 저술한 《넛지[Nudge]》는 베스트셀러가 되었다. 넛지를 적용해 크게 효과를 볼 수 있는 곳이 바로 안전 분야다.

요즘은 우리나라에서도 일반화돼 많이 볼 수 있는 남자 화장실 소변기 파리 표시 이야기다. 이것이 처음으로 사용되었던 곳은 네덜란드 암스테르담에 있는 스키 폴 공항의 남자 화장실이다. 이 화장실의 모든 남자용 소변기에는 중앙 부분에 검정색 파리가 그려져 있다. 대개 남자들은 볼일을 볼 때 조준하는 방향에 크게 신경을 쓰지 않기 때문에 변기 주변이 쉽게 더러워진다. 하지만 눈앞에 목표물이 있으면 거기에 집중하게 되고 자연히 발사물을 변기 가운데에 맞출 확률도 높아진다. 이 아이디어를 처음 생각해 낸 경제학자인 아드 키붐Aad Kieboom에 의하면 이 방법은 경이로운 효과를 거두었다고 한다. 이 파리 그림 하나로 인해 변기 밖으로 튀는 소변의 양을 80%나 감소시켰다고 한다.

넛지를 활용한 예와 효과는 아주 많다. 초등학교 인근에 있는 횡단보도 앞에 그려진 노란 발자국은 어린이들이 놀이하듯 그 위에 발을 맞춰 선 후 신호등이 녹색불로 바뀌기를 기다린다. 노란 발자국은 횡단보도로부터 1m 정도 떨어지게 그려져 있어 신호가 녹색불로 바뀌어도 곧바로 횡단보도에 발을 딛지 못한다. 자연스럽게 횡단보도 쪽으로 진입하는 차량을 살피면서 건널 수 있게 한 것이다. 이런 것이 바로 생활 속의 넛지를 적용한 예이다. 경찰청은 사고예방 활동에 효과가 크게 나타나자 전국적으로 확대할 계획이라고 한다. 넛지 효과는 이처럼 다양한 분야에서 안전사고를 예방하는데 많은 효과를 보고 있다. 택시 안에서 안전벨트를 매면 연결되는 와이파이, 부산 광안대교 급회전 구간에 칠해진 빨간 도료의 굵은 선, 잠그면 발광다이오드LED 불빛이 켜지면서 웃는 얼굴이 나오는 유독물질 배관 밸브 등 안전에 적용하는 아이디어가 늘어나고 있다.

경찰청 사고통계에 의하면 교통사고 사망자가 매년 감소하고 있음에도 불구하고 지난해 무려 3,349명이 목숨을 잃었다. 이 중 보행 중 사망자가 1,302명으로 38.9%나 되어 가장 많았다. 정부에서는 보행자 사고를 줄이기 위해 횡단보도나 위험지역에 어른과 아이가 손을 잡고 길을 건너가는 그림의 보행자 주의 표지판을 설치하고 있다. 보행자 주의 표지판은 나라마다 약간씩 차이가 있다. 한국과 미국의 표지판은 어른과 아이가 천천히 걸어서 지나가는 듯한 모습이다. 그러나 러시아와 폴란드의 표지판은 어른과 아이가 급히 달려나가는 모습으로 그려져 있다. 과연 어느 쪽이 보행자 사고를 예방하는데 더 효과적일까.

보행자 주의 표지판의 국가 간 비교

2016년 미국 버지니아대와 브리검영대의 교수들이 이를 대상으로 실험을 했다. 실험결과 표지판에 그려진 그림이 긴박하고 동적일수록 운전자가 표지판을 더 빨리 보고 주변도 더 자주 살피게 되더라는 것이다. 운전자의 빠른 반응을 이끌어내기 위해서 교통표지판에 그려진 그림을 보다 더 동적 이미지로 바꿀 필요가 있다고 하겠다. 이처럼 우리 생활 주변과 산업 현장에 설치하는 안전표지도 사람들의 심리와 행동과학을 분석하여 기획하고 디자인하여 설치할 때 그 설치 목적에 한층 더 부합될 수 있다.

감성적이고 재밌어서 더 효과적인 안전 사인Sign물

안전 사인물(표지판, 포스터, 사인 및 현수막 등을 총칭)의 목적은 안전을 위해 금지하거나 경고가 필요할 때 또는 지시와 안내가 필요한 곳에서 특정 행동을 하도록 하거나 하지 않도록 하는 것이다. 응용 행동분석에서는 이런 다양한 안전 사인물들을 촉구prompt라고 한다. 즉, 특정 행동 전에 특정 행동의 발생 가능성에 영향을 미치는 자극들이다.

Geller 등 안전 심리학자들은 이러한 촉구 자극들의 효과성에 대한 연구를 하였다. 그 결과 모호하고 추상적이며 일반적인 안전표지판보다는 구체적인 행동을 제시하는 메시지가 포함된 표지판일수록 더 효과적이고 가능하면 왜 그런 행동을 해야 하는지 합리적인 이유에 대해 설명해 주는 것이 필요하다는 것을 시사해 주고 있다. 또한 메시지의 내용이 너무 많거나 글자가 많으면 사람들이 지나가면서 한 번에 그 내용을 파악할 수 없기 때문에 행동에 전혀 영향을 미치지 못한다.

서울 지하철 9호선 당산역에 설치된 안전 사인물이 화제가 된 적이 있다. 지하철을 이용해 본 사람이라면 누구나 멀리서 들려오는 지하철 들어오는 소리에 전력 질주를 해 본 경험이 있을 것이다. 당산역에는 서울에서 가장 긴 길이 48m의 에스컬레이터가 있어서 뛰면 더욱 위험하고 사고도 많이 발생했었다고 한다. 뛰지 말자는 캠페인이 소용이 없자 직원들 동아리 모임에서 아이디어를 냈다. '지금 들어오는 저 열차, 여기서 뛰어도 못 탑니다. 제가 해 봤어요'라는 안전 사인물을 설치했다. 무엇이 사람들의 마음을 움직였을까? 이 문구를 본 사람들은 뛰다가도 피식 웃으면서 걸어간다고 한다. 감성적이면서 재미있는 문구를 통해 '서둘지 말자'는 표현을 재치있게 한 것이다.

몇 년 전부터 고속도로를 다니다 보면 한국도로공사에서 졸음운전 예방 캠페인의 일환으로 고속도로 주변의 지형지물을 이용하여 예전과는 다른 재미있고 재치있는 감성문구를 활용하여 설치한 대형 현수막을 자주 볼 수 있다. 운전자들이 운전하면서 안전의 중요성을 생각하고 졸음운전에 대한 경각심을 일으키게 하여 안전운행을 하는데 많은 자극제가 되고 있는데 실제 캠페인 시행 후 고속도로에서 졸음운전에 의한 사고가 많이 줄었다고 한다.

요즘은 종합운동장이나 야구장 등 다중이용시설에서의 질서유지 및 안전사고 예방을 위한 안전 디자인도 확대되고 있는 추세다. 구로구 고척동에 있는 고척 스카이돔 야구장이 대표적이다. 관중들이 일시에 몰리거나 화재 등 비상상황 발생 시에 출입구를 누구나 한눈에 알아보고 빠져나갈 수 있도록 출구 주변의 벽면, 계단, 바닥을 노란색으로 칠했다. 또한 밖으로 뛰어나가는 모양의 사람 그림을 픽토그램으로 커다랗게 그려놓았다. 통로에서 바닥에 띠처럼 표시된 화살표만 따라가면 출입구가 나온다. 정전 등 아무것도 보이지 않는 상황에 대비해 출입구에 설치한 조명은 비상 상황에 자동적으로 불을 밝힌다. 보통 일반적인 건물이나 극장, 체육관 등의 출입구에는 비상구 표시등만 있다. 일관성 있는 색상이나 누구나 쉽게 인지할 수 있도록 단순하고 직관적인 디자인 그리고 사람들의 기억에 남는 랜드마크 등을 '안전안심 디자인' 방향으로 정하고 기획한 결과라고 한다.

2018년 11월에 개통된 경기도 수원에서 용인과 이천을 잇는 자동차 전용도로가 건설 과정에 있을 때 수원 인터체인지 인근 지점에서 경부고속도로 상부를 통과하는 도로 교각 및 상판 연결공사가 있었다. 이 지점을 통과하는 경부고속도로 상하행선 차량의 운전자들은 고속도로 머리 위에서 이루어지는 교각 연결공사가 처음에는 꽤나 신경쓰이고 위험해 보이기까지 했다.

안전을 하는 나도 가끔 이 지역을 지나갈 때는 알아서 잘 하겠지 하면서도 만약에 상판이나 공사 기자재들이 고속도로로 떨어진다면? 하는 약간의 불안감이 없지 않았다. 운전자들의 그런 마음을 알았는지 얼마 지나지 않아 짤막한 현수막이 하나 붙었다. '안전은 걱정말고, 안전운전 하세요' 이 짧은 문구 하나가 보는 사람들로 하여금 걱정 없이 안심하고 미소 지으며 안전운행을 할 수 있게 하는 촉매 역할을 한다.

내가 신입사원 시절에는 국내 생산현장이나 건설현장에는 모두 똑같은 안전표지판을 사용하고 있었다. 위험의 종류나 특성이 모두 다르고 근로자들의 특성도 다른데 안전표지판을 똑같은 종류, 똑같은 형태와 사이즈를 사용하는 것이 이해가 되지 않았다. 외국 서적을 뒤져보고 새롭게 디자인할 수 있는 제작사를 발굴하여 몇 년 만에 TV브라운관용 유리제조 회사에 맞는 안전표지판을 표준화했다. 우리가 낯선 도로를 운전하고 다닐 때 도로에 설치돼 있는 안전표지판이 쉽게 길을 안내하고 위험을 알려 주듯이 사업장의 안전 사인물도 사고예방 활동의 중요한 부분이다.

에버랜드에서도 테마파크의 특성에 맞는 안전 사인물을 자체적으로 기획하고 디자인하여 사용했다. 자체 캐릭터를 활용해 디자인하기도 했고, 직원들의 다양한 안전에 대한 아이디어를 공모해 안전 캐치프레이즈나 슬로건 등을 발굴해 사용하기도 했다.

안전 사인물을 설치할 때도 인간 심리의 특성을 잘 고려해 설치 위치나 높이 등을 정해야 한다. 반복적으로 발생하는 사건이나 자극에 인간은 둔감해지기 쉽고 습관처럼 되어 버리면 점차 반응하지 않게 된다. 안전 사인물은 초기에는 사람들의 관심을 끌지만 이후 변화가 없다면 더 이상 사람들의 주의를 끌기가 어렵다. 우리가 주변에서 매일 보는 간판이나 현수막이 처음에는 신선하게 보이지만 시간이 지나면 별 느낌이 없어지는 것과 같은 현상이다.

똑같은 경고음을 계속 반복해서 듣다 보면 반응이 약해지듯이 안전 사인물도 정기적으로 교체하여 변화를 주는 것이 필요하다. 자연스럽게 둔감해지는 매너리즘의 특성을 이해하고 이를 예방하는 노력이 필요하다.

다양한 무재해 운동과 안전 활동

무재해 운동은 인간존중의 이념에 바탕을 두어 직장의 안전과 건강을 다 함께 선취하자는 운동으로 1979년 9월 1일 '사업장 무재해 운동 추진 및 운영에 관한 규칙'이 제정·시행되면서 시작되었다. 1988년 한국산업안전보건공단이 출범하여 안전보건 교육원에서 처음으로 시행한 교육과정도 2박 3일 합숙으로 진행된 '무재해 운동 추진 전문요원 양성과정'이었다. 신입사원 시절 이 과정을 제1기로 수강했다. 당시에는 강사 및 진행요원도 전원이 합숙하면서 과정을 진행했었는데 그 열정과 사명감에 감동했던 기억이 생생하다. 그러한 열정과 사명감이 오늘날 우리나라의 사업장 안전문화 발전에 큰 기여를 했다고 생각한다.

무재해 운동하면 생각나는 것이 무재해 운동의 이념과 3대 원칙(무의 원칙, 선취의 원칙, 참가의 원칙) 그리고 무재해 운동 추진의 3요소(최고경영자의 안전경영자세, 관리감독자에 의한 안전보건의 추진, 직장소집단의 자주안전활동의 활성화)와 같은 것들이다. 또한 과거에는 무재해 운동하면 무재해 목표 시간과 문제해결 4단계(4Round)로 대표되는 위험예지훈련이 대표적인 수단이었다.

고용노동부와 한국산업안전보건공단에서 주도적으로 시행하던 무재해 운동으로 대표되는 사업장 무재해 목표 관리제도가 자율관리로 바뀌게 되면서 요즘 안전 업무를 하는 사람들은 무재해 운동이라는 표현보다 안전활동이라는 표현을 많이 쓰는 것 같다. 사실 무재해 운동이나 안전활동은 위험성 평가 등 체계적인 안전관리를 통해 사고를 예방하기 위해 시행하는 모든 활동을 말한다. 같은 말이지만 굳이 구분해서 말한다면 요즘은 무재해 운동이라는 말을 잘 사용하지 않는 정도의 차이가 아닐까 싶다.

사고 예방활동이 광범위하고 다양해지다 보니 일반적으로 안전활동이라고 하면 안전문화를 촉진하는 활동을 일컫기도 한다. 즉, 의식적인 부분을 향상하는 활동을 그렇게 표현하기도 하는 것이다. 그런 의미에서의 안전활동이란 안전교육 및 훈련, 홍보 등을 통하여 안전에 대한 가치와 인식을 높이고 안전을 생활화하도록 하는 등 각종 사고와 재난으로부터 안전한 직장을 만들어 가기 위한 제반 활동이라고 말할 수 있겠다.

내가 임직원들의 안전의식을 향상하기 위해 시행했던 안전활동도 다양했다. 각종 경연대회(안전, 도전! 골든 벨), 공모전(단편시, 삼·사행시, 캐치프레이즈, UCC 등), 안전관찰 활동인 STOP(Safety Training Observation Program, 코닝)과 BBS(Behavior Based Safety, 에버랜드), 사고가 발생한 공정에서 실패로부터 배우자는 취지에서 시행했던 러닝파티learning party, 현장의 우수 사례를 공유하는 성공파티, 그리고 위험요소를 자발적으로 발굴하여 공유하는 활동인 클리어 300(Clear 300)등 30년 전에 시행했던 것에서부터 최근에 시행했던 것에 이르기까지 실로 다양하다.

시행착오를 거치면서 본래의 시행 목적에 맞게 성공한 사례도 있고, 아쉬움 속에 크게 효과를 보지 못한 것도 있다. 안전과 관련한 각종 행사나 안전활동을 실시한 후에는 실수나 부족했던 것뿐만 아니라 잘했던 사항에 대해서도 항상 복기하여 다음에 참조하곤 했다. 안전 공모전이나 경연대회 그리고 각종 안전활동을 기획하고 시행할 때에도 행사를 위한 행사가 되지 않도록 해야 하며 철저히 기대 효과가 극대화될 수 있도록 기획해야 한다.

사고예방을 위해 시행했던 안전활동

구분	안전활동 명칭	구분	안전활동 명칭
경연대회	•위험예지활동 경연대회 •무재해운동 경연대회 •안전 웅변대회 •퀴즈대회(도전! 안전 골든벨) •개선 아이디어 발표회 •안전 업무계획 발표회 •안전 개사가요 경연대회	교육홍보	•사내 CA TV 기획특집 •안전 1분, 3분 스피치 •녹색경영 통신문 •PC 스크린 세이버 메세지 •사업장장 안전 메시지 •가정안전 통신문 •체험형 안전교육 및 훈련
공모전	•삼행시, 사행시 공모전 •안전 단편시 공모전 •앗차사고 공모전 •안전 UCC 공모전 •표어•포스터 공모전 •캐치프레이즈 공모전 •안전활동 사진전 •안전 치공구 개발 공모전 •안전활동 공모전	기타활동	•러닝파티(learning party) •성공파티 •안전발자국 •Safety Sparks •Safety Golden Rule •Clear 300 •Risk Top 5 Control •STOP & BBS •안전 신문고

시대가 바뀌고 유행이 변하는 트렌드에 따라 안전 캠페인 등 안전활동을 기획하는 아이디어도 그에 맞게 변하고 바뀌어야 한다. 광화문 교보생명 빌딩에는 25년간 변함없이 오가는 사람들의 시선을 끌며 울림을 주는 글판이 계절마다 바뀌며 걸린다. 교보생명이 설문을 통해 25년간 내 마음을 울린 글판을 선정했는데 1위가 나태주 시인의 '풀꽃'이었다. '자세히 보아야 예쁘다. 오래 보아야 사랑스럽다. 너도 그렇다'

그 외에도 '대추가 저절로 붉어질 리는 없다. 저 안에 태풍 몇 개, 천둥 몇 개, 벼락 몇 개'란 장석주 시인의 '대추 한 알'과 정호승 시인의 '먼 데서 바람 불어와 풍경소리 들리면, 보고 싶은 내 마음이 찾아간 줄 알아라'는 '풍경 달다'가 Top5에 올랐다. 언제 보아도 울림을 주는 시가 아닐 수 없다. 고은 시인의 '내려갈 때 보았네. 올라갈 때 보지 못 한 그 꽃'이란 '그 꽃'이란 단편시도 한 때 많은 사람들의 심금을 울렸다.

단편시가 한창 유행할 때 회사에서는 10대 안전수칙을 제정하여 홍보하고 있었는데 이 안전수칙을 보다 쉽고 재미있게 이해하도록 하기 위해 10대 안전수칙을 주제로 한 단편시 공모전을 개최했었다. 몇 가지 사례를 살펴보면 다음과 같다.

한 번쯤 어떠하리 이 번만 어떠하리 그러다 사고나면 가족들은 어떡하리 **10대 안전수칙 준수**	미동도 없는 너의 얼굴을 보며 제발 살아 달라고 간절히 두 손을 포개어 너의 가슴을 칩니다 **심폐 소생술**
그렇게 덜렁 대더니 이렇게 든든할 수가 없다 **고소작업 안전벨트 체결**	사람위에 사람 없고 사람아래 사람 없다 **상하 동시작업 금지**

10대 안전수칙 단편시 공모전 우수작(예)

4차 산업혁명 시대의 안전에 대하여

4차 산업혁명, 안전의 패러다임도 바꿔야 한다

4차 산업혁명은 온라인과 오프라인이 결합되면서 산업현장에서도 놀라운 변화를 가져왔다. 즉, 또 다른 인터넷, 산업 인터넷이 만들어졌다. 산업 인터넷이란 모든 산업 장비에 인터넷이 접목된다는 의미로 사물 인터넷을 대신하는 말이지만 사물 인터넷과 달리 산업 현장의 대형 기계가 중심이라 산업 인터넷이라 불린다. 산업 인터넷은 빅데이터 분석과 첨단기계를 결합해 생산성을 높이는 동시에 기계에서 발생하는 사고와 고장을 사전에 예측함으로써 자원 낭비를 최소화하는 역할을 한다.

정부에서도 대통령 직속의 4차 산업혁명위원회를 설치, 운영하고, 서울시 등 지자체도 관련 인재육성에 본격적으로 나서는 등 4차 산업혁명을 국정의 핵심 과제로 추진하고 있다. 산업계도 주요 대기업과 IT업계를 중심으로 발 빠르게 4차 산업혁명 시대에 대응해 나가고 있다. 4차 산업혁명 기술을 안전분야에 적극적으로 융합하고 접목하여 각종 사고를 사전에 예측하고 조기에 감지하여 이를 효과적으로 통제하는 등 빈틈없는 산업안전망을 구축하여 산업기술과 안전이 조화롭게 발전해 나가도록 해야 한다. 즉, 4차 산업혁명 시대에 안전분야도 새로운 변화와 혁신을 통해 사전 예방체제로 전환하여 안전관리에 대한 패러다임을 바꿔 나가야 한다.

삼성그룹에는 상무급 4년차 이상 임원들을 대상으로 시행하는 고위경영자 양성과정이라는 교육이 있다. 이 교육은 합숙과 비 합숙을 번갈아 가며 3개월 과정으로 진행되는데 인문학, 사회 경제, 문화예술 등 고위 경영자에게 필요한 소양교육 이외에 팀별로 그룹 사업 경쟁력 강화방안을 주제로 임원들이 액션러닝action learning 과제를 수행하고 최고경영자들로 구성된 평가위원들에게 발표를 한다.

2013년 8월 교육에 입과해 수행한 과제가 '빅 데이터를 활용한 그룹·계열별·사별 사업 경쟁력 강화방안'이었다. 아직 4차 산업혁명이라는 용어가 세상에 나오지 않았었던 때로 우리나라에 빅 데이터란 말이 여기저기서 조금씩 들려오던 시기였다. 내가 안전을 담당하고 있는 임원이고 당시 삼성전자 불산 누출사고 등으로 안전이 이슈화되던 상황이라 우리 팀은 자연스럽게 주제를 그룹 공통 관심사인 안전과 보건으로 압축하여 결국 '빅 데이터를 활용한 안전사고 예측 및 헬스케어 서비스'를 과제로 선정해서 진행했다.

빅 데이터를 연구하고 활용하고 있는 계열사 및 연구소와 관련 학계, 학회, 정부 및 공공기관과 국내 기업 등 20여 곳을 벤치마킹하였다. 그 외에도 IBM, SAS, 구글, 아마존, MIT대 및 스탠포드대 등 해외 학계와 기업 20개소를 직접 벤치마킹하여 빅 데이터의 수집과 분석 및 활용방안에 대해 밤을 새워가며 토론하고 연구했다. 당시 인상깊었던 것은 포뮬라1 대회에 참여하는 맥라렌 레이싱카 같은 경우에도 빅 데이터를 활용해 성과를 극대화하고 있다는 것이었다. 레이싱 차량에 부착된 수백 개의 센서를 통해 매 초당 일 천 건 이상의 운행 데이터(온도, 압력, 스트레스 등)를 실시간 수집하여 영국 본사의 분석 서버로 전송하면 데이터 엔지니어링팀은 과거 운행데이터와 실시간 분석을 통해 차량 상태 및 퍼포먼스 예측 등을 경기에 즉시 반영한다. 이러한 맥라렌의 축적된 분석기술, 엔지니어링, 전략모델은 글락소스미스클라인(다국적 제약업체, 영국)의 사업계획과 성과개선 및 접근방법 등에도 적용되었다.

이렇게 다양한 분야에 활용되어 성과를 내고 있는 빅 데이터를 통해 과연 안전사고도 예방할 수 있을까. 월트 디즈니 등 데이터 분석 기반의 안전사고 예측시스템을 적용하고 있는 회사들은 그렇지 않은 회사들에 비해 약 3배 수준의 성과를 창출한다고 한다. 미국의 조사기관에 의하면 CIO Chief Information Officer의 83%는 안전사고 예측시스템에 데이터 분석을 활용하는 것이 경쟁력 확보를 위한 주요한 수단이라고 했다.

작업자에 의한 안전사고 예측을 모델링하기 위해서는 우선 진보된 데이터 소스(기존 데이터+새로운 데이터)를 통해 작업자의 형태와 사고와의 연관성을 파악해야 한다. 기존 데이터는 안전사고를 막기 위해 기존에 관리되고 있던 정보로써 운영 정보, 사고 정보, 작업자 정보 등이고, 새로운 데이터는 기존에 활용되고 있지 않던 정보로써 작업자의 경력, 성과, 급여수준, 가구정보, 금융정보, 건강정보 등을 말한다.

빅 데이터를 활용한 안전사고 예측 모델

데이터를 소싱한 후 작업자 개별 맞춤분석customized analysis 절차를 통해 데이터를 통합·분석하여 특정 작업자 및 작업에 대한 안전사고 위험을 계량화하여 고위험 작업자 및 작업의 경우에는 사전에 예방조치 프로그램을 적용할 수 있다. 인공지능, 빅데이터, 사물 인터넷 등을 종합적으로 연계한 4차 산업혁명 기반의 안전관리 통합시스템을 구축해 휴먼 에러 등 작업자의 불안전한 행동을 최대한 보완하여 안전관리의 한계를 극복해 줄 스마트 장치가 필요한 것이다. 바야흐로 안전이 곧 기업의 경쟁력이 되는 시대가 도래하고 있다.

우리나라의 산업현장에도 사물 인터넷IoT, 가상현실VR, 빅 데이터 등 4차 산업 혁명의 핵심기술을 적용한 신 기술들이 다양하게 개발되어 안전 분야에도 활발하게 적용되고 있다. 대형 플랜트 산업에서의 안전문제는 재질, 구조, 센서기기 오작동, 안전장치 미작동, 유지보수 작업자 오류 등 설계, 제작, 시공, 운전, 유지보수 및 인적요소 등 다양한 사고 원인이 존재한다. 따라서 산업안전 문제는 안전만의 시각으로 봐서는 안 되며 시스템과 관리 차원에서 분석하고 해결책을 찾아 근본 원인을 제거해야 한다. AI, 빅 데이터, IoT 등을 종합적으로 연계해 실제 플랜트와 같은 사이버 플랜트를 구성하면 실시간 대응 시나리오와 비상대피 계획을 수립해 안전사고를 획기적으로 줄일 수 있다.

무선 커뮤니케이션 기술을 활용한 스마트 글라스smart glass는 안경에 부착된 카메라 렌즈와 디스플레이를 통해 국내에서뿐만 아니라 원천 기술 등을 보유한 해외 기업 관계자들과 원격으로 실시간 영상과 음성을 공유할 수 있는 사물인터넷 장비다. 현장을 계속 이동하면서 업무를 협의하며 소통할 수도 있고 파일 공유, 동영상, 스냅샷 촬영 및 채팅 등이 가능하다.

그 밖에도 스마트기기와 융합한 가상현실 교육을 통해 안전교육의 실효성을 높일 수 있으며 빅데이터 수집과 분석을 통해 업종, 현장별로 적합한 맞춤형 안전관리를 실시할 수도 있다. 이렇듯 4차 산업혁명의 핵심기술은 그 활용도가 다양하다. 안전과 4차 산업혁명의 효용성에 많은 관심과 지원이 필요한 이유다. 지금부터라도 서둘러 준비하고 적용의 실효성을 분석하는 등 4차 산업혁명 시대에 어울리는 안전을 고민하고 연구하려고 하는 마인드가 필요하다.

이와 관련해 정부 기관에서는 4차 산업혁명 기술을 산업안전 분야에 조기 도입을 하게 하려면 투자비용에 대한 세제혜택 증대와 빅 데이터 통합관리, 적용 기술의 표준화 등이 뒷받침되어야 그 실효성을 거둘 수 있다. 한 가지 주의할 점은 4차 산업혁명 기술을 안전에 접목하려는 노력과 시행 착오는 바람직하고 당연히 수반되는 것이지만 그 효용성을 배제한 채 일시적인 보여주기식의 형식적 안전관리는 철저히 경계해야 한다. 안전관리도 인풋input 대비 아웃풋output을 극대화해야 하는 경영의 일부분이기 때문이다.

4차 산업혁명,
우리는 더 위험해지고 있는 것은 아닐까?

독일의 사회학자 울리히 벡(1944~2015)은 그의 저서《위험사회》(1986)에서 중세 봉건사회와 19세기 산업사회를 거쳐 20세기말 위험사회가 도래했으며 산업화와 근대화가 진행될수록 사회가 더 위험해진다고 분석했다. 개발 경제시대 압축성장을 경험한 한국사회는 특히 위험한 국가라는 게 그의 진단이었다.

기술의 진보는 분명 인류 복지에 큰 변화와 편리함을 가져다주고 있다. 그러나 그 변화와 편리함의 이면에는 미처 생각지도 못했던 새로운 형태의 위험요소가 도사리고 있고 언제 어디서, 어떤 형태로 그 위험이 발현돼 생산자나 소비자 안전에 위해를 가할지 모르는 시대에 살고 있다. 문제는 기술의 진보 속도를 안전기준 등 규범이 따라가지 못하고 있다는 데 있다. 제품이 첨단융복합화할수록, 또 제품안전의 범위가 확대될수록 이런 경향은 더욱 심화될 수밖에 없다.

4차 산업혁명 시대, 정보화 사회, 나아가 스마트 사회는 더 위험하다. 스마트폰 열풍과 함께 시작된 TGIF(트위터, 구글, 아이폰, 페이스북) 시대의 즐거움과 편익 뒤에는 예상치 못한 위험이 도사리고 있을 수 있다. 사물인터넷IoT 센서로 모은 데이터를 클라우드 컴퓨팅으로 저장하고 빅 데이터 기술로 분석해 모바일 기기로 서비스하는 ICBM 시대엔 개인정보 유출과 프라이버시 침해, 인공지능과 관련된 위험과 사고가 더 클 수밖에 없다. 과학기술의 발달에 따른 부정적인 영향이다. 산업화, 근대화, 정보화가 진행될수록 커지는 위험을 예방하기 위한 노력이 함께 병행되지 않는다면 신기술, 신제품은 언제든지 희망을 불안으로 바꿔 놓을 수 있다.

세월호 사고 이후에도 사회 도처에서 계속 발생하고 있는 대형 화재 등으로 인해 안전에 대한 관심은 그 어느 때보다 높아졌지만 우리의 안전을 위협하는 위험요소는 새로운 형태로 진화하며 더욱 증가하고 있다. 사업장 안전사고나 화재 등 익숙한 위험요소뿐만 아니라 첨단 기계, 가습기 살균제를 비롯한 전자 제품들로 인해 불과 얼마 전까지는 존재하지도 않았던 각종 위험요소들이 증가하고 있다.

이러한 위험요소의 진화는 역설적으로 지금까지 인류사회가 이뤄온 산업발전에 따른 것이다. 미국의 한 연구결과에 따르면 20세기 이후 진보된 형태와 자재를 사용한 건축물은 우리의 주거환경을 쾌적하게 만들었지만 각종 합성소재로 인해 화재 진행속도는 20세기 초에 비해 8배나 빨라졌다고 한다. 그렇다고 위험을 감소시키기 위해 인류가 이뤄낸 진보를 되돌릴 수는 없다.

4차 산업혁명이 등장하면서 국지적이고 정형화돼 있던 기존 산업의 경계가 허물어지고 있다. 각종 편의와 함께 다양한 위험요인도 함께 안고 있다. 이에 따른 새로운 위험을 예측하고 안전을 확보해야 한다. 사람의 접근이 어려운 위험지대를 드론이 날아다니며 안전점검을 하고 있고 운전자 없이 운행하는 자율 주행차가 상용화를 눈앞에 두고 있다. 공장설비는 운용자의 조작이 없어도 스스로 생산과 출하, 품질관리까지 한다. 빅 데이터 수집과 분석을 통해 사회 각 분야에서 소비자의 마음까지 읽어 낼 정도로 세밀한 서비스가 제공되고 있다.

이는 수년 전만 해도 볼 수 없었던 것들이다. 충분한 검증과 확인을 거쳐 세상에 드러낸 문물이 아니며 등장 전과 후의 파급력이 비교가 되지 않을 만큼 간극이 크다. 이 급진적 변화에 안전이 흔들릴 우려가 상당하지만 대부분 사람들은 인공지능, 사물인터넷, 빅데이터 등이 선사할 거대한 편익에 젖어 그 위험성을 간과하고 있다. 특히 최근에는 농업, 제조업, 서비스업을 나누던 전통적 경계를 넘어 이종 산업 간의 융합이 활발하게 진행되는 것은 안전에 중대한 도전으로 볼 수 있다.

정보기술IT과 금융이 만나 핀 테크라는 새로운 영역이 등장했다. 손 안의 핸드폰으로 스마트 홈과 스마트 자동차를 움직일 수 있는 사물인터넷 시대가 도래했다. 아무리 사전 점검을 철저히 한다고 해도 이러한 새로운 영역과 제품에 예상치 못한 복잡한 위험이 도사리고 있을 가능성을 간과해서는 안 된다. 독성물질의 탐지나 3D 프린팅의 안전 등도 마찬가지이다.

제조현장에서 사용하는 산업용 로봇도 진화를 거듭하고 있다. 1980년대부터 제조업 생산공정은 수동화에서 반자동화를 거쳐 완전 자동화로 공정의 자동화가 급속히 확대되었다. 그러나 자동화 기술의 발전에 따른 안전기술이 뒷받침되지 못하면서 초기 자동화 설비에 의한 안전사고가 많이 발생했던 것을 상기할 필요가 있다. 인공지능 기술의 발전으로 생산현장에 다양한 용도의 로봇을 개발하고 사용할 때에는 로봇 기술의 완성보다는 안전성에 있어서 완벽이 무엇보다 우선임을 잊어서는 안 된다.

비행기, 자동차, 각종 기계공구 등 인간의 한계를 극복하기 위해 우리 인류는 수많은 기계를 발명했다. 날개가 없는 인간은 비행기를 타면 날 수 있지만, 기계는 인간의 주먹보다 훨씬 더 세고 단단하다. 만약 기계에 자율성이 추가된다면 어떻게 될까? 기계는 왠지 모르게 무섭고 걱정스럽다. 4차 산업혁명의 대표 분야인 인공지능 및 로봇공학 등 최첨단 장비도 마찬가지다. 최첨단 장비를 도입했으니 예전보다 더 안전해야 하지 않을까? 그러나 현실은 그렇지 않은 경우가 많다. 최첨단 장비를 사용한 최신식 비행기가 추락하는 것을 보면 그렇다.

모든 문명의 이기들은 사용 시 안전이 보장돼야 제 역할을 수행할 수 있다. 자동차는 달리기 전에 안전하게 멈출 수 있음을 증명해야 하고 스마트폰은 그 편리성 이전에 전자파가 인체에 해롭지 않음을 입증해야 한다. 사람이 호흡하는 가습기 살균제 같은 것이 생물평가와 같은 과학적 근거를 통해 인체의 유해성 여부를 확인하지 않은 것이 오히려 이상하지 않은가.

진화하는 기술과 위험에 따라 안전도 함께 진화해야 한다. 희망과 불안이 공존하는 4차 산업혁명 시대를 희망으로 채우기 위한 안전에 대한 치밀한 연구와 노력이 요구되는 시대다.

이제 우리나라도 추격경제fast follower에서 선도경제first mover로 나아가고 있다. 선도경제는 추격경제에 비해 더 많은 위험을 떠안는다. 새로운 과학기술이 초래하는 위험의 특징은 위험을 인지하기가 쉽지 않다는 것이다. 위험을 인지했다 하더라도 그 위험의 원인을 정확하게 찾아내는 것은 더 어렵다. 위험의 원인을 알더라도 그 위험을 예방하고 제어하는 방법이나 기술을 개발하는 것은 또 다른 어려움이다. 그렇다면 4차 산업혁명의 신기술들로 인해 발생하는 위험요소에 대해 우리는 어떤 예방과 노력을 기울여야 할까?

인공지능 로봇을 개발한다면 개발과정에서 로봇이 불러올 위험을 사전에 예측하고 그 대응 방안을 마련해야 하며 자율 주행차의 성능 개선과 함께 탑승자 및 보행자의 안전확보도 같이 이루어져야 한다. 각종 위험요소에 대한 본질적 연구를 비롯해 진화한 위험을 제거할 수 있는 테스트 방법론과 장비, 절차, 표준제정 등 제도적 장치들을 개발하고 확충해 나가야 한다.

과학기술은 항상 편익과 위험을 동시에 가진 양면적 존재다. 적절한 수단과 방법으로 잠재적 위험을 제거하고 피해를 최소화할 수 있도록 사용돼야 한다. 위험은 항상 불시에 우리가 준비 못 한 빈틈을 파고든다. 기술 혁신은 늘 안전으로 완성되어야 한다는 명제를 잊어서는 안 된다. 자율 주행차, 자율 항공기, 인공지능 의료시스템 등 미래 인공지능 시대의 진정한 승자는 가장 먼저가 아닌 가장 안전한 인공지능 기술을 개발한 사람과 기업일 것이라고 믿고 싶다. 옛날의 압축경제 성장기처럼 안전을 도외시한 채 급진적으로 신기술의 발전만 추구한다면 4차 산업혁명 시대의 미래는 불안하다.

원활한 의사소통이 안전을 지킨다

권력간격지수PDI, Power Distance Index에 숨겨진 참사

1986년 4월 26일 구 소련, 지금은 우크라이나 키예프 북쪽 벨라루스 접경 지역에 위치한 체르노빌 원자력발전소 제4호기 원자로가 폭발한 사고가 발생했다. 사고가 발생한 지 34년이 지난 지금 이 원자력발전소는 콘크리트 돔으로 완전히 밀폐되어 있다. 그러나 주변 30km 이내에는 사람이 살지 않았다. 2016년 기준 180여명의 주민이 돌아와 거주하고 있다. 이 사고로 공식 사망자만 5,772명, 치료를 받은 사람은 70만명이다. 그러나 2006년 유럽 과학자들이 발표한 토치TORCH보고서는 사고 후 방사선 영향으로 인한 암 사망자를 3~6만 명으로 추정했다.

국제원자력기구IAEA와 전문가들이 사고 이후에 밝혀낸 바에 따르면 이 사고는 충분히 예견됐다. 사고 2년전 안전문제가 제기됐지만 책임자들은 귀담아듣지 않았다. 사고 발생 전날 저녁 근무조가 발전 출력을 줄이는 실험을 할 때 냉각펌프가 잘 작동하지 않는다는 점을 발견했지만 이를 윗선에 보고하지 않았다. 실험실 책임자인 아나틀리 다틀로프 부소장이 벌컥 화를 잘 내는 간부라서 감히 보고를 못했던 것으로 밝혀졌다. 그리고 야간 근무조에게는 이런 사실을 알리지도 않고 퇴근했다. 원전은 몇 시간 후인 26일 새벽 1시 24분에 폭발했다. 사고 초기 소방수들은 방제복도 입지 않았고 폭발 후 30시간이 지나서야 인근 주민들을 대피시켰다. 소련 당국은 늑장 대응했고 언론에 제대로 알리지도 않았다.

네덜란드 마스트리히트대학 사회심리학과 교수였던 기어트 홉스테드(Geert Hofstead, 1928~2020)가 분석한 권력간격지수에 의하면 러시아는 90이고, 한국은 60이다. 네덜란드 38, 뉴질랜드 22, 오스트리아 11에 비하면 우리나라의 소통체계는 형편없는 수준이다. 권력간격지수는 한 조직이 권위나 위계질서를 어느 정도 중요시하는지를 나타내는 척도이다. 전 세계 조종사들의 PDI를 측정한 결과에서도 가장 높은 나라가 브라질이고 2위가 우리나라이다.

세월호 사고도 마찬가지다. 침몰 원인은 여러가지 복합적인 원인이 있었지만 배가 빠르게 기울기 시작하고 더 기울면 탈출이 어려워질 수 있는 상황에서도 이준석 선장은 탈출 명령을 내리지 않았다. 만약 이 때 승무원 중 누군가는 마땅히 선장에게 탈출 명령을 하라고 강하게 요구했어야 했다. 당시 경비정과 주변의 선박들은 구조를 위해 세월호를 향해 빠르게 접근 중이었는데도 선원들은 끝까지 선장의 눈치만 본 것이다. 세월호 사고는 권위주의적인 문화가 낳은 참사이기도 하다.

체르노빌 폭발사고와 세월호 사고가 주는 중요한 교훈 중의 하나는 소통이 잘 되는 유연한 조직을 만들어야 한다는 것이다. 조직관리 측면에서 볼 때 화를 잘 내는 간부가 무서워 중요한 보고를 못 하거나, 옳고 그름을 무시한 채 권위적인 상사가 시키는 대로만 하는 조직은 안전관리에 있어서도 보통 문제가 아니다.

세계 2위 영국의 석유회사 BP사례도 반면교사로 삼을만하다. BP는 2010년 4월 20일 멕시코만의 마콘도 유정에 설치한 원유시추시설 딥워터 호라이즌이 폭발하면서 근로자 11명이 숨지고 1억7천만 갤런의 원유가 바다에 유출돼 심각한 해양 환경오염이 발생했다. 진흙이 흘러나온 뒤 기름과 가스가 파이프를 뚫고 치솟았다. 불길이 번지자 철탑이 무너지고, 140명 이상의 직원이 탈출을 시작했다.

누군가 파이프 중간을 잘라 기름유출을 막아야 했다. 브리지에 있던 여직원이 절단 버튼을 누르려 하자 팀장이 "넌 그럴 권한이 없다"고 못하게 했다. 기름이 유출되고 있는 상황에서 파이프 절단과 봉합은 선장만이 할 수 있다는 매뉴얼 때문에 사고를 키웠다. 전문가들의 위험 경고를 무시하고 멕시코만 유전시설 공사를 강행하다 역사상 최악의 기름 유출사고를 일으켰다. 애당초 유정油井의 압력 측정이 잘못된 것이었다. 가동을 하루 늦출 때마다 50만 달러씩 손해 나는 상황을 피하려다 파산 직전까지 몰렸고 이 사고와 관련해 미국 연방정부 및 멕시코만 주변 5개 주 정부들과 187억 달러(약 21조 원)에 합의했다.

최근 위기를 극복하고 빠른 성장세로 돌아선 포드의 앨런 멀럴리 회장의 소통자세는 배울 만하다. 그는 보고서 표지를 빨간색은 나쁜 뉴스bad news, 노란색은 주의notice로, 녹색은 좋은 뉴스good news로 정해 놓고 노란색과 빨간색 보고서를 냈을 때 칭찬하고 격려한다고 한다. 조직 생활을 해보면 많은 사람들은 대부분 좋은 소식은 누구보다 먼저 보고하려고 한다.

그러나 안전사고같은 좋지 않은 소식은 가급적 하지 않으려고 하고, 하더라도 최대한 미루고 피하다 어쩔 수 없을 때에야 보고하는 경우가 많다. 그래서 안전사고가 은폐되고 지연보고 되는 경우가 많은 이유다. 이제는 기업이나 조직에서 나쁜 소식이나 안 좋은 소식을 먼저 자연스럽게 보고하는 조직문화를 만들어야 한다. 나쁜 뉴스를 보고하는 사람을 혼내거나 질책할 것이 아니라 격려하고 용기를 북돋게 하는 조직이 필요하다.

안전의 첫걸음은 활발한 의사소통에서부터

안전관리에서 정보의 소통은 필수 불가결한 사항이다. 중요한 안전정보가 제때에 제대로 전달되지 않는다면 각종 사고에 치명적인 원인이 될 수 있다. 한 조직에서 소통을 잘 하기 위해서는 먼저 대화가 잘 이루어져야 한다. 개인주의 성향으로의 시대 변화와 바쁜 회사 업무 등으로 인해 직장에서 진정한 대화 시간은 많이 줄어들고 있다.

대화를 하더라도 대부분 평등한 입장에서의 대화보다는 상하관계에 따른 보고나 지시가 대부분이다. 격의 없는 자유로운 토론기회는 점차 찾아보기 어려워지고 있다. 서로가 바쁘다 보니 상대방의 말을 차분히 들으려고 하지 않고 빨리 내가 하고 싶은 말만 하려고 한다. 대화를 방해하는 또 다른 문제는 건성으로 듣는 것이다. 상대방의 말을 진지하게 듣기보다는 언제 끼어들지 다음에 자신이 무슨 말을 해야 할지 고민하느라 집중하지 못한다. 대화가 겉도는 중요한 이유다.

사람은 나이가 들어 지위가 오르고 가르치는 자리에 오를수록 남의 말을 잘 듣지 않고 자신의 말을 많이 하게 된다. 삼성그룹 창업주인 이병철 선대 회장님이 직접 아들인 이건희 회장에게 써 준 휘호도 바로 '경청傾聽'이다. 경청은 상대방의 말을 듣기만 하는 것이 아니라 상대방이 전달하고자 하는 말의 내용은 물론 그 내면에 깔려있는 동기나 정서에 귀를 기울여 듣고 이해된 바를 상대방에게 피드백해 주는 것을 말한다. 이렇듯 경청은 효과적인 커뮤니케이션의 중요한 기법이다.

'사람의 귀는 외이, 중이, 내이 세 부분으로 이뤄졌듯이 남의 말을 들을 때도 귀가 세 개인 양 들어야 한다. 상대방이 말하는 바를 귀 담아듣고 무슨 말을 하지 않는지를 신중히 가려내며, 말하고자 하나 차마 말로 옮기지 못하는 바가 무엇인지도 귀로 가려내야 한다' 《멘토》의 저자 R.이안 시어모의 충고다. 입이 하나고 귀가 둘인 이유가 자기가 말할 때보다 남의 말을 들을 때 두 배로 신경써야 한다는 얘기다. 남의 말을 제대로 듣는 자세를 습관화하는 것이야말로 대화의 기본이다.

내가 하고 싶은 말을 줄이고 상대의 얘기를 들어주는 것, 내 생각만 옳다고 주장하기보다는 상대의 의견도 존중해 주는 것, 이것이 바로 소통이다. 소통의 원리도 세상사는 법칙과 똑같다. 이 세상에는 공짜가 없다. 받은 것이 있으면 그에 합당한 것을 내줘야 한다. 누군가에게 내 주장을 들으라 했으면 나 또한 그의 주장을 들어줘야 공평하다. 오래가고 안정적인 관계를 유지하려면 반드시 주는 만큼 받고, 받는 만큼 줄 수 있어야 한다. 더불어 사는 좋은 사회, 한 방향 팀워크의 탄탄한 조직을 만들어 주는 기본 원리다.

이렇듯 안전은 활발한 소통을 바탕으로 발전할 수 있다. 안전과 관련된 문제가 발생했을 때 상사나 동료 및 선후배가 거리낌없이 대화할 수 있어야 빠른 시간 내에 문제점을 파악하고 최선의 대책을 찾을 수 있다는 의미이다. 원활한 소통을 위해서는 서로 간의 신뢰와 용기가 필요하다. 직원들은 안전과 관련한 문제에 있어서는 상사 및 경영진에게 언제든지 솔직하고 다양한 직언을 할 수 있어야 한다. 또한 관리감독자와 경영진은 이를 진지하게 듣고 전향적으로 검토해서 의사결정에 반영해야 한다. 많은 회사에서 소통을 위한 간담회나 소통 공간 등을 마련하는 이유가 여기에 있다.

위험사회의 울리히 벡도 그랬고, 정상사고의 찰스 페로도 현대사회에서 기술적 문제와 의사소통 문제의 복잡성으로 인해 사고는 언제든지 발생할 수 있다고 경고했다. 그 사고를 막기 위해 할 수 있는 일은 끊임없는 의사소통의 개선과 교육 그리고 훈련밖에 없다. 안전도 결국은 원활한 소통을 통해서 이루어진다.

8

해외 선진 기업의 안전경영에서 배우자

150년 안전의 유전자 카길Cargil

1865년 미국 중부 아이오와주 시골 코노보에서 곡물창고 하나로 시작한 카길은 현재 세계 70개국 1200개의 사업장에서 16만 6000여명이 일하고 있다. 지난해 매출 1135억달러(약 131조1천억원), 순익 25억6400만달러(약 2조9천6백억원)의 비상장기업으로 전 세계에 먹거리를 제공하고 있는 기업이다.

카길이 150년 이상 지속 가능한 비결에는 혁신이란 유전자 외에 안전이란 유전자가 있다. 카길에서 안전이란 '모든 직원들이 하루 업무를 마치고 안전하게 집으로 돌아가는 것'이며 '변함없는 의지와 노력'을 의미한다. 특히 안전은 우선 순위가 아니라 핵심가치로 여긴다. 기업에서 우선 순위는 언제든지 변할 수 있지만 핵심가치는 결코 변하지 않는 것이다.

카길에는 일반 기업과 다른 안전목표가 있다. 바로 근로자 사망률인데 오직 제로(0)를 유지하는 것을 안전의 목표로 삼아 안전과 관련된 노력은 사망률을 낮추는데 집중돼 있다. 이런 차원에서 안전관련 사고는 절대 관용이 없는 무관용 원칙도 세우고 있다. 카길에서 안전은 기업의 사회적 책임을 완수하는 가장 큰 노력이며 동시에 직원들에 대한 회사의 변함없는 존경의 표시라고 믿는다.

카길에서 안전문제는 상급자의 허가가 없어도 현장 담당자가 전권을 가지고 결정할 수 있다. 정규직뿐만 아니라 계약직까지 모든 직원은 안전문제에 있어서 위험이 있다고 판단되면 어떤 일이라도 즉각 해당 작업을 중지시킬 수 있는 권한을 갖고 있다. 모든 조치를 취한 후에 사후 보고만 하면 된다. 안전은 현장이 가장 잘 안다고 믿고 있기 때문이다. 이는 직급이 높은 사람이 아니라 '그 일'을 가장 잘 알고 가장 잘할 수 있는 현장 담당자(전문가)가 결정하도록 하는 의사결정 구조다.

2011년 오바마 대통령이 빈 라덴 사살작전 때 백악관 상황실에서 상석上席을 합동특수작전사령부 마셜 준장에게 내어 주고 자신은 그 옆에 쭈그리고 앉아 있는 대통령의 모습에서 현장을 얼마나 중요하게 생각하는지를 알 수 있었다. 오스트리아 출신의 경제학자 하이에크Hayek는 '최고의 의사결정은 현장 지식에서 나온다'고 했다. '안전은 현장에서 시작한다는 것을 잊지 말아야 한다'는 명제를 카길에서는 실천하고 있다.

카길은 매년 전 직원에게 업데이트 되는 안전수칙을 배포하는데 거기엔 임직원이 숙지하고 준수해야 할 내용들이 담겨있다. 안전교육 프로그램은 직원이 채용되는 날부터 퇴사하기 전까지 계속되며 현장 교육뿐만 아니라 온라인 등을 통해 지속적으로 진행된다. 카길의 모든 직원은 안전과 관련해서는 완벽함을 추구해야 한다고도 한다.

부서별 안전위원회를 자체적으로 구성하여 공장에서는 매월, 본사 사무실은 분기마다 안전위원회를 개최한다. 안전문화 강화를 위한 의사결정은 직원들이 주도하고 경영진은 이 결정을 적극 지원한다. 또한 리스크 평가기반risk-based의 글로벌 감사 프로세스를 통해 사고가 발생하기 전에 위험요인을 미리 파악하고 개선하는데 감사 활동은 아주 엄격하게 이루어진다.

몸이 반응하게 훈련하는 악조노벨Akzo Nobel

악조노벨은 네덜란드에 본사를 둔 세계 1위의 페인트 회사로 '모든 회의 시작 전에 반드시 안전관련 프리젠테이션을 한다'는 것이 회사 운영의 제1 원칙이다. 회의에 앞서 비상 대피로, 안전 표지판 읽는 법, 사고 시 행동요령이 담긴 자료를 스크린이나 TV 모니터에 띄워 놓고 5분여 간 브리핑을 한다. 전 세계 해외 지사에서도 예외없이 실시하고 있으며, 외부인 없이 내부 임직원끼리 하는 회의에서도 이 원칙엔 예외가 없다.

실제로 해외에서 있었던 사례다. 애틀란타에서 열린 글로벌 전략회의에 참석한 악조노벨의 임직원 7명이 15층 규모의 호텔에 투숙했다. 새벽 1시쯤 화재 사이렌이 울리자 투숙객 중 10명이 2~3분 내에 호텔 밖으로 대피했다. 다행히 화재는 아니었지만 대피한 사람들 중 7명은 악조노벨의 투숙 직원 전원이었다고 한다. 이 소식을 접한 회사에서는 Safety Award를 수여했다고 한다. 평소 무의식적으로 몸이 반응할 정도의 반복된 화재 피난훈련과 더불어 철저히 준수하는 출장자 안전 체크리스트 덕분이다. 이 체크리스트엔 어느 호텔에 묵든 반드시 비상구를 파악하라는 것이 있다.

글로벌화란 우리 스스로의 스탠다드가 글로벌 수준이 되는 것이다. 그 핵심 기준의 하나가 바로 '안전'이다. 한국의 많은 회사가 대부분 안전수칙을 갖고 있다. 하지만 매뉴얼이 있느냐 없느냐보다 중요한 것은 얼마나 연습해서 몸에 익혔느냐이다. 사고가 발생했을 때 생각을 해서는 안된다. 본능적으로 몸이 반응해야 한다. 그러기 위해서는 무한 반복 연습밖에 없다. 회사의 가장 중요한 자산은 사람이고 일이 끝나면 직원들을 가족에게 안전하게 돌려주는 것이 회사의 가장 큰 의무라고 악조노벨은 생각한다.

직원 모두가 안전관리자 솔베이Solvay

벨기에에 본사를 둔 150년 역사를 자랑하는 다국적 화학회사 솔베이Solvay에서 임직원은 모두가 안전관리자라고 한다. 모든 직원은 본연의 업무(70%)와 안전업무(30%)를 동시에 수행하는 것이 핵심이다. 모든 직원은 매월 2건 이상의 위험요인을 보고해야 하고 사무직은 매달 두 차례 안전 패트롤을 한다. 앗차사고나 응급처치사고(사내 의무실 방문 또는 사내비치 약품 사용)를 보고하면 가산점을 준다. 최고경영자가 바뀌더라도 첫 번째 경영철학은 근로자의 안전이다.

솔베이는 세계 53개국에 145개 공장을 두고 있는데 선진국에 있든 개발도상국에 있든 동일한 안전규정을 준수한다. 이 규정은 어느 국가의 안전관련 법보다 강력하다고 한다. 솔베이는 자체 평가에서 2년 연속 안전기준을 맞추지 못하면 공장을 폐쇄하는 강력한 정책을 갖고 있다. 아무리 많은 이윤을 내더라도 예외는 없다. 연초에 열리는 그룹의 사업성과 보고회에서도 첫 번째로 상정되는 안건이 안전실적이다. 근로자 안전이 그룹의 최고 가치라는 점을 여실히 보여준다. 어느 공정에서 어떤 사고가 날 가능성이 있는지 경우의 수를 따지고 각 설비별로 점수를 매기는 방식으로 평가해 사고발생 가능성을 최소화하는데 주력한다.

한 번도 사고가 발생하지 않은 설비라도 사고 가능성을 점검하고 비용을 투입해 안전성을 높인다. 안전에 대한 최고경영자의 강력한 의지도 안전사고 예방에 한 몫 한다. 특정 공정에서 사고 발생 가능성이 있다는 의견이 제시되면 막대한 비용일지라도 투입한다. 또한 불가피한 경우가 아니라면 위험성이 있는 작업이나 공정에는 협력업체가 아니라 정규직원이 담당한다. 누구보다 작업현장을 잘 알고 있어 사고의 가능성을 최대한 낮출 수 있기 때문이다.

안전의 대명사 듀폰DuPont

음주 노동이 이루어지던 19세기 초 낮술을 마시고 일하던 근로자의 실수로 발생된 화학공장의 대형 폭발사고로 공장 직원의 1/3이 사망하고, 기업은 파산위기에 몰린 이후 사고율 제로를 기업가치로 삼아 온 기업, 바로 듀폰이다. 글로벌 종합 화학기업인 미국 듀폰의 안전관리 역사는 200년을 훌쩍 거슬러 올라간다. 안전규칙을 명문화해서 실천한 것이 1811년 1월 1일이다. 100년 뒤인 1911년에는 안전위원회를 구성하고 안전수칙 책자를 만들어 모든 공장에 배포했다. 1927년에는 설립 125주년을 맞아 안전을 아예 회사의 핵심가치로 공표했다.

지금도 듀폰은 회의를 시작하기 전에 항상 5분 정도 안전에 대한 대화를 하는 것이 회사의 방침이다. 듀폰에서는 '안전에는 노사가 따로 있지 않다. 안전은 리더와 직원, 노사 모두의 책임이다. 직장에 나와 안전하게 일하고 다시 가정으로 건강하게 돌아가서 행복하게 사는 게 인생에서 아주 중요한 만큼 우리 모두는 자신과 상대방의 안전을 책임져야 한다'고 생각하고 실천한다. 듀폰의 안전철학을 잘 나타내고 있는 것이 '10대 안전원칙'이다.

듀폰은 전 세계 사업장 경영진에게 '안전을 책임지지 못하면 비즈니스도 할 수 없다If you can't manage safety, you probably can't manage the business'고 요구한다. 직원들이 안전행동을 하게 하는 방법론에 있어서도 스스로 안전에 대한 중요성을 깨달을 때 행동의 변화를 일으킨다고 생각하여 불안전한 행동에 대한 지적이나 처벌보다는 안전행동에 대한 격려와 칭찬을 통해 안전행동을 늘려 나감으로써 불안전한 행동을 줄여 나간다. STOPSafety Training Observation Program 프로그램을 통해 작업 중에 누구라도 안전을 위협하는 요소를 발견하면 가동을 멈추고 원인을 찾아 개선할 때까지 가동하지 않는다.

1990년 듀폰 싱가포르 지사에서 한 직원이 다리가 네 개짜리인 의자에 앉아 장난을 치다 뒤로 넘어지는 사고가 발생했다. 사고를 접하자마자 전 세계 사업장에 공문을 보내 모든 의자를 다섯 개의 다리가 있는 안전한 의자로 교체하라는 지침을 보냈다. 이러한 것들이 듀폰 사고율 제로의 비결이 아닐까. 자신뿐만 아니라 동료의 안전까지 책임지는 최고 수준의 안전문화를 이룬 것으로 유명하다. 서로의 안전을 위한 배려와 소통, 일상 속의 작은 규칙도 소홀히 하지 않으며 안전을 생활화하는 듀폰 직원들, 이렇듯 안전은 기업과 직원들이 함께 만들어 가는 것이다.

듀폰은 '성과 위에 안전' 즉, 단순히 성과를 내는 것이 중요한 것이 아니라 안전하게 일해 성과를 내는 것이 더 중요하다는 것을 입사 때부터 가르친다. 수시로 개별 또는 집단 교육을 통해 안전문화가 몸에 배게 한다. 듀폰 사무실에선 어디에서도 문턱을 찾아볼 수 없다고 한다. 직원들이 문턱에 걸려 넘어지는 사고를 예방하기 위해서다. 필통에 필기구를 꽂을 때에는 손이 찔리지 않도록 펜촉 등 뾰족한 부분을 아래로 향해 꽂는다. 계단이나 에스컬레이터를 이용할 때는 손잡이를 잡고 뛰지 않는다는 등의 세부 사항들이 교육내용 중에 포함되어 있다. 이렇듯 직원들을 대상으로 한 비상 대피로 안내 및 안전교육은 전 세계 듀폰 사업장의 의무사항이다.

듀폰에서는 모든 경영활동과 종업원들의 일상 생활에서 안전을 일종의 종교처럼 믿고 있다. 안전을 습관처럼 익히고 종교처럼 믿는 회사가 바로 듀폰이다.

환상의 나라 안전 수호신 월트 디즈니 월드

미국의 캘리포니아와 플로리다, 그리고 일본, 프랑스, 중국, 홍콩 등 5개국에 있는 여섯 개의 디즈니랜드에는 연간 1억 6천만여 명의 고객이 꿈과 환상을 찾아 끊임없이 방문한다. 전 세계 6개 디즈니랜드 모두를 방문하는 것을 자신의 버킷 리스트에 올려놓고 있는 젊은이들도 많이 있다. 그만큼 디즈니월드는 꿈과 환상을 경험하고 싶어하는 전 세계의 어린이와 젊은이들의 로망이기도 하다.

이렇듯 세계에서 가장 많은 입장객을 기록하고 있는 대표적 테마파크인 디즈니 월드에서의 안전은 어떤 의미일까. 안전을 월트 디즈니 파크와 리조트 운영 전반에 걸쳐 최고의 핵심가치로 인식하여, 고객과 임직원 및 캐스트의 보호를 가장 중요한 목표로 관리하고 있으며 퍼실리티facility나 어트랙션attraction 등의 기획 및 설계단계부터 근원적인 안전을 확보해 나가고 있다.

디즈니는 SCSE(Safety 안전, Courtesy 친절, Show 쇼, Efficiency 효율)라는 4가지 품질 기준을 전 세계 파크에서 동일하게 교육하여 적용하고 있다. 안전도 품질 차원에서 정교하게 관리한다는 것으로 이는 파크의 운영 방침이기도 하다. 안전이 가장 앞에 위치하는 것은 모든 것의 최우선이라는 의미를 내포하고 있고 그렇게 교육한다. 모든 임직원과 캐스트들은 이 4가지 품질 기준을 완벽히 숙지하고 실천하고 있으며 고객과 개인의 안전을 책임지고 지키는 것을 당연한 의무로 인식하고 있다.

2011년 3월 11일 동일본 대지진 당시 7만 명의 고객을 지킨 도쿄 인근 우라야스시에 있는 도쿄 디즈니랜드의 지진 대응 사례는 일본 내에서 많은 주목을 받아 후지TV에도 소개되었다. 꿈과 마법의 세계에 일순간 진도 5의 지진이 발생하여 파크 개장 이래 가장 심각한 진동과 흔들림으로 아수라장이 되었다. 이 순간 곳곳에 있던 캐스트들은 전혀 당황하거나 허둥대지 않고 상품점에 있는 인형과 쿠션 등을 고객에게 나눠주며 머리를 보호하게 하고 건물 밖으로 나가 앉으라고 하면서 일사불란하게 질서를 유지시켰다. 비닐봉투가 부족하자 매뉴얼에도 없는 포장박스까지 전부 동원되었다. 텅텅 빈 상품점들의 광경은 평소 직원들이 배워온 디즈니의 안전철학을 상징하는 모습과도 같았다. 모든 것은 손님의 '안전과 안심을 위해' 그 간단한 철학만 지킨다면 아르바이트생이라고 하더라도 매뉴얼에 얽매이지 않고 스스로의 머리로 생각하여 행동해도 괜찮다는 의미다. 명확한 철학을 바탕으로 한 명 한 명이 스스로 판단하여 행동하고 실행하는 강한 힘이 이런 것들을 가능케 했다.

지진으로 모든 교통수단이 막혀 파크에서 밤을 세운 목마르고 배고픈 약 2만명의 손님들에게 다음날 아침 나누어진 것은 평상시 디즈니의 품질에는 어울리지 않는 비상 식량이었다. 대두와 밥으로 구성된 비상식량인 도시락은 뜨거운 물만 부으면 15분 내에 완성되는 것이다. 예상치 못한 따뜻한 도시락까지 제공받은 손님들은 밤새 손님들을 보살피느라 피곤할 법도 한데도 밝은 모습으로 인사하는 캐스트들의 배웅을 받으며 안전하게 귀가하였다. 수만 명이 운집한 가운데 갑자기 덮친 대지진이라는 비상상황에 이렇게 완벽하게 위기관리의 실체를 보여줄 수 있었던 것은 회사의 확고한 철학 그리고 그 철학을 이해하고 실천하기 위해 끊임없는 교육과 훈련이 있었기에 가능했다.

도쿄 디즈니랜드는 진도 6, 최대 10만 명의 손님이 체류하는 최악의 상황을 가정하여 지진이 발생하면 어떻게 해야 하는가를 미리 정해 놓고 대책을 수립하여 교육과 훈련을 계속한다. 평상시 2일에 한 번 정도 실제와 다름없는 방재훈련을 반복해서 실시한다. 즉, 회사의 핵심가치에 대한 철저한 교육과 비상상황에 대비한 끊임없는 훈련을 통해 몸에 밸 때에만 비로소 나오는 행동들이다.

디즈니에서는 안전과 관련한 사항은 사안의 경중에 관계없이 최고경영자에게 보고하는 체계도 갖추고 있다. 어트랙션을 운영하는 캐스트는 이상이나 위험 발견 시 기종의 운영을 중단할 수 있는 권한을 갖고 있으며, 안전관리 부서는 어트랙션이나 시설운영 중 안전상의 문제가 발견되면 즉시 운영을 중단시키는 Time-Out 카드(NASA에서 시행하는 안전활동)를 발급한다. Time-Out 카드가 발급되면 문제가 해결될 때까지는 운영이 중단된다.

'Safe Disney'로 대변되는 디즈니의 안전문화는 디즈니 유니버시티에서 시작되는 철저한 교육훈련과 안전관리시스템 및 안전감사safety audit 사이클을 통해 이루어진다. 임직원 안전관리 프로그램인 SMSSafety Management System, 사고보고 프로그램인 IPAIncident Prevention Analysis, 그리고 사건 및 사고 관리 프로그램인 Safety in Motion 외에도 빅 데이터를 활용한 근로자 개인의 Safety Score Card System을 통해 직원들의 안전행동을 향상시켜 나가고 있다.

안전과 관련한 우수사례best practice뿐만 아니라 실패사례도 전세계 파크와 실시간으로 공유하는 웹사이트를 구축하여 운영하고 있다. 이러한 제반 안전관리가 잘 유지, 관리되고 있는지에 대한 안전감사safety audit를 강도 높게 실시하고 있다. 안전감사는 3단계로 이루어진다. Tier 1은 자체감사로 작업프로세스의 적절성을 감사하며, Tier 2는 개별 파크 감사로 Tier 1과 마찬가지로 작업프로세스의 적절성을 감사한다. Tier 3는 WSAworldwide Safety and Accessibility의 글로벌 감사로 Tier 1과 Tier 2 감사의 적절성을 포함한 관리기준의 실행도를 감사한다.

그 밖에도 많은 해외 선진기업들은 일찍이 산업현장의 안전을 경영의 핵심가치로 인식하고 안전중시의 경영활동을 변함없이 실천하고 있다. 스웨덴에 본사를 둔 건설 장비를 생산하는 볼보(Volvo) 그룹도 마찬가지다. 창사 이래 지난 90여 년 동안 볼보에서 안전은 절대적이다. 일의 진척이나 스케줄과 상관없이 안전에 관한 이슈라면 아무리 시간이 걸리더라도 정해진 원칙을 고수하는 게 그들의 모습이다.

이 정도는 넘어갈 수 있을 듯한 작은 사안도 절대 타협이 없다. 볼보의 안전시스템을 처음 접하는 직원들은 융통성을 전혀 발휘하지 않는 회사의 안전정책에 답답함을 많이 느끼기도 한다. 그러나 회사는 경험을 통해서 확신하고 있다. 조금 늦게 가더라도 안전을 지키는 것이 지름길이라는 것을. 안전은 단순히 구호만 외친다고 이뤄지는 게 아니다. 현장에서 보고 듣고, 느끼고, 실천하는 게 중요하다.

안전제일 원칙을 150년 이상 이어온 세계 최대 화학기업 독일의 바스프BASF는 '우리는 안전에 대해서는 결코 타협하지 않는다We never compromise on safety'라는 안전 최우선 정책으로, 모든 사업의 기획부터 안전을 고려해 필요한 자원과 비용을 투입하면서 사업을 진행한다. 안전은 모두의 책임으로 최고경영자부터 직원에 이르기까지 적어도 업무의 20% 정도를 안전에 할애하도록 요구하며 이에 따라 매년 성과평가가 이루어진다. 안전규정을 위반할 경우

직원 윤리강령 준수위반으로 해고 및 징계의 대상이 되는 등 안전에는 무관용의 원칙을 적용한다. 철저한 자기관리야말로 자신과 동료, 가족 및 이웃을 지키는 길이라는 것을 잘 알고 있기 때문이다.

세계에서 가장 큰 화학공장인 독일 바스프의 루트비히스하펜 공장에는 설립한 지 100년이 넘는 자체 소방대가 있다. 소방 인력만 120명이고 한 대에 120만 유로(약 15억 5000만원)나 하는 특수 소방차까지 갖추고 있다. 1948년 화학물질을 실은 기차가 정차 도중 과열로 폭발한 사건 이후 이 공장에서는 단 한 차례의 대형사고도 일어난 적이 없다. 글로벌 화학기업인 바스프는 이런 안전정책을 각국에서 고수한다. 2013년 5월 벨기에에서 화학약품을 실은 열차가 탈선하는 사고가 났을 때 벨기에 바스프의 엔트워프 공장 소방대가 사고수습에 나설 정도였다고 한다.

습관경영으로 유명한 미국의 철강기업 알코아Alcoa는 전 세계 공장에서 매년 수 백 건씩의 공장 작업을 중단한다. 이른바 'Stop and seek help멈추고 도움을 요청하라'. 사고위험 발생 시에는 반드시 공장 가동을 멈추고 위험요인을 확실하게 제거한 후 작업을 재개하는 정책을 고수한다. 공장마다 매년 불안전한 행동 및 상태를 발굴하고 개선해서 보고하는 사례가 수천 건에 이른다. 대형사고 위험을 초기에 차단하려는 임직원들의 높은 안전의식으로 북미 평균 재해율 대비 10배 이상 안전한 사업장으로 알려지며 기업 신뢰도가 크게 상승했으며 알루미늄 제조 기업 중 미국 1위 세계 5위로 성장했다.

우리나라의 많은 기업에서 해외 선진기업의 안전을 배우기 위해 벤치마킹을 한다. 그러나 벤치마킹을 통해 여러 가지를 배워오고 적용해 보지만 크게 성공하지는 못하는 것 같다. 대부분이 그대로 따라하기 때문이다. 아무리 좋은 시스템과 제도를 들여와도 그 회사의 특성과 조직문화를 고려해 그 회사 상황에 맞게 '우리의 것'으로 만들지 못하면 기대했던 효과를 거둘 수 없다. 선진사 벤치마킹을 한 후 회사에 적용할 때 가장 고려해야 할 사항이다.

9

위기관리Crisis management, 어떻게 할 것인가?

SNS 시대의 위기관리법

산업화에 따른 다양한 기술과 산업이 등장하면서 전례 없는 대형 사고나 전염성 질병 확산은 기업뿐만 아니라 우리 사회를 큰 혼란으로 몰아넣고 때로는 많은 희생과 손실을 초래한다. 현대사회는 그야말로 위기를 달고 산다고 해도 과언이 아니다. 시대와 환경이 바뀌면서 새로운 위기가 계속 발생하는데 그 영향이 경제 사회 전반에 걸쳐 큰 파장을 미치는 이유는 위기관리 능력이 취약하기 때문이다. 위기에 대한 사전 준비나 초동 대응이 미흡해 조기에 수습하지 못해 큰 위험에 빠진다. 위기가 닥치면 우왕좌왕하며 혼란을 경험한 다음에야 사후약방문 격으로 위기관리 체계 수립과 강화의 필요성을 모두가 한 목소리로 얘기한다.

경제전쟁 시대에 살고 있는 기업은 단 한 번의 실수로 도산할 수도 있지만 위기를 슬기롭게 극복하면 오히려 새로운 기회가 되기도 한다. 기업의 위기는 실로 다양하다. 세계 경기변동에 따른 경제위기, 금융위기, 제품의 결함 및 신용 위기부터 환경사고, 화재사고 및 각종 안전사고 등은 기업을 위기의 소용돌이로 몰아넣는다. 최근에는 사회 재난에 해당하는 전염병 위기뿐만 아니라 오너 리스크 등도 우리 사회에서 빈번하게 발생하고 있다.

이러한 내용들은 유튜브나 페이스북, 트위터 등 SNS를 통해 빛의 속도로 전파된다. 부정적 뉴스의 파문은 빠르게 확산되고 긍정적 뉴스에 비해 수백 배 소비자나 국민들의 이목을 집중시킨다. 누가 보더라도 나쁜 기업(제품)이나 나쁜 사람으로 보이는 소식이나 동영상은 핵폭탄과 같은 위력을 지닌다. 예를 들어 '좋은 기업'이라는 뉴스를 접했을 때는 사람들의 뇌리에는 여러가지 생각이 떠오르면서 하나의 카테고리에 묶이지 않는다. 직원들이 근무하기 좋은 기업일 수도 있고 지역사회에 공헌하는 기업일 수도 있다고 생각한다.

그러나 '나쁜 기업'이라는 말을 들었을 때는 빠르고 확실하게 부정적인 인상을 심어줌으로써 해당 기업을 낙인찍는다. 사람들이 이처럼 부정적인 뉴스에 민감하게 반응하는 것은 긍정적 뉴스에 비해 전쟁이나 대형 자연재해 등 부정적 뉴스가 인류의 삶 자체를 위협했기 때문에 생긴 진화론의 결과다. 따라서 좋은 뉴스나 칭찬은 그 수가 아주 많아야 효력을 발휘하지만 부정적 뉴스나 인명 피해를 수반하는 각종 사고 같은 것은 단 한 건만으로도 강력한 힘을 발휘한다.

2017년 4월 9일 미국의 유나이티드 항공은 자사 직원의 자리를 만들기 위해 무작위로 손님 4명을 선정해 보상을 제안하며 반강제로 끌어내려고 한 사건이 있었다. 피 흘리고 있는 고객 영상이 유튜브에 오르고 페이스북 등 SNS를 통해 알려지며 전 세계 네티즌들을 분노케 했다. 처음엔 오버 부킹으로 인해 발생된 문제라고 했지만 실제로는 부킹이 완료된 후 소속 항공사 직원 4명을 탑승시키려다 일어난 사고였다. 자사 직원의 행동이 적법한 절차에 따랐으며 승객에게 책임이 있다는 듯한 발표문을 냈지만 정확한 사실관계도 파악하지 않고 거짓말을 한 것이 밝혀지면서 사태가 걷잡을 수 없이 확산되자 오스카 무노즈 CEO가 직접 나서 매우 부끄러운 일이라며 사과했다.

회사의 해명과는 전혀 다른 사건 현장이 생생하게 전달됐고 규정을 지켰느냐 와는 상관없이 SNS상에서 펼쳐진 여론 재판에서는 유나이티드 항공 측에 이미 유죄가 선고됐다. CEO가 즉시 사죄하고 피해보상과 재발 방지 약속을 했어야 했지만 미온적으로 사건을 대하면서 이 회사의 디지털 평판도는 곤두박질쳤다. 사건 발생 후 이틀간 유나이티드 항공의 주가는 폭락해 시가총액이 5억달러(약 5700억원)나 날아가 버렸다. 무엇보다 유나이티드 항공의 가장 큰 손실은 고객의 신뢰를 잃었다는 것이었다. 국내에서도 대기업 총수 일가의 땅콩 회항 사건이나 일가족 갑질로 물의를 일으킨 사고는 아직까지도 사회적 지탄을 받고 있다.

나토NATO와 미 국무부 등 정부 기관과 여러 다국적 기업의

SNS 위기관리를 컨설팅해 온 SNS 대응전략 전문가 아그네스+데이의 멀리사 아그네스Agnes는 "이제 위기 상황에서 골든 타임은 없다. 위기가 순식간에 알려지는 소셜 미디어 세상에서는 처음 온라인에 위기가 공개된 뒤 늦어도 15분 안에는 대응을 시작해야 한다."며 "요즘 미국 건물의 비상 계단에 '화재가 발생하면 트위터를 날리기 전에 대피부터 하라'는 표지판이 흔해졌다. 이것은 소셜미디어의 정보 지배력이 강해지는 상황을 역설적으로 보여주는 것"이라고 했다.

요즘은 해외에서뿐만 아니라 국내에서도 사고가 발생한 현장에서 생존한 사람이 구조나 신고는 뒤로 미룬 채 현장 사진을 휴대폰으로 찍어 SNS에 먼저 올리는 일이 발생하는 시대에 우리는 살고 있다. 아그네스는 위기가 발생하면 이해 당사자들이 어떤 매체를 사용하는지 정확히 파악하는 것이 중요하다고도 조언한다. 안전사고가 발생한 미국 애틀랜타의 한 학교에서 트위터를 통해 사고 정보를 알렸는데 학부모들은 사고 사실을 제대로 몰랐다는 것이다. 매체 선택을 잘못하면 소통에 실패하기 때문에 파급력이 큰 소통 수단들을 평소에 파악해 놓아야 한다고 그는 강조했다.

기업이나 정부기관 등의 SNS 대응 원칙에 대해서는 첫째, 조사 중이라는 사실과 조사 내용을 외부에 정확히 알려라. 둘째, 법적으로 문제없다고 무시하지 말고 진정성 있게 소통하라. 셋째, (상황정보의)실시간 업데이트를 약속하라 등을 제시했다. SNS에서 이루어지는 디지털 평판관리는 입으로 풍선을 부는 것과 비슷하다. 힘들게 바람을 불어넣어서 풍선을 크게 하더라도 '위기'라는 바늘이 한 번만 콕 찌르면 큰 파열음을 내면서 터진다. 속된 말로 한방에 '훅'가며 찢어진 풍선은 종전 상태로 회복될 수 없다. 특히 고객과 접점이 많은 서비스 기업에서 이 같은 일이 발생하면 제품의 불매운동이 일어나게 되고 자칫하면 회사가 망한다.

위기관리 매뉴얼과 훈련의 중요성

2019년 4월 15일 오후 6시 50분(현지시간) 프랑스 파리 노트르담 대성당 첨탑에서 화재가 발생했다. 1789년 프랑스 대혁명 당시 시위대가 성당의 유물을 약탈하고 문화재를 훼손했다. 그 후 비상상황이 발생하면 사람, 유물, 성당 중앙의 제대, 목재, 기타 구조물 순으로 화재 발생 시 구해내야 할 우선순위를 정해 놓았다. 지난해 화재는 이 230년 된 비상사태 대응 매뉴얼과 매뉴얼에 의한 평상시 정기적인 훈련이 큰 역할을 했다. 이 매뉴얼 덕분에 예수의 가시 면류관, 루이 9세가 입었던 튜닉, 피에타상 등 대부분의 중요한 문화재가 안전하게 보존되었다. 매뉴얼에 있는 반출 우선순위대로 사제, 문화재 담당자 및 시민 등이 서로 손을 잡고 약 200m의 인간 사슬을 만들어 대성당 내부의 중요한 보물들을 가지고 나왔다.

2년 전부터 파리 소방서에 배치된 콜로수스Colosus라는 이름의 로봇도 투입됐다. 카메라가 장착된 골프 카트보다 작은 탱크 모양의 이 로봇은 소방대원이 접근하기 위험한 유독가스 발생 장소나 사람이 들어갈 수 없는 성당 내부로 들어가 무한궤도로 움직이며 천장이 시뻘겋게 불타기 시작한 부위의 천장과 벽면에 물을 뿌렸다. 제작사인 프랑스 샤크 로보틱스에 따르면 최대 300m 거리에서 무선으로 조종되는 이 로봇은 외부와 연결된 소방호스로 물을 공급받아 소방수를 최대 250m까지 보낼 수 있다고 한다.

또한 내부 온도와 지형 등 현장 정보를 카메라로 찍어 전송해 주기도 했다. 내부 열을 파악하기 위해 항공 드론도 띄웠다. 화재에 투입된 소방관 500명 중 100명을 문화재를 구하는데 배치한 것도 평상시 훈련을 통해 이루어진 것이라고 한다. 프랑스는 일본과 달리 비 매뉴얼 사회에 가깝다. 사데팡Ca depend은 경우에 따라 다르다는 뜻이다. 매뉴얼이 대처 우선 순위를 정하고 사데팡 정신은 인간사슬 방식의 유물 구출법을 순간적으로 창안했다. 매뉴얼과 인간 창의성이 결합돼 최악의 참사를 막았다. 노트르담 대성당 화재라는 문화적 충격 속에서 드러난 프랑스 당국의 문화재 보호 노력은 왜 프랑스가 문화 강국인지를 잘 보여준 사례다.

우리나라에서는 지난 2005년 4월 5일 양양 지역에 발생한 산불로 천년 고찰 낙산사가 모두 불에 타고 많은 문화재를 잃었다. 뒤이어 국보 제1호인 숭례문은 2008년 2월 10일 방화로 인해 모두 불에 탔다. 불을 끄려면 지붕을 뚫어야 하느냐 마느냐의 여부로 소방서와 문화재청이 실랑이를 하는 사이 불길은 걷잡을 수 없이 번졌다. '국보 1호의 전소全燒', 임진왜란과 병자호란 그리고 한국전쟁도 굳건하게 견뎌낸 610년 된 성문이 새까만 잿더미로 변하는 모습을 속절없이 지켜보던 국민들은 탄식하며 억장이 무너지고 망연자실했던 기억을 지금도 잊을 수 없다.

2001년 9·11 테러 당시 세계무역센터 빌딩 붕괴 사고로 약 3000명이 사망했다. 세계적인 투자은행 모건 스탠리Morgan Stanley는 쌍둥이 빌딩 중 나중에 무너진 '타워 2'의 73층에 입주해 있었다. 화재로 전기가 나가자 사무실이 아수라장이 됐지만 2700여 직원 중 희생자는 13명에 불과했다. 8년 넘게 해 온 연 4회의 재난대비 훈련 덕분이었다. 여기엔 이 회사의 안전책임자 릭 레스콜라의 역할이 컸다.

그는 일부 경영진의 반대에도 불구하고 재난대비 훈련을 이어갔다. 직원들은 자연스레 대피통로와 대피요령을 숙지했고 불과 10여 분 차이로 붕괴된 건물을 빠져나올 수 있었다. 재난대비 훈련의 중요성을 얘기할 때 자주 언급되는 모건 스탠리의 기적이다. 노트르담 대성당 화재대응과 9·11 테러로 인한 빌딩 붕괴 당시 모건 스탠리의 대피 사례는 위기 발생 시 매뉴얼과 반복 훈련의 중요성을 잘 설명해 준다.

위기관리의 5가지 원칙과 4대 핵심요소

'경영의 신', '세기의 경영자'로 불리던 잭 웰치 전 GE 회장이 지난 3월 3일 84세를 일기로 세상을 떠났다. 그는 기업 현장에서 몸으로 경영학 교과서를 쓴 사람이다. 잭 웰치는 위기에 처했을 때 기업과 경영자가 명심해야 할 '위기관리 5 Tips'도 제시했었다.

첫째, 보이는 것보다 더 크게 생각하라. 겉으로 드러나는 것은 빙산의 일각에 불과할 때가 많다. 둘째, 세상에 비밀은 없다. 숨기려 하지 말고 모든 사실을 있는 그대로 알리고 먼저 사과하라. 셋째, 아픔을 감내할 수 있어야 한다. 사람과 시스템을 바꾸고 경우에 따라서는 피 흘리기를 감수하라. 넷째, 외부 호들갑에 연연해하지 마라. 외부 평가에 담담해져야 한다. 다섯째, 위기가 닥치면 '다 망했다. 모든 것이 끝났다'고 절망하기 쉬운데 대처 여하에 따라 위기극복 후 더 강해질 수 있다는 믿음을 가져라. 개인이나 기업이나 국가나 우리 모두는 위기가 일상적인 시대를 살아가고 있다. 위기에 대비한 위기관리 원칙을 미리 가지고 있으면 위기를 기회로 만들 수도 있다.

미국 질병통제예방센터 CDCCenters for Disease Control and Prevention의 CERCCrisis Emergency Risk Communication의 위기관리 6대 원칙은 비상 사태같은 위기 상황에서의 커뮤니케이션을 강조한다.

원칙 1, 빨리 하라. 위기는 시간에 민감하다. 정보를 빨리 전달하는 것은 매우 중요하며 대중들에게 첫 번째 정보원情報源은 선호하는 출처가 된다. 원칙 2, 정확하게 하라. 정확성은 신뢰성을 확립한다. 정보에는 알려진 것, 알려지지 않은 것, 그리고 부족한 것을 채우기 위해 행해지고 있는 것을 포함한다. 원칙 3, 믿을 수 있게 하라. 위기상황에서 정직성과 신뢰성이 훼손돼서는 안 된다.

원칙 4, 공감을 표시하라. 위기는 해를 끼치고 고통은 말로 인정해야 한다. 사람들이 느끼고 있는 것과 그들이 겪고 있는 도전들에 대해 얼굴을 맞대고 신뢰를 쌓으며 관계를 맺어야 한다. 원칙 5, 조치를 촉진하라. 사람들에게 할 수 있는 의미 있는 일을 주는 것은 불안감을 진정시켜주고 질서를 회복하는 데 도움이 되며 통제력을 증진시킨다. 원칙 6, 존중심을 나타내라. 사람들이 참을 수 없다고 느낄 때 존중하는 의사소통은 특히 중요하다. 존중하는 의사소통은 협력과 관계를 증진시킨다.

어떤 조직이나 기업 또는 국가의 위기는 예고없이 닥친다. 위기관리에 뒤떨어지는 기업이나 국가는 한순간에 나락으로 떨어질 수 있다. 위기를 얼마나 슬기롭게 헤쳐나가느냐에 따라 조직이 시련을 겪기도 하고 한 단계 성숙할 수도 있다. 온라인상의 커뮤니케이션SNS 발달로 화재나 안전사고 같은 좋지 않은 뉴스나 소문은 상황을 파악하고 대처하기도 전에 번개 속도로 퍼진다. 이 과정에서 진실 여부는 중요하지 않다.

일방적이고 심지어 짜깁기까지 더해 사건의 본말이 전도되는 경우도 비일비재하다. 이러한 위기에 효과적으로 대응하기 위해서는 기업의 위기관리 능력을 향상시켜야 한다. GE의 잭 웰치 前 회장의 위기관리 팁이나 미국 CDC의 위기관리 원칙 및 세계 도처에서 발생한 재난과 위기발생 시의 대응사례 그리고 내가 기업에서 직접 경험한 사례를 바탕으로 한 위기관리의 핵심 요소는 크게 4가지로 요약할 수 있다.

첫째, 우리가 직면할 수 있는 가장 최악의 상태를 고려해야 한다. 즉, 사고가 발생할 수 있는 모든 최악의 경우의 수를 빠짐없이 가정하여 시뮬레이션하고 대비해야 한다. 위험 관리에서는 이를 시나리오 분석Scenario Analysis이라고 한다. 세계 금융위기가 발생하면 유럽 은행들이 처할 수 있는 최악의 상태에서도 은행의 생존이 가능한지 스트레스 테스트를 하는 것처럼 해야 한다.

둘째, 최악의 상황에 대비한 역할 분담이나 시나리오별 대응 절차 등이 포함된 매뉴얼이 있어야 한다. 매뉴얼만 갖춰 놓는 것은 아무런 의미가 없다. 위기가 발생할 경우 매뉴얼에 따라 일사분란하게 움직일 수 있도록 정기적인 훈련이 반드시 수반돼야 한다. 체계화된 매뉴얼과 반복 훈련없이는 모건 스탠리의 기적 같은 것도 그저 남의 나라 일이다. 한가지 유의할 점은 현장에서 시시각각으로 변하는 사고의 양태는 매뉴얼과 똑같이 진행되지만은 않는다. 단순히 매뉴얼에만 얽매이지 말고 매뉴얼을 기반으로 수시로 변하는 상황을 분석하여 유연하면서도 창의적인 대응을 병행할 때 위기관리의 효과는 배가 된다. 이러한 위기관리를 계획하고 실행할 수 있는 위기관리 전문가도 필요하다.

셋째, 타이밍Timing과 진실Truth이다. 처음 온라인에 사건이나 위기가 공개된 뒤 늦어도 15분 안에는 대응을 시작해야 하고, SNS상에서 파문이 확산된 사건은 발생 후 첫 12시간이 생명선처럼 가장 중요하다고 위기관리 전문가들은 말한다. 위기가 발생한 뒤에는 지체하거나 머뭇거려서는 안 된다. 또한 상황 설명이나 사과 그리고 대책 발표에는 타이밍과 함께 팩트fact를 중심으로 한 진실이 들어가야 한다. 대부분의 기업들은 좋지 않은 사건이나 사고는 최대한 축소해서 발표하려는 경향이 있다. 실제로 사고를 축소 또는 은폐하려고 하다 나중에 진실이 밝혀져 한번 맞으면 될 매를 거짓말까지 들통나며 두세 번씩 맞아 만신창이가 되고 돌이킬 수 없는 지경에까지 이르는 것을 주변에서 많이 보아 왔다.

넷째, 위기관리에서 정보소통은 필수이다. 내부 조직의 정보소통은 말할 것도 없고 외부의 이해 관계자나 국민들에 대한 정보 소통은 사실관계가 왜곡되는 것을 방지하고 공감을 불러 일으키는 기회도 될 수 있다. 위기관리는 평소 한 사람 한 사람 자기가 맡은 직분을 충실히 이행해 나가는 기본에서 출발한다.

일단 위기가 발생하면 어느 정도 피해는 피할 수 없다. 그렇지만 현장에서 얼마나 신속하고 적절하게 대처하느냐에 따라 인명피해나 손실 규모가 달라질 수 있다. 기업에 근무하는 모든 사람들이 각자의 자리에서 주어진 역할과 책임에 충실할 때 사고를 예방할 수 있다. 여기에 사고 발생에 대비한 피해를 최소화할 수 있도록 현장 대응력을 높인다면 어떤 위기가 몰려와도 이겨낼 수 있을 것이다. 위기는 예고없이 찾아온다. 어떤 기업이나 조직이든 위기에 즉각 대처할 수 있는 능력이 바로 기업의 경쟁력이 되는 시대다.

안전은 예방관리이자 위기관리다

아무리 안전에 대한 예방관리를 잘 한다고 하더라도 사고를

100퍼센트 예방할 수는 없다. 예상치 못한 자연재해도 있고 불가피하게 발생하는 사고도 있을 수 있기 때문이다. 그렇지만 대비를 잘 하면 피해를 최소화할 수는 있다. 이런 측면에서 안전을 크게 보면 사전예방과 사후관리로 나눌 수 있다. 그렇지만 안전은 무엇보다 사전 예방이 최선이다. 사후 관리라고 하면 웬지 예방엔 소홀하고 사고가 터졌을 때 처리에 급급한 그런 느낌이 들어 별로 좋아하지 않는 말이다. 그래서 위기관리란 말을 주로 쓴다. 예상치 못한 일들로 인해 예방 관리에 다소 실수가 있어 사고가 발생하더라도 인명피해와 재산손실을 최소화하도록 하는 것을 위기관리로 정의하고 싶다. 아무리 예방을 잘 하고 있더라도 어떤 이유로든 사고는 항상 발생할 수 있기에 이런 상황에 철저히 대비해야 한다는 의미다.

2010년 1월 리조트사업부 안전기술팀장으로 부임하면서 가장 중점을 두었던 사항이 바로 예방관리와 위기관리 대응체계를 확립하는 것이었다. 당시만 해도 사고처리에 급급했던 안전관리를 발빠르게 사전 예방관리 체제로 전환하면서 동시에 가동 중인 상태에서의 고공 정지사고, 환경사고, 안전사고 및 화재사고 등 각종 사고에 대비한 인명피해와 재산상의 손실을 최소화하기 위한 대책을 수립했다.

목표는 단 하나 어떠한 경우에도 손님이나 직원들이 다치는 일이 없도록 하는 것이었다. 예를 들면 놀이기구 운행 시 발생할 수 있는 최악의 상황을 시나리오 분석을 통해 설정하고 그것에 따른 대응 절차와 방법을 매뉴얼화 했다. 위치가 높아 자체 구조대에서 구조할 수 없는 상황은 인근 지역 119 소방대의 협조를 받아서 하는 것도 있다. 이 경우에는 2차 사고 방지를 위해 놀이 기구 특성을 잘 아는 직원이 해야 하는 부분과 119 구조대가 하는 역할을 명확히 하여 정기적인 훈련도 하고 있다.

화재와 관련해서도 마찬가지다. 화재 경보설비, 자동소화설비, 피난시설 등 법적으로는 문제가 없더라도 실내형 놀이시설의 안전성을 완벽하게 확보하기 위해 화재 및 피난 모델링을 실시하여 자동소화시설 및 피난시설을 추가로 보강했다. 피난 모델링을 통해 확인된 피난 허용 시간 내에 고객을 대피시키기 위해 피난 허용시간보다 단축한 피난 목표시간을 정해 놓고 2주일에 한 번씩 화재진압 및 피난훈련을 했다.

지금은 없어졌지만 에버랜드에는 유아 및 어린이들에게 인기가 있어 어린이들이 부모와 함께 즐겨 찾는 지구마을이라는 놀이시설이 있었다. 9인승 보트를 타고 수로를 돌며 동작물로 작동되는 인형 등 세계 여러 나라의 민속물을 보면서 세계를 여행하는 실내형 놀이 시설이다. 1985년 7월에 오픈한 시설로 설치한 지 27년 정도(당시) 지난 놀이 시설이다.

어린이날 연휴인 관계로 많은 고객들이 파크를 이용하고 있는 상태에서 이 시설에서 2012년 5월 6일 화재가 발생했다. 화재는 지구마을과 인근 레스토랑 사이에서 고객이 담배를 피운 후 담배 꽁초를 지구마을 외벽 조형물 위로 던진 것이 일부 가연물에 옮겨붙으면서 발생했다. 이 사고는 실시간 SNS에 게시됨과 동시에 국내 공중파 모든 방송에 뉴스 등으로 순식간에 전파되었다.

당시 지구마을 내부에는 200여 명의 고객이 놀이기구를 이용하고 있었다. 화재 경보가 울리자 직원들은 화재 대응 시나리오에 따라 비상 안내방송과 함께 어트랙션을 비상 정지시켰고 동시에 자동으로 비상구(6개소)가 개방되었다. 화재가 발생하여 피난을 시작한 지 3분 30초만에 200명 전원을 단 한 명도 다치지 않게 질서를 유지하며 안전하게 대피시켰다. 화재 피난모델링 결과 피난 허용시간은 10분이었으나 이를 바탕으로 한 평상시 대피훈련 목표시간은 3분이었다. 훈련 목표 시간과 비슷한 시간 내에 고객을 안전하게 대피시킨 것이다.

이렇듯 화재가 발생하자 직원들은 평상시에 훈련된 위기관리 매뉴얼에 따라 신속하게 화재발생 사실을 전파했고, 고객들이 안전하게 피난하도록 안내했다. 이후 화재 진압 및 복구 등이 일사분란하게 진행되었다. SNS 및 대내·외 정보 소통도 화재 발생 초기부터 진행상황에 따라 사실 위주로 신속하게 이루어졌다.

화재가 진압되고 현장을 정리한 후 화재 당시의 피난유도 상황이 담긴 CCTV영상을 살펴보았다. 고객을 모두 대피시킨 후 혹시나 남아 있을지도 모르는 고객을 위해 다시 한번 현장을 확인하고 마지막에 탈출하는 직원과 캐스트들의 장면을 보면서 너무나 대견스러운 행동에 크게 감동했었다. 지구마을 화재 후 2년 뒤 세월호 사고 당시 혼자 살겠다고 학생들을 내버려 둔 채 황급히 도망치던 선장의 모습과 대비되면서 울분이 치밀어 올랐던 기억이 있다.

에버랜드는 직원과 캐스트들에 대한 안전교육 및 훈련을 실전처럼 철저히 실시한다. 안전교육뿐만 아니라 서비스와 자기계발 및 오픈 클래스 등을 통해 청년들이 본격적으로 사회에 진출하기 전에 필요한 소중한 경험과 소양을 습득하는 데 도움이 되기 위해 노력한다. 2014년 2월 17일 경주 마우나리조트 체육관 붕괴 사고 때 같이 있던 10여 명을 대피시켰던 한 학생의 현장 인터뷰가 공영방송을 탄 적이 있었다. 이 학생은 체육관이 붕괴된 위험 상황에서 "어떻게 위기상황에서 그렇게 침착하게 학생들을 잘 유도했냐"는 방송 기자의 질문에 "제가 전에 에버랜드에 근무한 적이 있는데 거기에서는 수시로 화재 피난훈련을 했었다. 사고로 황급한 상황에서도 그때 훈련했던 생각이 나서 침착하게 대응했다"는 답변을 하기도 했다.

SAF

PART

3

사회 공동체 생활 속의 사고예방

우리는 왜 사고를 잊고 살까

세월호 단상斷想

온 국민을 슬픔과 분노의 도가니 속으로 몰아넣었던 세월호 사고가 발생한 지 만 6년이 지났다. 그러나 아직까지도 진상 조사는 끝나지 않았고 국민들 가슴에 새겨진 깊은 상처는 여전히 아물지 않고 있다. 아니 영원히 지워지지 않을 것이다. 그렇다면 지금 우리 사회의 안전은 어떠한가. 국민들의 안전에 대한 눈높이와 관심은 커졌지만 국가의 안전관리 시스템이나 국민의 안전의식이 크게 높아지지는 않은 것 같다. 세월호 사고 이후에도 끊임없이 발생하는 대형 재난과 각종 안전사고는 우리 사회에서 고칠 수 없는 불치병인가 하는 생각마저 든다.

모두가 이구동성으로 말했었다. 세월호 참사 이전과 이후 대한민국 사회는 분명히 달라져야 한다고. 세월호 참사와 같은 사고가 다시는 우리 사회에 일어나선 안 된다고. 정부는 "앞으로 국민의 생명과 재산에 큰 피해를 입히면서 탐욕적으로 사익을 추구해 취득한 이익은 모두 환수해 피해자들을 위한 배상재원으로 활용하고 그런 기업은 문을 닫게 하겠다"고도 했다.

그런데 세월호 사고 1년 후 중앙일보가 '대한민국 안전보고서 & 안전의식' 설문조사에서 더 안전해졌다고 답한 국민은 15%에 불과한 반면, 더 위험해졌다고 답한 국민은 19%나 되었다. 이에 비해 비슷하다고 답한 국민은 66%였다. '1년간 국민의 안전의식 변화'에 대해서는 63.5%가 달라진 것이 없다고 했으며 국민 10명 중 8명(85.8%) 이상은 앞으로도 세월호 같은 대형 사고가 다시 일어날 가능성이 있다고 응답했다. 아니나 다를까 세월호 사고 이후에도 대형사고는 계속 발생했다.

그렇다면 6년이란 세월이 흐른 지금은 어떻게 변했을까. 공직자들부터 "국민의 안전은 그 무엇과도 바꿀 수 없는 최고의 가치라는 확고한 인식을 갖도록 변화시키겠다"고 한 정부였다. 문재인 대통령도 '국민 안전과 생명을 지키는 안심 사회'를 국정 과제로 정하고, 지난해 기자회견에서는 재난사고를 열거하며 국민을 불안에 떨게 하는 안전문제를 우선적인 국가과제로 삼겠다고 말했다. 대통령의 말처럼 안전시스템 부재로 국민이 불안과 고통에 시달리는 나라, 사고가 터져도 설마 하며 방치하는 나라는 정상적인 국가라고 할 수 없다.

지금 우리 사회는, 정부와 기업은, 또 국민 개개인은 그런 각오와 기대 그리고 희망대로 달라졌는가. 달라지기는커녕 세월호 참사를 그렇게 겪고도 해양에서 발생하는 안전사고는 오히려 더 늘어났다. 지난해 통계청 국가 통계 포털에 공개된 '사고 유형별 해양사고 현황'에 따르면 세월호 사고가 있었던 2014년 해양사고는 1330건이었다. 그러나 2018년에는 2671건으로 4년 전의 두 배 정도가 증가했다. 특히 세월호처럼 배가 침몰한 사고도 2014년 19건에서 2018년 38건으로 이것 역시 두 배로 늘었다.

인명피해(사망, 실종, 부상) 역시 세월호 사고가 일어나기 전인 2008~2013년에 200~300명 수준이었으나 세월호 사고 이후(2015~2018년)에는 매년 400~500명대로 증가했다. 사망자나 실종자 등 생명을 잃은 경우도 세월호 등 대형 사고를 제외하면 매년 100~110명씩 계속 발생하고 있다. 일반 안전사고도 세월호가 터지기 이전 3년간(2011~2013) 88만 건이었으나 이후 3년간 (2015~2017) 91만 건으로 오히려 늘어났다. 정부와 국민들의 기대와는 달리 세월호 참사 이후에도 대형 참사는 계속되고 있는 것이다. 끊이지 않는 대형참사, 세월호 이후 달라진 게 무엇이란 말인가. 대형 재난사고에서 교훈을 얻지 못하니 곳곳에서 제2, 제3의 세월호 사고가 발생하고 있다. 도대체 얼마나 많은 희생을 치러야 우리 사회가 정신을 차릴까?

세월호 사고 이후에도 우리 사회의 생활 속 세월호 사고는 계속 이어지고 있다. 판교 환풍구 붕괴사고부터 추자도와 영흥도 낚싯배 침몰사고, 제천 스포츠센터 화재참사, 밀양 세종병원 화재, 강릉 펜션 질식사고, 광주 클럽 붕괴사고, 그리고 올해 구정

설날 동해시 펜션 가스 폭발사고에 이르기까지 열거하기도 힘들 정도로 대형사고가 끊이지 않고 있다. 대형사고가 발생할 때마다 커뮤니티와 SNS에는 "대한민국이 사고 공화국이냐, 무슨 소리냐 대형사고가 발생해도 3일이면 잊어버리는 치매 공화국이다"라는 슬픔과 분노를 넘어 자조와 냉소 섞인 글들이 넘쳐나고 있다.

대형 사고가 터질 때마다 정부와 정치권은 유사 시설에 대한 일제 안전점검을 한다며 말 잔치를 늘어놓고 규제강화와 책임자 처벌을 외치며 사고 후 얼마간 반짝 경각심만 높여 놓을 뿐 언제 그랬냐는 듯 예전처럼 되돌아가고 상황은 개선되지 않는다. 사고가 발생하기 전에 체계적으로 위험요소를 찾아 개선함으로써 사고를 예방하는 선제적 대응이 아니라 사고가 발생할 때마다 땜질식 대책으로 임시방편에 머무르기 때문이다. 2018년 여론조사에서는 국민 중 51%가 세월호 사고 이후에도 안전관리나 재난 대응체계가 달라지지 않았다고 답했다.

세월호 사고 이후 우리 사회는 안전 시스템을 재정비해 다시는 이런 참사를 반복하지 말자고 다짐했지만 말뿐이고 그때뿐이었다. 세월호 사고는 우리 사회 전체가 안전문제에 대해 경각심을 갖고 시스템을 정비하는 역사의 변곡점이 돼야 했다. 그 슬픔과 억울함을 우리나라의 안전 수준을 한 단계 업그레이드하는 에너지로 전환시켰어야 했다.

그 참담한 사고를 겪고도 안전한 대한민국은 여전히 멀기만 하다. 우리가 보다 안전한 사회를 실현하기 위해 시스템을 만들고 규정을 제정하고 생각을 바꾸는 노력은 철저한 계획이 필요한 지난한 일이다. 그 목적을 달성하기 위해서는 정부나 우리 국민 전체의 꾸준한 관심과 노력 그리고 적극적인 참여가 필수적이다. 그리고 내가 할 수 있는 작은 것부터 찾아 묵묵히 실천해야 가능한 일이다.

우리나라의 재난 안전사고 발생 현황

우리 사회에서는 어떤 사고가 얼마나 발생하고 있을까? 세월호 참사 이후 안전이 중요한 사회적 가치로 떠오르면서 한국 사회가 관련 법률 및 제도 개선을 이어왔지만 안전사고는 오히려 크게 늘어난 것으로 나타났다. 지난해 행정안전부에서 발간한 2018년 재난 연감에 의하면 2018년도 우리나라에서 발생한 사회재난은 총 20건(전년 16건)으로 사망·실종 93명(전년 65명), 부상 242명(전년 93명)으로 2014년 세월호 사고 이후에도 매년 증가하였다. 이러한 현상은 사회재난뿐만 아니라 부문별 사고발생 현황에서도 나타나고 있다. 우리나라의 재난 안전사고 사망자수는 2017년 기준 OECD 35개 회원국 중 26위 수준이다.

*사회재난: 〈재난 및 안전관리 기본법〉 제3조 제1호 나목에서 정한 산불, 다중밀집시설 대형화재, 해양선박사고, 사업장 대규모 인적사고, 가축질병, 감염병, 고속철도 대형사고 및 기타사고(표준 매뉴얼 외의 재난 유형으로 상도유치원 붕괴사고, 강릉 펜션사고 등)에 의한 피해 중 시·군·구 재난안전대책본부 이상 운영된 재난. 즉, 세월호 참사와

같은 대형재난.

세월호 사고가 일어나기 전 3년(2011~2013년)과 세월호 발생 후 최근 3년(2016~2018년)의 안전사고를 비교해보면 오히려 늘어났다. 세월호 발생 전 3년 전체 사고 발생 건수는 88만5265건이었으나 발생 후 최근 3년간의 사고는 88만8224건이었다. 연평균 990여 건이 세월호 이전보다 늘어났다. 부문별 사고에 포함되는 것은 도로교통, 화재, 산불, 열차, 지하철, 폭발, 해양, 가스, 유선(유람선)·도선(여객선, 화물선 등 근거리를 항해하는 소형 선박), 전기(감전), 붕괴, 추락, 레저(생활체육), 놀이시설 등 24개 분야다. 특히, 선박 사고가 크게 증가하였다. 세월호 사고 전후 3년간을 비교해 보면 소형 선박은 4배, 대형은 2배 증가했다. 선박의 정비 불량과 장비관리 소홀 등이 사고의 주된 원인이었다.

산업 현장에서는 2018년 사고 재해자 수가 총 9만832명(전년 80,665명)으로 전년 대비 12.6% 증가했으며 이 가운데 사망자는 971명으로 전년보다 7명이 증가(0.73%)했다. 사고 사망자수는 건설업이 485명으로 절반을 차지했고, 제조업(217명)과 서비스업(154명)이 뒤를 이었다. 산재 사망사고는 5인 미만 사업장(330명)과 5~49

세월호 사고 전후 해양, 선박 사고현황 *자료: 2018 재난연감(행정안전부)

연도	2011	2012	2013	2014	2016	2017	2018
대형선박(해양)	1750	1,632	1,052	1,418	2,839	3,160	3,434
소형선박(유선/도선)	0	11	5	11	25	20	23

2018년도 재난안전사고발생 현황

*자료: 2018 재난연감(행정안전부)

구분		피해현황					
		사고건수(건)	인명피해(명)				재산피해(억원)
			계	사망	부상	실종	
합계		293,361	351,905	5,727	346,005	173	6,152.54
도로교통		217,148	326,818	3,781	323,037		
화재		42,338	2,594	369	2,225		5,597.36
산불		496	30	34	26		486
철도	열차	64	60	10	26		6.37
	지하철	34	34	3	24		1.09
폭발		39	39	3	36		5.57
해양		3,434	383	56	294	33	
가스		104	73	11	62		1.53
유·도선	내수면						
	해수면	23	1		1		0.0025
환경오염		180	35	5	30		
공단 내 시설		27	67	28	39		21.7
광산		32	37	7	30		25.7
전기(감전)		515	515	17	498		
승강기		21	24	3	21		
보일러							
항공기		9	26	8	18		
붕괴		483	151	13	138		2.23
수난	물놀이	32	33	33			
	익사 등	5,788	1,701	643	1,008	50	5

등산	7,097	5,363	114	5,165	90	
추락	6,562	5,397	462	4,935		
농기계	1,057	978	86	892		
자전거	5,884	5,609	31	5,578		
레저(생활체육)	1,702	1,653	7	1,646		
놀이시설	292	278	2	276		

인 사업장(319명) 등 소규모 사업장에서 집중적으로 발생했다. 노동자 1만명당 산재로 인한 사고 사망자를 뜻하는 사고사망만인율은 지난해 0.51로 2017년(0.52)보다 약간 감소했다.

학교에서도 안전사고는 빈번하게 발생하고 있다. 학교안전공제중앙회에 따르면 학교(유치원, 초중고 및 특수학교 등) 안전사고도 매년 증가 추세에 있다. 학교에서 발생한 안전사고는 2016년에 11만6077명, 2017년에는 11만6684명이 다쳤고 2018년에는 12만2570명이 상해를 입는 사고가 발생했다. 학령인구가 감소되어 학생 수는 매년 줄고 있는데도 안전사고는 오히려 늘고 있는 실정이다. 이 가운데 장해급여를 수령하는 학생이 매년 120여 명되고 10명 정도는 목숨을 잃는다.

최근 3년간 한국소비자원의 소비자위해감시시스템(CISS)으로 접수된 안전 관련 신고 중 가정에서 발생한 사고는 2017년 3만3806(47.6%), 2018년 3만8141건(53.0%), 2019년 4만525건(55.5)으로 가정에서 발생하는 사고도 매년 지속적으로 증가하고 있다. 가정에서 발생한 사고 중 연령 확인이 가능한 안전사고를 분석해 보면

10세 미만이 3년 평균 45%로 가장 많이 발생했고 60세 이상도 연평균 13.6% 정도 발생했다.

가정 내 안전사고 중 가장 많이 발생하는 10세 미만의 어린이 사고는 추락이 24.7%로 가장 많았고 다음으로 미끄러짐과 넘어짐이 20.7%, 부딪힘 20.5%, 눌림과 끼임이 7.8% 등이었다. 특히 10세 미만 어린이의 경우 영아기(0세), 걸음마기(1~3세), 유아기(4~6세), 학령기(7~10세 미만) 등 발달단계에 따라 사고의 양상이 다르게 나타나고 있어 연령별로 보호자의 적절한 사고예방 조치가 필요하다.

소비자위해감시시스템(CISS: Customer Injury Surveillance System)

소비자가 소비생활 중 다치거나 사망 또는 재산상 위해를 입은 사례를 다양한 경로를 통해 수집하여 그 원인을 분석하고 사고의 재발 방지대책을 마련하기 위해 구축한 소비자 위해상황 상시 감시시스템을 말한다. 전국 63개 병원, 18개 소방서 등 위해정보제출기관과 1372 소비자상담센터, CISS 홈페이지 및 모바일 앱, 핫라인, 소방청, 교통안전공단, 국가기술표준원, 국내 언론, 해외정보 등을 통해 위해정보를 수집한다.

이렇듯 우리는 가정에서, 학교에서, 산업 현장에서 그리고 여가 생활에 이르기까지 항상 사고의 위험에 노출되어 있다. 각종 재난안전사고는 지금 이 순간에도 끊임없이 발생하고 있다. 해가 갈수록 감소하지 않고 오히려 증가하고 있다는 데 문제의 심각성이 있다. 2018년 한 해 동안 총 54만4904건의 안전사고가 발생해 60만3448명이 다쳤으며 사망 및 실종자는 6881명이나 된다. 매일 1549명이 다치고 있으며, 하루에 19명 정도가 목숨을 잃고 있다. 한 달에 두 척 정도씩 재난안전사고로 세월호가 침몰되고 있는 것이다. 세월호 사고 이후에도 교통사고 및 산업재해 등 일부 사고가 감소되고 있는 부분이 있지만 전체적으로는 우리 사회의 재난안전사고가 매년 증가하고 있다.

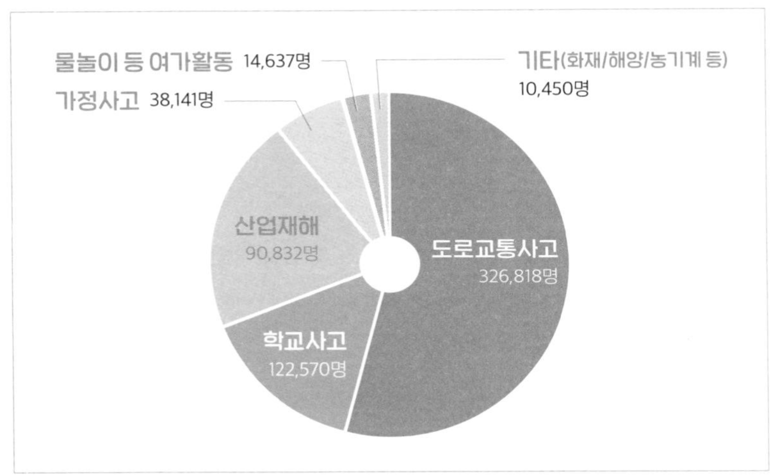

부문별 재난안전사고 재해자 현황(2018년)

'나쁜 일은 나에게 일어나지 않는다'는 근거없는 사고思考

우리나라에서 매일 발생하는 안전사고 사망자 수 19명, 암이나 뇌·심혈관계질환 등 주요 질병으로 생명을 잃는 사람은 434명, 즉 안전사고나 주요 질병으로 목숨을 잃는 사람이 하루에

453명 그리고 이 숫자는 매년 증가하고 있음을 각종 통계가 보여주고 있다. 이럴진대 과연 나와는 아무런 관계가 없는 남의 일일까?

안전띠를 매지 않으면 상해 가능성이 16배가량 높아진다는 실험결과가 있는데도 그리고 실제로 수많은 안전벨트 미착용 사고가 발생하고 있음에도 아직도 안전벨트를 매지 않는 사람들이 많이 있다. 안전에 대한 무관심은 비단 안전벨트 미착용에만 국한된 게 아니다. 위험한 도로에서 무단횡단을 하거나 자전거나 오토바이를 탈 때 안전모를 착용하지 않거나 계단 같은 곳을 오르내릴 때 전방을 주시하지 않고 심지어 뛰기도 한다. 길거리에서 스몸비를 보는 것은 이제는 아주 친숙한 광경이다.

스몸비Smombie 스마트폰을 들여다보며 걷는 사람들로 스마트폰smart phone과 좀비zombie의 합성어다. 이들은 스마트폰 사용에 몰입해 주변 환경을 인지하지 못하고 걷기에 사고위험도가 높다.

암으로 사망한 이들 3명 중 1명은 흡연자라는 연구결과가 있는데도, 만성 간 질환의 원인인 지방간을 유발하고 심하면 간암으로까지 이어진다고 해도, 현대인들은 담배를 피우고 술을 마신다. 그러면서도 설마 암이 내게 걸릴 거라고는 전혀 생각하지 않는다. 최초 암판정을 받은 대부분의 사람들이 처음에 하는 말은 "왜 내게 이런 일이, 내가 무엇을 그리 잘못했다고"와 같은 것이라고 한다.

20년 전에 4명 중 1명꼴이었던 비만 인구가 지금은 3명 중 1

명꼴이라고 한다. 몸에는 뱃살 나잇살이 차곡차곡 쌓여가고 그러다 지방은 장기와 근육 사이까지 서서히 끼어들어 우리의 생명까지 위협한다. 이렇듯 건강은 한번 나빠지면 회복이 어렵고 치명적인 상태에 이르러서야 조금씩 증상이 나타나는데도 사람들은 건강할 때 건강의 소중함을 모르다가 돌이킬 수 없는 지경이 되어서야 고통 속에 후회한다.

안전과 건강은 평상시엔 소중함을 모르고 지내다 사고를 당하거나 질병이 발생하게 되면 그때서야 예방의 중요성을 느끼게 된다는 점에서 그 본질이 같다고 볼 수 있다. 사람의 생각은 비슷하다. '설마, 무슨 일 있겠어?' '설마, 괜찮겠지' '나쁜 일은 나에겐 일어나지 않는다?' 하루에 안전사고로 1549명이 다치고, 암 발병률이 4명 중 1명인데도 우리는 내가 다치거나 암에 걸릴 수 있다는 생각을 미처 하지 못한다.

왜 그럴까? 인간의 뇌에는 낙관주의가 깔려 있기 때문이다. 우리의 뇌 속 뉴런은 긍정적인 정보는 충성스럽게 부호화 하지만 그렇지 않은 정보는 통합시키지 않는다고 한다. 결국 뇌가 실행하는 망각이 부정적인 생각을 몰래 지우도록 돼 있다는 것이다. 인간의 이런 성향을 '낙관주의적 편향optimism bias'이라고 한다. 인생에서 좋은 일이 일어날 가능성에 대해서는 과대 평가하고 나쁜 일이 일어날 가능성에 대해서는 과소 평가하는 심리적 용어다. 이처럼 낙관주의적 편견은 사람들로 하여금 부정적인 미래를 과소 평가하게 만든다. 그러나 인간은 원래 낙관 편향적이라는 사실을 인지하고 적어도 이런 현상을 극복하고자 하는 의지도 만들 수 있어야 한다. 안전에 있어서는 더욱 그렇다. '설마가 사람 잡는다'고 하지 않았던가.

사람과 집단에 대한 연구결과에서 나타나듯이 사람은 타인이 겪은 일에 대해 자기가 겪은 일만큼 크게 영향을 받지 않는다. 그러니 끊이지 않고 발생하는 안전사고와 참사에도 나는 괜찮겠지 증후군이 나타나는 것이다. 그렇게 우리의 일상 생활에서 안전을 위해 관심을 기울이고 실천해야 할 많은 일들에 사람들은 무관심을 보이고 있다.

TV 등 매스컴에 수시로 보도되는 끔찍한 사고가 설마 나에게는 일어나지 않을 것이라는 근거 없는 확신을 가지고 있기 때문은 아닐까? 안전하지 않은데도 안심하려는 우리의 자세가 무섭지 않은가. 안전과 건강은 우리가 평범한 삶 나아가 더욱 행복한 삶을 살기 위한 바탕이 되는 요소이다. 이렇게 중요한 안전을 왜 우리는 스스로 챙기지 않고 타인에 의해 인지하고 있는지, 주의를 당부하는 목소리조차 무시하고 있지는 않은지 되돌아봐야 한다.

세월호 참사 이후 한국 사회는 안전에 예민해졌다. 일상적 관행을 안전의 관점에서 재점검하는 안전의 패러다임이 조금씩 정착하기 시작했다. 그러나 현실은 지체되거나 퇴행하기도 한다. 그동안 숱한 참사에도 우리 사회의 안전 불감증은 여전하다. 수없이 많은 참사를 목격했고, 심지어 스스로 상당한 위험에 노출돼 있는데도 여전히 설마 하는 국민이 태반이다. 담양 펜션 바비큐장에서 정말 어처구니없는 화재로 아까운 생명을 여러 명 잃었는데도 아직도 이와 비슷한 펜션과 바비큐장이 도처에 널려 있다. 제천 스포츠센터 화재로 수십 명이 목숨을 잃었는데 아직도 많은 건물의 비상구가 막혀 있다. 화재가 발생할 때 소방차가 진입해야 할 도로는 불법주차로 가득하다.

담양 펜션이나 제천 스포츠센터도 화재가 발생하기 전까지는 불 한번 나지 않았었다. 불나기 전에는 '지금까지 불 난적이 한 번도 없었는데 뭘' 하며 안전을 소홀히 했다. 안전은 구호와 정책만으로는 근본적인 변화가 힘들다. 안전교육은 헛돌고 시민 안전의식은 여전히 제자리다. 세월호 참사 이후 국가의 안전시스템을 전면적으로 개선하고 국민들의 안전의식을 새롭게 하자는 각오를 다졌지만 그리 오래가지 못했다. 한국 사회는 여전히 안전에는 둔감하다. 대형 사고만 나면 당국의 관리 감독 부실을 통탄하면서도 "에이, 설마! 뭔 일 있겠어? 설마, 설마, 설마!"하는 시민들의 느슨한 안전의식이 문제다. "나는 괜찮겠지, 나는 아니겠지"하며 안전에 무임승차자가 되려는 생각부터 바꿔야 한다. 시민 스스로 내 안전은 내가 지킨다는 의식을 이제는 가져야 한다.

2

세 살적 안전 버릇, 평생 간다

안전의 시작은 가정에서부터

한국소비자원이 2014~2016년 소비자위해감시시스템CISS에 접수된 만 14세 이하 어린이 안전사고를 분석한 결과 연령별 안전사고 건수는 매년 감소했지만, 연령별 안전사고 건수 중 어린이 사고 비중이 30% 이상으로 여전히 높아 보호자들의 주의가 필요한 것으로 나타났다. 어린이 안전사고 건수는 2014년 2만 7381건(40.8%), 2015년 2만 5152건(37.0%), 2016년 2만 2545건(32.7%) 등이다. 우리나라 어린이 안전사고 비중은 총인구 대비 어린이 인구 비중(13.7%)을 크게 웃돌고 있다. 발달 단계별로 보면 1~3세 걸음마기가 전체의 절반가량인 3만 7419건(49.9%)을 차지했다. 4~6세 유아기 21.6%(1만 6245건), 7~14세 취학기 19.5%(1만4636건), 1세 미만

영아기 9.0%(6778건) 등의 순이다.

움직임이 적고 항상 보호자의 감독 아래 실내에서 주로 머무는 영아기에는 몇 가지 상위 품목에 의한 안전사고가 주로 발생하지만 연령대가 높아질수록 운동능력과 행동반경이 확장돼 위해품목과 사고유형이 다양해지므로 이에 유념할 필요가 있는 것으로 나타났다. 영아기에는 침실가구 사고가 36.7%(2485건)로 가장 많았다. 특히 침대 등 추락사고 유형은 영아기 사고의 48.9%를 차지했다.

막 걷기 시작하는 걸음마기에는 바닥재에서 미끄러지거나 넘어지는 사고가 15.9%(5963건)로 가장 많았다. 취학기에는 자전거 안전사고 비중이 10.6%(1553건)로 최다였다. 안전사고 유형 중 신체 눌림·끼임 사고는 보다 적극적으로 주변을 탐색하고 활동하는 유아기에 가장 높게 나타났으며, 질식을 유발할 수 있는 이물질 삼킴·흡입 사고는 영아기부터 꾸준히 발생하기 시작해 호기심이 많아 손에 잡히는 물건을 입이나 코 등으로 가져가는 행동을 자주 보이는 걸음마기에 가장 많았다.

통계에 의하면 우리나라에서는 한 해 어린이 10만 명당 3명 정도가 각종 안전사고로 목숨을 잃는다. 이 세상 모든 부모에게 가장 소중하고, 중요한 것은 당연히 자녀의 안전과 건강일 것이다. 그러나 자녀들의 안전을 위해 과연 부모들은 얼마나 노력을 기울이고 있을까. 어린이 안전사고 예방은 부모와 어른들의 당연한 의무이자 책임이다. '세 살적 버릇이 여든까지 간다'는 속담처럼 어려서부터 가장 먼저 가르치고 생활습관이 되게 해야 하는 것이 바로 안전이다.

무엇 하나를 가르치더라도 꼭 안전에 대해서 먼저 가르쳐야 한다. 일례로 자전거 타기를 가르친다고 하면 잘 타는 방법보다 보호구 착용 등 안전수칙과 안전하게 넘어지는 방법을 먼저 가르쳐야 한다. 갈수록 더해지는 위험사회에서 안전하게 살아가는 방법부터 가르쳐야 한다. 부모가 자식에게 영어·수학 과외와 예체능 학원에만 보낼 게 아니다. 재난을 당했을 때 아이들이 스스로 자신을 지킬 수 있도록 '안전 사교육'에도 투자해야 한다. 어렸을 때 잘못 심어진 안전에 대한 생각이나 습관은 학교에서 그리고 성인이 되어 산업현장과 사회에서 일할 때까지 쉽게 고쳐지지 않는다. 그래서 안전은 어릴 때 가정에서부터 시작되어야 한다.

그렇다면 영유아에 대한 안전교육은 언제부터 시작될까. 아이들은 엄마의 등에 업힐 때부터 이미 엄마의 어깨너머로 안전교육을 받는다고 한다. 우리 엄마는 어떤 신호에 횡단보도를 건너는지, 횡단보도가 아니면 어디쯤에서 건너는지, 그런 작은 경험이 쌓이고 쌓여 아이들의 안전의식을 만들어 간다. 만약 아이가 횡단보도가 아닌 곳에서 겁 없이 무단횡단을 한다면 그 아이의 무단횡단은 엄마의 교육 효과에서 비롯되는 것이다. 어른들부터 스스로 안전의식을 철저히 갖춰 평소 아이들에게 모범이 되어야 하는 이유다.

어릴 때 교육이 쌓이면 습관이 되고, 습관은 결국 안전의식으로 발전되어 나아갈 것이다. 그러니 어른들은 아이들의 거울이다. 엄마 품을 떠난 아이들이 처음으로 교육을 받는 곳이 어린이집이다. 어린이집은 유아기 어린이들의 교육과 놀이가 이루어지는 곳으로 이곳에서도 안전에 대한 체계적인 교육이 필요한데 어린이집에 근무하는 보육교사 중 안전교육 이수자는 18.5% 수준에 불과하다니 과연 어떻게 체계적인 안전교육이 이루어질지 걱정스럽다.

에버랜드는 어린이를 동반한 가족 고객들이 가장 많이 찾는 곳이다. 엄마아빠의 손을 잡고 즐겁게 뛰어놀다 보면 넘어져 살짝 다치는 아이들도 가끔씩 있다. 아이가 넘어져 작은 상처가 났을 경우 부모들의 반응은 여러가지로 나타난다. 놀란 아이를 진정시켜주며 치료해 주는 부모가 있는가 하면 조심하지 않았다고 아이를 혼내는 부모도 있다. 회사의 시설관리를 탓하며 치료비와 보상을 요구하는 손님도 있다. 그러나 자녀가 길에서 넘어지지 않도록 안전교육을 제대로 시키지 못했던 자신을 탓하는 부모는 그리 많지 않은 것 같다.

유니버시티칼리지런던UCL 심리학과 교수로 재직하던 헬렌 조페는 《위험 사회와 타자他者의 논리》를 통해 사람들은 처음 위험에 부닥칠 때 "나는 아니다. 내가 속한 집단은 아니다. 잘못은 타자에게 있다"는 식으로 반응한다고 했다. 위험의 원인을 자신이나 자기 집단이 아닌 타자the other에게로 돌리며 이를 통해 걱정을 완화하는 사회적 표상을 형성하고 위험이 유발하는 불안을 통제한다는 것이다. 그러나 현대의 안전은 조페 교수의 지적처럼 타자의 논리로는 확보할 수가 없다.

안전의식은 한순간에 높아지지도 않고 안전습관도 짧은 시간에 형성되지 않는다. 어렸을 때부터 교육이 되고 생활이 되면 학교에서 사회에서 자연스럽게 연결된다. 부모가 안전을 바탕으로 자식을 잘 이끌어 주면 자식도 안전을 생각하고 일상생활에서 자신을 아낄 줄 알게 된다. 부모는 자식의 거울이며 자식은 부모로부터 배운다.

에버랜드에 근무한 지 얼마 되지 않을 즈음 발생한 조그만 사고가 있었다. 동물원으로 내려가는 길에 손님들이 지나가면서 볼 수 있도록 다람쥐원숭이와 알락꼬리원숭이를 전시해 놓은 케이지가 있다. 1.2m 높이의 휀스가 있고 휀스와 케이지 사이의 거리도 1.5m 정도 떨어져 있는데 아빠가 목마 태운 아이를 케이지까지 접근하여 보여주는 과정에서 알락꼬리원숭이에게 살짝 할퀴었다. 안전휀스는 물론 접근금지를 알리는 안전사인물까지 있는데도 무리하게 접근한 게 사고의 원인이었다. 자녀에게 조금이라도 더 근접해서 보여주고 싶은 부모의 마음은 이해하지만 안전까지 무시하며 하는 행동은 잘못된 자식사랑이 아닐까.

자녀를 올바르게 이끌어 가기 위해서 부모는 항상 준비하고 노력해야 한다. 무엇으로 자녀를 리드할 것인가. 리더십의 원칙은 직장에서만 있는 것이 아니다. 가정에서도 부모의 리더십이 있어야 한다. 데이브 얼리치 등이 저술한《리더십 코드: 다섯가지 원칙 따라하기》를 가정 안전에 적용해 보면 어떨까?

가정 안전 리더십 원칙

① 코드 1　모든 일에 안전을 우선하는 태도를 갖게 하라
② 코드 2　부모가 안전기준과 사회질서를 준수하는 것을 보여줘라
③ 코드 3　자녀가 안전하게 활동할 수 있게 도와줘라
④ 코드 4　안전을 중시하는 가풍(家風)이 대물림될 수 있도록 하라
⑤ 코드 5　부모는 지속적으로 안전지식을 습득하고 가르쳐라

안전으로 시작하는 백년지대계百年之大計: 학교안전

대한민국의 미래는 어린이와 청소년들이다. 이런 차세대의 주역들을 위해 우리가 꼭 지켜야 할 가장 중요한 일이자 큰 가치가 바로 안전이다. 학교에서 시작되는 안전교육을 통해 생명존중 정신을 길러주고 안전사회를 구성하는 일원으로 성장하게 하여 안전하고 밝은 미래를 만들어 나가도록 해야 한다. 자식을 학교에 맡긴 부모 마음으로 이 나라를 짊어지고 갈 아이들에게 안전의 중요성을 깊이 새겨주고 안전한 교육환경을 만드는 것이 우리 사회가 해결해야 할 가장 큰 숙제일 것이다.

교육부에서는 대형 참사를 예방하고 교육 현장의 안전시스템을 혁신할 계획의 일환으로 〈학교 안전사고 예방 및 보상에 관한 법률〉 개정을 통해 지난 2015년 12월 학교 안전사고 예방 기본계획(2016~2018년)을 발표했다. 교육부에 따르면 노후시설 개선, 체험중심 안전교육 기틀마련, 안전교육 내실화 등의 성과를 거두었지만, 체험중심 교육(체험시설, 콘텐츠 등)이나 등하굣길 안전 및 관계

기관(교육당국, 지자체, 경찰청 등)간 상호연계 등이 미흡했다고 분석했다. 이를 위해 2018년 12월 '제2차 학교 안전사고 예방 기본계획(2019~2021년)'을 발표했다. 2차례에 걸쳐 수립된 학교 안전사고예방 기본계획은 사고가 나기 전에 체계적 예방활동을 강화해 학교를 가장 안전한 교육공간으로 조성하는 것을 목표로 제시한다. 그 계획들이 차질없이 잘 실행되길 기대해 본다.

이렇듯 지난해 2차 기본 계획까지 발표됐지만 아직 학교에선 안전교육이 체계적이고 효과적으로 잘 시행되지 못하고 있다고 많은 선생님들은 얘기한다. 안전과 관련한 내용이 체육이나 사회 교과과정에 부분적으로 나와 있고 이를 선생님들이 잘 가르쳐야 하는데 선생님들을 준準안전강사로 양성하는데도 많은 시간이 걸릴 것이다. 민방위 훈련하듯이 동영상을 틀어주는 게 안전교육의 대부분이 되어서는 안 된다.

국제 사회에서는 청소년을 위한 재난안전 교육은 피부에 와 닿는 당사자의 경험을 반영하는 게 큰 흐름이다. 어른이 지시하지 않아도 스스로 지키는 눈높이 교육과 체험교육으로 아동 안전교육의 관점을 전환해야 한다. 그런 의미에서 늦게나마 초등학교에서 시행하고 있는 생존수영은 아직 시설이나 체험시간이 많이 부족하지만 꼭 필요한 교육이다.

하버드 졸업생 해리 와이드너는 1912년 27세의 나이에 타이타닉호 침몰로 세상을 떠났다. 가족과 영국 여행을 다녀오는 길이었다. 살아남은 어머니는 하버드에 거액을 기부해 아들 이름을 딴 도서관을 지으면서 조건을 달았다. 그 중 하나가 '하버드 학생은 졸업하기 전에 수영을 배워야 한다'였다. 아들이 수영을 할 줄 알았다면 목숨을 건졌을 것이라고 생각해서다. 하버드는 수영을 필수과목으로 정했다가 장애학생 차별이라는 항의를 받아 폐지했다고 한다. 생존수영이 생기게 된 유래다.

생존수영은 여러 영법을 가르치는 게 아니라 물에 빠지더라도 구조대가 올 때까지 버틸 수 있는 자기 구조법이나 위험에 빠진 친구를 구하는 기본 구조법 등을 가르치는 것이다. 유럽이나 일본 등 선진국은 오래 전부터 생존수영을 가르쳐 왔다. 일본은 1955년 수학여행을 가던 168명이 선박충돌로 인한 침몰로 숨진 뒤 모든 초등학교에서 생존수영을 의무화하고 학교마다 수영장을 두도록 했다. 2015년 기준으로 전체 공립학교의 60% 이상 전체 초등학교의 90% 이상이 수영장 시설을 갖추고 있다.

영국 이튼 스쿨은 실제 강을 헤엄쳐 1.6km를 건널 수 있는 실력을 갖출 때까지 수영교육을 한다. 운하가 많은 네덜란드에선 초등학교 1학년부터 수영을 가르쳐 2학년 때 옷 입고 신발을 신은 채 25m를 가는 시험을 통과해야 한다. 어떤 영법이든 상관하지 않는다. 수영을 처음 배우는 초보자가 12시간을 배우면 겨우 보조판을 잡고 자유형으로 25m 가는 수준에 그친다. 그래서는 보조판없이 물에서 버티지 못한다고 한다. 생존수영을 스스로 할 수 있게 될 때까지는 많은 시간을 들여야 한다. 하물며 우리나라는 교내에 수영장을 갖춘 학교는 100곳 중 한 곳 정도에 불과하다고 한다. 인근에 있는 공공 또는 사설 수영장을 빌려써야 하지만 이것마저도 쉽지 않다. 인프라가 절대적으로 부족한 형편이다.

홍콩의 중학교에서 실시하는 수업 얘기다. 가정수업의 그 첫 시간 주제는 주방 안전이다. 주방에서 지켜야 할 안전규칙부터 가르친다. 선생님들이 얘기하는 것만으로는 부족해서 학생들이 스스로 그 규칙들을 써 놓은 포스터를 만들어야 한다. 과학 시간에도 마찬가지로 과학실에서 지켜야 할 안전수칙을 먼저 가르친다. 특히 실험시간에는 무슨 실험을 하든 안전수칙 제1호인 '보안경 safety goggles을 착용하자'를 실행해야 한다. 학생들이 실험을 할 때는 물론이거니와 선생님이 하는 실험을 바라보기만 해도 보안경을 반드시 써야 한다. 이런 방법으로 아이들은 자연스레 안전규칙을 몸에 익혀 나간다. 홍콩의 중학교 교육처럼 학교에서 가르치는 교과목마다 해당 과목에 대한 지식과 기술을 가르치기 전 안전에 대한 사항부터 알려주고 실천하게 해야 한다.

한국은 어떤가. 학창시절 과학 실험실에서 안전에 대한 주의를 들은 기억이 없다. 과학 실험시간에는 모두 실험하기에만 바빴지 보안경 같은 것엔 관심도 없고 과학실 어디에도 보안경은 보이지도 않았다. 교육 현장에서부터 안전이 뒷전인데 이런 환경에서 교육을 받은 학생들이 나중에 성인이 되어 제대로 된 다리와 건물을 만들어 내길 기대하는 것은 무리가 아닐까 싶은 생각이 드는 것은 지나친 기우일까.

대학 실험실의 안전관리도 허술하긴 마찬가지다. 실험을 할 때에 기본적인 안전 수칙조차 지키지 않는 경우가 많다. 안전보호구와 라텍스 장갑을 착용해야 한다는 지침이 있음에도 불구하고 비용 부족으로 1회용 비닐장갑을 착용하거나 아예 이것마저도 생략하는 경우가 많다. 대학 실험실에서 실험을 하기 위해서는 '연구실 안전환경 교육'을 필수적으로 이수해야 한다. 이 교육은 6개월마다 한 번씩 연간 2차례 실시된다. 온·오프라인 교육 중 한 가지를 택할 수 있지만 학생들은 다들 소극적으로 참여하고 형식적이라고 한다. 반면 미국의 경우는 실험실 안전교육이 엄격하다. 방사능 교육, 동물실험 교육, 바이러스 교육 등 종류도 많을 뿐 아니라 모두 직접 강의를 듣고 시험도 치러야 한다. 이러한 실험실 안전교육을 이수하지 않으면 아예 실험은 시작도 하지 못한다.

흔히 교육은 백년지대계百年之大計라고 한다. 이런 중요한 교육에 안전이 빠져서는 안 된다. 무엇보다 '돌다리도 두들겨보고 건너라'는 속담처럼 모든 일에 안전을 최우선으로 생각하고 실천할 수 있도록 학생들에게 안전의식을 키워줘야 한다. 이는 이론 위주의 교육이 아니라 교통안전, 보행안전, 자전거나 킥보드 등의 기본 안전부터 화재, 지진 등 비상시 대피요령, 심폐소생술 실습 등 체험 위주의 실습교육을 더 늘려야 한다. 하지만 이 모든 것은 교육당국의 노력과 학생, 학부모, 선생님들을 비롯한 국민, 시민단체, 기업 등 사회 각계 각층의 적극적인 관심과 지원이 있을 때 비로소 가능하다.

직업윤리(정신)와 안전

한 사람에게 유치원부터 초·중·고등학교 과정을 거치면서 배운 삶의 지혜, 지식과 기술은 인생을 살아가는데 매우 중요한 자산이 된다. 우리는 어려서부터 질서를 잘 지키고 다른 사람을 배려하며 어려움과 위험에 빠진 사람을 도와주어야 한다고 배웠다. 그리고 그런 인성을 갖추면서 성인으로 성장한다. 직장생활을 하면서는 그 직업에 요구되는 소양을 갖추고 잘 실천해야 한다. 어떤 일을 수행함에 있어 그 일을 수행하는 사람들에게 요구되는 행동규범이 직업윤리다.

어떤 직업이든 그 직업인에게 요구되는 직업윤리는 각자 자기가 맡은 일에 투철한 사명감과 책임감을 가지고 그 일을 충실히 수행해야 하며 도덕적이어야 한다. 의사는 환자를 내 가족이 아픈 것처럼 최선을 다해 아픈 사람을 고쳐주어야 하고, 공무원은 국민을 위해 봉사해야 하는 공무원 윤리에 따라 일해야 한다. 배를 운항하는 선장이나 버스를 운전하는 운전기사의 첫 번째 의무는 고객을 안전하게 목적지까지 도착하게 하는 것이다. 그런데 가끔씩 대형 참사가 발생할 때 이러한 책임과 의무를 다하지 않아 소중한 생명을 잃게 하는 소식을 접할 때는 "사람이 어떻게 저럴 수 있나?" 하는 안타까움과 비정함을 느끼며 많은 사람들은 분노한다.

세월호 참사 당시 이준석 선장이 가라앉는 배 안에서 구조를 기다리는 학생들을 남겨둔 채 속옷 차림으로 황급히 배를 빠져

나가는 장면은 한국은 물론 전 세계를 경악케했다. 선장의 직위를 떠나 어른으로서도 도저히 해서는 안 될 일을 저지른 것이다. 대법원은 이 선장이 승객 등의 안전을 위해 필요한 조치를 다하지 않았을 뿐 아니라 퇴선 후에도 철저히 참사에 무관심한 태도를 보인 것은 고의로 그들을 죽게 만든 일이나 마찬가지로 봤다. 그는 지금 살인죄로 무기징역을 선고받고 복역 중이다. 직업윤리를 제대로 지키지 않아 사법처리까지 된 경우이다.

2016년 10월 13일 밤 경부고속도로에서 대형 교통사고가 발생했다. 관광버스가 차선 변경을 하던 중 콘크리트 방호벽을 들이받고 계속 미끄러지면서 버스에 화재가 발생해 10명이 사망했다. 공교롭게도 버스 출입문은 방호벽에 막혀 열리지 않았고 강화유리다 보니 승객 탈출이 매우 어려워 피해가 커졌다. 버스 안에 유리를 깰 수 있는 비상망치가 있었으나 승객들은 이런 사실을 몰랐고 어두워 찾지도 못해 무용지물이었다. 사고 버스 운전기사는 소화기 안전핀이 뽑히지 않자 소화기를 던져 유리를 깬 다음 자신만 먼저 탈출했다. 승객들의 안전을 책임진 사람으로서 다른 승객들을 우선 탈출시키지 않고 승객보다 먼저 탈출해 내뺀 것이다.

이런 와중에도 사고버스 곁을 지나가던 묵호고 소현섭 윤리 선생님은 불길이 번지는 버스에서 4명의 부상자를 구하고 자신의 차로 병원까지 데려다줬다. 그런데 당연한 일을 했을 뿐이라며 공익재단이 주겠다는 상금 5000만원도 사양했다. "의인으로 포장되기 싫다. 학생 교육이 내 본연의 임무"라며 언론 인터뷰도

피했다고 한다.

맹자는 '공손추편公孫丑篇' 상上에서 "사람이라면 모름지기 누구나 공통으로 지니고 있는 마음의 한 자락이 〈남에게 차마 하지 못할 짓을 하지 못하는 마음(不忍人之心, 불인인지심)〉"이라고 했다. 인성을 도덕적인 측면에서 얘기한 것으로 우물에 빠지려는 아이를 보면 차마 모른 척하고 지나칠 수 없는 그런 마음이라는 것이다. 맹자는 바로 이런 마음이 없으면 인간이 아니라고 하였다.

안전을 책임져야 할 사람이 많을수록 운전기사의 의무도 늘어난다. 시내버스 기사는 승객이 자리에 앉거나 서서 손잡이를 잡은 것을 확인한 뒤 "출발합니다"라고 말한 후 출발한다. 차선을 잘 바꾸지도 않는다. 일본 어느 길에서나 항상 볼 수 있는 풍경이다. 운전기사의 의무는 승객을 시간에 맞춰 안전하게 목적지까지 도착하도록 하는 것이다. 시간과 안전이 충돌할 때 선진국 기사들은 안전을 택한다. 일본 고속버스에 속도 제한장치가 달리지 않은 건 기사를 믿기 때문이다. 시속 140km 이상 질주도 가능하지만 그렇게 달리는 버스는 없다. 한 차선에서 정속 주행한다. 삶에 여유가 있기 때문이 아니다. 평소 그렇게 교육을 받기 때문이다.

학생들과 함께 세월호에 탔던 단원고 선생님은 14명, 이 중 11명이 살아나오지 못했다. 배가 40~50도 기울어진 상황에서 선생님들은 아이들이 있는 아래층으로 내려갔다고 한다. 모두가 밖으로 탈출할 때 단원고 선생님들은 세월호 더 깊은 안으로 들어갔다. 무엇이 그들의 발길을 안으로 이끌었을까.

아리스토텔레스의 고전 니코마코스 윤리학은 지식이 아니라 의義를 실천하는 인격적 탁월성을 이야기한다. 아리스토텔레스는 모든 인간은 이런 탁월성을 발휘할 수 있는 능력을 갖추고 태어난다고 했다. 윤리학이 설명하는 세상의 윤리는 어떤 목적이나 결과를 이루기 위해 지켜야 하는 것이 아니다. 윤리는 그 자체가 목적이고 결과다. 그냥 지키고 따라야 하는 것이다. 근대 서구 윤리학을 완성한 칸트의 묘비엔 그가 남긴 유명한 말이 새겨져 있다. "하늘엔 별, 마음엔 도덕률, 하늘에 별이 반짝이듯 우리들 마음속 어딘가에도 도덕률이 반짝이고 있다"는 것이다.

코로나 19 전염병으로 대구지역에 의료인력이 절대 부족하자 대구시 의사협회 회장은 자신의 개인 병원 문을 닫고 "이 위기에 단 한 푼의 대가나 한마디의 칭찬도 바라지 말고 피와 땀과 눈물로 시민을 구합시다"고 지역 의사들에게 호소문을 보내자 지역 및 전국에서 수백 명의 의사와 간호사들이 의료 자원봉사를 위해 모여들었다고 한다.

전염병에 걸린 환자를 돌보는 것이 그들이라고 왜 두렵고 불안하지 않았을까. 그들에게도 소중한 가족이 있고 그들을 사지로 보내는 가족들의 마음은 또 어떠했을까. 그런데도 공포와 불안에 떨면서 의료진의 손길을 애타게 기다리고 있는 환자들을 외면할 수 없었기에 자신들의 생명의 위협까지 무릅쓰고 달려가지 않았을까. 사람의 인성은 위기에서 발휘된다고 한다. 의사의 윤리강령인 히포크라테스 선서를 가슴에 새기며 일하는 대구지역 의료진 및 의료 자원봉사자 분들에게 감사와 경의를 표한다.

대한민국 양심수준, 얼마나 높아졌을까?

양심 냉장고가 그립다

세월호 참사 이후 정부에서는 법을 강화하고 조직을 확대하며 예산을 늘리는 등의 많은 대책을 마련했다. 6년이 흐른 지금 국민들의 안전에 대한 관심과 민감도도 높아졌고 사회 여러 분야에서도 많은 변화가 일고 있다. 그러나 안전을 하는 입장에서 보면 한 가지 큰 아쉬움과 안타까움이 있다. 세월호 사고는 관련된 법이 없거나 미비해서 발생한 사고가 아니다. 안전을 담당하는 조직이 없고 예산이 없어서 터진 사고도 아니다. 선박을 검사하는 검사기관이나 배를 운영하는 선박회사가 기본적으로 해야 할 일을 하지 않아서 발생한 사고가 아니던가.

그렇다면 사고 예방을 위한 처방도 정부나 관계 기관과 기업

그리고 국민 모두가 하기로 한 것, 해야 하는 것을 제대로 하게 하는 사회적 환경을 만들어야 했다. 즉, 원칙과 기본, 법과 질서 지키기에 대한 범 국민운동을 했어야 했다. 그 불길처럼 열망하던 안전에 대한 관심과 울분의 물길을 기초 질서와 법 질서 지키기 운동으로 돌렸다면 지금쯤 우리 사회와 국민 안전수준은 훨씬 더 나아지지 않았을까 하는 아쉬움이 있다. 그랬더라면 제천 스포츠센터 화재 참사같은 여러 대형 참사는 발생하지 않았을 것이다. 아직도 우리 사회의 기초 질서와 교통법규 지키기는 예나 지금이나 크게 변한 것이 없기 때문에 하는 얘기다. 그래서 생각 나는 것이 양심 냉장고다.

1996년 4월 MBC TV에서 방송되었던 예능 프로그램인 〈일요일 일요일 밤에〉 '양심 냉장고'라는 코너가 있었다. 개그맨 이경규씨가 진행하는 예능 프로그램이었지만 공익 프로여서 많은 사람들의 사랑을 받았다. 특히 양심 냉장고 1호 주인공에 대한 기억이 아직도 생생하다. 심야 시간에 여의도에 있는 한 아파트 앞 횡단보도에서 신호를 지키는 차량이 있는지 살펴보고 지키는 사람에게 냉장고를 선물하는 관찰 카메라였다. 수 십대의 차가 약속이라도 한 듯 신호를 무시하는 모습에 진행자들은 낙담했고 몇 시간을 잠복해서 기다려도 신호를 지키는 차량이 없어서 촬영을 철수하려던 찰나 한 경차(티코)가 기적적으로 신호를 지켰다.

그때 나타난 첫 양심 냉장고의 주인공이 뇌성마비 장애인 부부라는 사실에 시청자들은 큰 감동을 받았다. 24년 전 이들 부부는 수 십억, 수 백억 원의 정부 예산으로도 이룰 수 없는 교통법규 준수의 가치와 감동을 많은 이들에게 일깨워 줬다. 당시 인터뷰 내용을 보면 우리를 더욱 숙연케 한다. 이경규씨가 "왜 아무도 건너지 않는 횡단보도에서 신호를 지키며 섰냐?"고 묻자 운전자는 "혹시라도 앞이 잘 보이지 않는 노인이나 어린이들이 새벽에 횡단보도를 건널 때 파란불에도 차가 쌩쌩 달리면 위험할 것 같아서 그랬다"고 답했다. 칭찬할 일이 아닌 당연한 일임에도 우리는 양심을 속여가며 불법을 합리화하고 도덕과 질서를 무시하며 살고 있지 않는지 매번 되돌아보게 된다. 24년이 지난 지금 대한민국 양심 수준은 얼마나 더 높아졌을까.

이 프로그램이 진행되는 동안 우리 사회의 일상적 교통 신호 위반 행위는 눈에 띄게 감소했었다고 한다. 몇 초 더 빨리 가려고 교통 법규를 지키지 않는다면 잃는 것이 더 크다는 경각심을 일깨웠기 때문이다. 그러나 아니나 다를까 프로그램이 끝나고 얼마 지나지 않아 사람들의 따가운 시선도 관심도 줄어들자 예전처럼 다시 슬그머니 횡단보도 신호위반 행위는 다시 증가했다고 한다.

최근 한 조사에 의하면 인적이 드문 새벽 시간에 차량들의 횡단보도 신호등 준수여부를 점검한 결과 신호대기에 걸린 차량 100대 가운데 파란불로 바뀐 후 출발한 차는 겨우 5대에 불과했다고 한다. 24년 전에 비해 크게 나아지지 않은 교통법규 준수 상황은 지금 이 시간에도 계속 발생되는 교통사고 발생의 주요 원인이 되고 있다. 요즘도 어린아이들의 안타까운 교통사고 사망 소식이 들려온다. 최근 10년 동안 한 해 평균 88명의 어린이가 교통사고로 목숨을 잃었다. 차량을 운전하는 사람들이 이 아이들의 입장을 생각했다면, 이 아이들이 내 아이일수도 있다고 생각했다면 결코 교통법규를 무시하지 않았을 것이고 그런 끔찍한 사고도 일어나지 않았을 것이다.

2014년 경제협력개발기구OECD가 평가한 한국의 사회자본지수는 10점 만점에 5.07로 OECD 32개국 중 29위다. 1위 노르웨이(6.66점), 2위 뉴질랜드(6.54)보다 한참 낮고 OECD 평균(5.80)에도 못 미쳤다. 한국보다 순위가 낮은 나라는 헝가리(30위) 에스토니아(31위) 그리스(32위)뿐이었다. 사회 구성원들이 그만큼 공동체의 규칙을 지키지 않고 공공에 대한 책임감을 내팽개치고 있다는 의미다.

우리 사회의 기초질서 위반과 위법행위를 바라보는 사람들의 시선 하나하나는 기초 질서나 교통법규 등을 잘 지키게도 할 수 있지만 방조하게 되기도 한다. "다른 사람들도 보통 다 그렇게 한다" "그렇게 해도 누가 눈치 주거나 싫은 소리를 하지 않는다"와 같은 인식하에 누구나 눈감고 모른 척 외면하는 사회에서는 질서나 법규 위반행위에 대해 심리적 제동기능이 작동하지 않아 서슴없이 위반행위를 할 것이다. 그러나 주변 사람들의 날카로운 눈초리와 따가운 시선은 위반행위나 위법행위를 멈추게 하기에 충분하다. 이제는 기초질서 위반행위나 위법행위를 그냥 보아 넘기지 않는 시민의식이 우리 사회에 널리 퍼져야 한다.

나만 생각하는 행동이 큰 사고를 부른다

우리 일상 속에서 줄서기 문화는 어느 정도 자리잡고 있지만 여전히 다른 사람들을 불편하게 하는 병폐로 남아 있다. 가장 대표적인 것이 놀이공원이나 식당 등에서 대리 줄서기다. 에버랜드 같은 놀이공원에는 놀이기구를 타기 위해 줄을 서서 기다리는 사람들이 많이 있다. 주말이나 공휴일에는 인기있는 놀이기구는 2시간 이상을 기다려야 할 때가 많이 있다. 그런데 일부 어른들은 아이나 가족을 대신해서 줄을 서있다 어른들 차례 다가오면 가족을 불러서 일행을 합류시킨다. 일부 부모는 "부모가 아이를 위해 줄을 서주는 게 무슨 큰 문제냐?"며 아예 문제로 생각하지 않기도 한다. 당연히 일행은 같이 줄을 서야 하고 중간에 합류(끼어들기)하는 것을 금지하는 바른 줄서기 안내 방송과 안내 사인물이 있어도 무시해 보는 사람들로 하여금 눈살을 찌푸리게 하고 불쾌하게 한다.

지금도 거리에는 과속과 신호위반, 안전거리를 무시하는 차량이 넘쳐난다. "횡단보도가 멀어서"라거나 "육교로 걷기 힘들어서" 등 사소한 불편 때문에 바로 옆 육교나 횡단보도를 두고도 아무렇지 않게 차로를 무단 횡단하는 사람들이 많다. 쓰레기통이 옆에 안 보인다고 길거리에 담배꽁초를 버리고 심지어 운전을 하면서 아무렇지 않게 창밖으로 피던 담배꽁초를 끄지도 않고 버린다. 수많은 사람들이 스마트폰에 시선을 고정한 채 길을 걷는 모습이 2020년 우리 사회의 '안전 자화상'이다. 이런 사소한 안전 불감증은 때론 치명적인 결과를 불러오고 세월호 침몰같은 참사로도 이어진다.

몇 년 전에 '이케아IKEA 연필 거지'란 말이 화제가 됐다. 스웨덴 가구업체 이케아가 경기도 광명 매장에 비치한 몽당연필을 고객들이 가져가 동났다는 소식이었다. 원래 고객이 가구 치수를 재거나 물품목록을 적는 데 쓰라고 놔둔 연필인데 누군가 인터넷 중고 매매사이트에 이 공짜 연필을 3000원에 팔겠다고 내놓았다. 한국인의 시민의식을 성토하는 목소리가 뒤따랐다.

개정 도로교통법의 시행으로 모든 자전거 운전자는 안전모를 의무적으로 착용해야 한다. 서울시가 공공자전거 따릉이 안전모를 무료로 빌려주기 시작한 지 나흘 만에 절반이 사라졌다고 한다. 따릉이 이용자가 아닌 사람이 안전모를 가져가거나 쓰고나서 돌려주지 않는 이들이 많다는 것이다. 개당 1만4000원짜리 안전모는 시예산으로 마련한 것이다. 안전모를 무료로 빌려줬더니 갖고 가서 돌려주지 않는 것이다.

공유서비스 운영비용이 커지면 결국 소비자 이용 요금이 올라갈 수밖에 없다. 공유 서비스가 낮은 시민의식 때문에 그 좋은 취지를 살리지 못하고 없어지는 경우가 많이 있다. 제값을 못 받는 서비스가 모두를 만족시키는 경우는 없다. 이른바 공유지의 비극 때문이다. 시민들을 위한 공유 서비스가 공유지의 비극이 되어서는 안 된다. 아직도 우리는 모두의 것은 가져가도 되는 것이란 수준에 머물러 있지는 않은지 되돌아봐야 한다. 공공의 물건을 소중히 다루는 이런 마음들이 조금씩 모여 선진 사회가 되는 것이다.

요즘은 지방 자치단체마다 시민들의 휴식과 여가활동을 돕기 위해 둘레길이나 산책로를 잘 정비해 놓았다. 모처럼 둘레길이나 산책로를 나가면 우측통행을 하지 않거나 라디오를 크게 튼 상태로 가는 사람들 때문에 눈살을 찌푸리게 된다. 산책로에서 눈살을 찌푸리게 하는 일 외에도 쓰레기 무단투기, 주·정차 위반, 무단횡단, 금연장소에서의 흡연 등은 일상생활 속 개인적 삶의 질과 매우 밀접한 관련이 있는 기초질서 위반행위다.

네덜란드 사회학자 홉스테드G. Hofstede의 문화모형에 따르면 한국은 개인주의 국가와 상반되는 집단주의 국가로 분류된다. 이 집단주의라는 것은 국가 전체가 일사불란하게 움직이는 전체주의적 모습과는 완전히 다르다. 오히려 나와 관계가 있는 소小집단, 즉 정당모임, 친척과 같은 내 편은 옹호하고, 나와 관계가 없는 타 집단에는 배타적이다. 이런 소집단주의는 종종 융통성이라는 허울을 쓰고 각종 편법을 자행한다. 도서관에서 내 친구 자리를 잡아 두는 학생이나 맛집의 긴 대기선 중간에 아는 사람을 찾아내 자연스레 새치기하는 모습은 다른 나라에서는 흔히 볼 수 있는 광경이 아니다.

자기 것이 소중한 만큼 남의 것도 소중하다는 것은 배려의 기본이다. 국민 소득 3만 달러 시대에 들어섰지만 시민의식은 아직 부족하다는 얘기다. 경제는 압축성장이 가능하지만 시민의식은 경제 성장의 속도를 쉽게 따라가지 못한다. 경제가 선진국이 되면 경제성장에 부응하는 공동체의 질서 의식과 에티켓도 따라서 성숙해져야 한다. 안전도 마찬가지다. 경제는 선진국인데 안전은 후진국에 머물러 있어서는 곤란하지 않겠는가. 경제가 압축성장으로 이만큼 발전했으면 공동체의 시민의식과 안전의식도 그만큼의 속도와 노력을 기울여서 균형을 맞춰야 진정한 선진국이 될 수 있다.

원칙과 기본을 지키는 것이
안전의 지름길이다

독일에서 골프를 즐기려면 필기시험과 실기시험을 통과해야 한다. 필기는 골프규칙과 에티켓까지 다 마스터해야 통과할 수 있다. 실기시험은 최소 더블보기 플레이어 정도 실력은 돼야한다. 한국에서처럼 머리 얹는 초보자가 땅볼만 치다 앞뒤 팀에 민폐를 끼치고 가는 일은 있을 수 없다. 이 모든 것이 시스템을 지키기 위한 배려라고 한다. 사람들이 초보자 때문에 진행을 방해받지 않고 정해진 규칙 속에서 게임을 즐길 수 있도록 하기 위해서다.

안전과 직결된 자동차 운전면허증은 더 하다고 한다. 한국 운전면허증을 갖고 있어도 드라이빙 스쿨에서 보통 한달 이상은 연습을 해야 면허증을 취득할 수 있다. 그래서 한국 주재원들은 초기에는 독일 생활 적응에 어려움을 겪지만 시스템을 이해하게 되면 너무 편하다고 한다. 대신 까다로운 룰을 배우기 위해 많은 시간과 노력을 투자해야 한다. 한국에선 도로의 긴 정체구간에서 끼어들기와 새치기가 흔하다. 시스템과 룰을 지키는 것보다 빨리 가는 것이 더 현명하다고 생각하는 사람들이 많다. 기초질서를 지키면 나만 손해라는 피해의식도 작용한다. 이러한 그릇된 사고부터 고쳐야 한다.

에스컬레이터에서는 이용자가 계단을 걷거나 뛰어 오르내리면서 넘어지는 사고가 가장 많이 발생한다. 에스컬레이터를 타는 사람들은 손잡이를 잡지 않는 경우가 많은데 바쁜 사람이 걸어 오르내리다 다른 사람과 충돌하면 뒤에 있던 사람들까지 연쇄적으로 넘어져 대형사고로 이어질 수 있다. 에스컬레이터가 있는 곳은 대부분 계단도 함께 설치돼 있어 급한 사람들은 계단을 이용하는 것이 바람직하다.

공동체 사회에서의 작은 배려가 사회를 바꾼다. 영국에 갔을 때 본 순환교차로round about는 인상깊었다. 많게는 대여섯 출구가 있는 원형 교차로에서 신호등도 없이 차들이 물 흐르듯 움직이는 모습이 신기했다. 불편해도 참고 융통성 없이 규칙을 지키는 고지식함이 놀라웠다. 신기하기도 했다. 어떻게 그렇게 잘 양보하고 남이 안 봐도 규칙대로 갈까? 영국인들도 오랜 과정을 거쳐서 깨달았을 것이다. 잠시 기다리고 먼저 양보하면 결국은 다 같이 빨리 간다는 것을.

무조건 빨리, 조급 사회는 이제 그만 멈춰야 한다. 그동안 우리는 빨리 가는 것이 중요했다. 수단과 방법을 가리지 않고 빨리 달려야 선진국을 따라잡을 수 있었다. 결과가 과정보다 중요했고 규칙을 지키지 않더라도 빨리 가면 이길 수 있었다. 그러나 이제

다시는 그렇게 할 수 없고 해서도 안 된다. 시스템을 무시해도 가능한 과거의 고성장 시대는 돌아오지 않는다.

빨리 가는 자전거는 손을 놔도 균형을 유지하지만 천천히 갈수록 균형잡기가 어렵다. 이제 대한민국은 추격자 입장에서 선도자 위치로 위상도 바뀌었다. 이러한 시대에 한국은 새롭게 균형잡는 법을 배워야 한다. 양적 성장과 질적 성장, 결과와 과정, 단기 성과와 지속가능성을 동시에 추구하며 룰과 프로세스를 지키는 시스템이 가동되어야 한다.

기본 지키기의 나비효과, 시민들의 안전의식 확산이 필요하다

우리 사회에는 안전을 위해 지켜야 하는 안전수칙과 기준이 있다. 그럼에도 불구하고 우리는 이런 기본 수칙을 지키는 것을 시간이 좀 걸린다는 이유 등으로 늘 뒷전에 미뤄둔다. 바쁘고 시간이 없다는 핑계로 건너 뛰고 생략한다. 안전을 위해 거창하고 대단한 일을 하자는 것이 아니다. 기본을 지켜 안전과 생명을 지키는 사회를 만들자는 것이다. 소방차의 진입을 막는 불법 주정차를 하지 않는 것, 도로 위에서는 규정속도와 신호를 지키는 것, 산불 예방을 위해 산에서 담배를 피우지 않는 것 등 우리 주변에서 할 수 있는 게 너무나 많다. 어느 누구나 지금 당장이라도 할 수 있는 이런 기본적인 것을 함께 하자는 것이다. 지금부터라도 나와 주변의 안전을 지키기 위해 기본부터 실천할 필요가 있다. 안전의 첫걸음은 기초 질서와 기본을 지키는 것에서 시작된다. 일상에서 지켜야 할 기본부터 차근차근해 나가면 된다.

이제 기본으로 돌아가 준법의식 확충과 윤리 감수성 키우기에 나서야 한다. 우리가 선택할 가장 지혜로운 길은 학교교육, 가정교육과 사회교육이라는 큰 틀에서 질서, 준법, 윤리, 문화의 기본으로 돌아가는 것이다. 기본 가치에 대한 인식이 교육을 통해 사회 전반에 되살아나 확고하게 뿌리내리면 안전 대한민국의 미래는 밝다. 어떻게 하면 효과적으로 할 수 있을까? 교육을 하더라도 일방적으로 가르치는 주입식rule teaching 교육보다는 스스로 배우게 하는 영감 고취형inspiration teaching 교육이 되면 더 좋을 것이다.

나비효과는 나비의 작은 날갯짓이 날씨 변화를 일으키듯 미세한 변화나 작은 사건이 추후 예상치 못한 엄청난 결과로 이어진다는 의미다. 기초질서와 기본 지키기 역시 나비효과가 정확하게 적용되는 영역 중 하나일 것이다. 자신을 포함해 시민들의 작은 행동과 성숙된 공동체 의식이 함께 모이고 모인다면 기초질서가 폭넓게 정착될 수 있다. 무엇보다 국민 스스로가 안전을 위해 기꺼이 생활 속 불편을 견뎌내는 사회적 공감대가 형성돼야 한다. 국민 개개인의 안전의식 개혁을 통한 안전문화 공감대가 형성돼야 사회 전체의 안전도를 끌어올릴 수 있다.

당장 빠르고 편리한 것보다 안전을 우선시하는 국민의식이 사회 전반에 확산될 때 안전은 문화가 된다. 지금부터, 나부터, 작은 것부터 원칙과 기본을 지키며 다시 안전을 재점검해야 한다.

정부와 지자체의 계도와 단속도 필요하지만 개개인의 몸에 배어 생활화해 나가는 것이 가장 효과적이고 지속가능한 방법이다. 결국 시민들의 자발적인 준법의식 없이는 근본적 해결이 어려운 문제다. 기본이 바로 서고 원칙이 준수되는 사회에서 후진적 참사는 반복될 수 없다. 지금까지 아무리 강조해도 지나치는 안전을 이제는 아무리 강조해도 지나치지 않는 안전으로 바꿀 시점이다.

우리 사회를 위험으로 내모는 안전 불감증의 망령

대형 참사의 단골메뉴, 안전 불감증

우리 사회에서 대형 참사가 발생할 때마다 항상 뒤따라 다니는 안전 불감증. 이제는 그만큼 많이 써먹었으면 이러한 안전 불감증이란 말에서 벗어날 때도 되었다. 벌써 삼풍백화점 붕괴사고가 발생한지 어언 25년이 지났다. 붕괴 사고 당시 회사의 봉사요원으로 사고 현장에서 구조대와 고생하는 사람들을 위해 밤을 새며 식사와 간식지급 등 봉사활동을 했던 기억이 생생하다. 봉사활동을 하며 구조현장에서 단 한 명이라도 더 생존자가 구조되어 나오길 간절히 기도했고 생존자가 구조되어 나오는 순간엔 모두가 환호했다.

당시 삼풍 사업자는 아파트 상가건물을 백화점으로 용도 변경한 후 4층 건물을 무리하게 5층으로 증축했고 판매공간을 늘린다는 이유로 기둥을 철거하거나 기둥 두께를 줄였다. 사고 전부터 벽에 금이 가는 등 위험징후가 나타났지만 경영진은 영업을 계속 강행했다. 이 사고 직후 우리 사회는 안전을 강화해야 한다는 목소리가 매우 높았다. 이런 사고가 다시는 이 땅에서 일어나지 않길 바랐지만 국민소득이 3만 달러를 넘어선 현재까지도 매년 어김없이 대형 참사는 발생하고 있다. 그것도 모든 사고가 삼풍백화점 붕괴사고처럼 안전 불감증이 원인이 된 전형적인 인재人災라는 수식어를 어김없이 달고서 나타났다.

경주 마우나 오션리조트 체육관 붕괴, 판교 환기구 붕괴, 지난해에는 광주 나이트클럽 붕괴 사고까지. 특히 건축물 붕괴 사고가 유난히 많았고 사고마다 우리 사회의 총체적 부실과 부도덕성이 빚어낸 대참사였다. 건축물 안전사고를 막으려면 저가 입찰, 다단계 하도급, 부실감리, 부실시공, 불법 증·개축 등으로 이어지는 부실의 고리를 끊어야 한다. 이 과정에서 정부나 지방자치 단체의 철저한 감독과 안전관리가 필요하다.

이런 대형 참사는 왜 반복될까? 아직 정부, 기업, 국민 모두가 비용보다 안전을 최우선으로 생각하고 실천하지 않기 때문이다. 정부는 건축물의 설계·시공·감리 및 유지관리 등 전 과정에 걸쳐 안전을 강화하는 제도를 만들어야 한다. 미국의 경우는 플랜 체크plan check라는 제도가 있어서 설계자가 허가권자에게 도면을 접수하면 구조기술사PE, SE 자격을 갖춘 공무원이 검토를 하고 큰 건물은 지역전문가Plan checker에게 의뢰하여 꼼꼼히 검토한 후 허가를 득하므로 안전에 관한 사항을 충분히 검토할 수 있다. 공사 중에도 각 단계마다 구조기술사가 서명하고 공무원이 서명해야 다음 공정을 착수할 수 있다. 영국은 발주자의 안전관리 역할을 강조하는 건설디자인관리CDM 제도가 거의 모든 건설사업에 적용된다. 이 제도의 핵심은 안전관리자의 위상과 역량을 발주자 수준으로 높여 건설사업에 대한 주체적인 안전을 확보토록 하는 것이다. 선진국 건설프로젝트는 시작과 동시에 발주자가 주도하는 안전관리체계가 가동된다.

수없이 발생한 안전 불감증에 의한 대형참사가 반복되다 보니 안전 불감증에 DNA까지 생겨 세월호 참사까지도 이 안전 불감증의 DNA는 이어졌다. 최대 화물 적재량 1000톤 수준인 세월호는 평소 2000톤 이상 싣고 다니다가 수많은 목숨을 앗아가는 대참사를 빚었다. 화물과 승선인원을 2배 이상 초과해 운행해도 '그동안 사고가 없었으니 오늘도 괜찮겠지'하는 안전 불감증 때문이었다.

선박 균형을 맞춰주는 평형수도 규정보다 적게 실었는데 이 역시 안전보다는 기름값을 조금이라도 아끼겠다는 얄팍한 상술이 안전을 뭉개버렸다. 어쩌면 우리 모두에게도 안전 불감증 DNA가 자리잡고 있는지도 모른다. 세월호 이후에도 끊임없이 반복되는 대형 참사를 보면 병리학적 용어인 안전 불감증이 우리 사회의 불치병이 아닌가 싶다. 삼풍백화점 사고 이후에도 안전을 그렇게 강조했지만 건축물 붕괴사고가 증가했던 것처럼 세월호 사고 뒤에도 재난안전사고는 오히려 더 늘어났다.

그런데 문제는 이런 참사가 계속해서 발생해도 우리의 행동이 쉽게 바뀌지 않는다는 데 있다. 다시 말해 우리 사회의 안전 불감증은 별로 나아진 게 없어 보인다. 익숙한 절망과 불편한 희망으로 연례행사처럼 재난이 몰려오고 그 재난은 우리가 얼마나 안전 후진 국가의 국민으로 살고 있는지를 새삼 깨닫게 한다. 사실 그런 깨달음 후에도 별로 달라진 게 없다는 것이 더 큰 재난일지도 모른다. 재난 상황 자체보다 재난으로부터 교훈을 얻지 못하고 재난에 대처하는 태도가 더 큰 재난이다. 안전 불감증은 세월호 참사와 같은 국가 위기를 초래하고 국민을 슬픔과 고통에 빠트리게 하기 때문에 반드시 극복해야 할 우리의 최대 과제다.

안전 불감증을 치료하는 것은 많은 노력과 시간을 필요로 하는 간단치 않은 일이다. 정부는 법과 제도를 현장 위주로 세심하게 정비하고 현장에서 실행이 완전히 정착될 때까지 끈질기게 확인하고 점검해야 한다. 그래서 안전사회를 지지하는 탄탄하고 엄격한 현장 안전 규제시스템이 확실하게 작동하게 해야 한다. 유사한 사고를 겪고도 여전히 시스템이 작동하지 않는 정부의 안전 불감증이 더 큰 문제가 되지 않도록 해야 한다.

그러나 무엇보다 가장 시급한 일은 국민의 안전에 대한 의식과 가치관을 바로 세우는 일이다. 안전 불감증 극복을 위해 전 국민을 대상으로 하는 안전의식 교육도 강화해야 한다. 아울러 우리 사회에 만연한 부패를 척결하고 도덕성을 회복하는 일이 안전확보의 첩경임을 잊어서는 안 된다. 문재인 대통령도 취임사에서 구 시대의 잘못된 관행과 과감히 결별하겠다고 말했다.

그러려면 설마 하다 대형 참사를 부르는 안전 불감증이라는 적폐부터 과감히 도려내야 한다. 안전은 곧 생명이다. 부끄럽고 숨기고 싶은 과거지만 삼풍사고나 세월호 참사가 주는 교훈을 가슴 깊이 새기고 안전을 최고의 가치로 인식하며 선진 사례들을 귀감으로 삼아 하나씩 꾸준히 실천해 나간다면 우리도 비로소 위험사회를 넘어 안전사회에 도달할 수 있을 것이다.

안전 불감증과 안전 무시증, 치유할 수 없는 중증重症은 아닐까?

세월호 이후 우리 사회에서 안전은 다른 무엇보다 우선시해야 할 최고의 가치로 여겨졌지만 우리 삶 곳곳에 체화된 안전 불감증은 그다지 달라진 게 없었다. 결국 무엇과도 바꿀 수 없는 소중한 생명을 잃고 나서야 뒤늦게 뭐가 잘못됐고 누가 책임져야 하는지 따지는 후진적 사고와 행태가 고스란히 되풀이되고 있다. 이런 현상은 어제오늘의 일이 아니다. 우리 마음 속의 안전 불감증을 완전히 뿌리뽑을 수 있는 의식혁명과 제도개혁이 없다면 돌이킬 수 없는 불행한 참사는 언제든지 또다시 되풀이될 것이다.

그렇다면 도대체 안전 불감증이란 병은 어떤 것일까. 국어 사전(오픈)에 따르면 안전 불감증은 '모든 것이 안전할 거라고 생각하며 위험은 없다고 생각하는 사람들에게 나타나는 증상'이라고 되어 있다. 좀 더 과학적으로 말하면 '위험 지각risk perception이 낮은 상태'라고 할 수 있다. 안전 불감증이 잘 고쳐지지 않는 이유는 수많은 불안전한 행동을 하더라도 매번 사고가 발생하는 것은 아니기 때문에 위험 지각이 이러한 경험을 통해 낮아지게 되고 이것은 다시 불안전한 행동을 하게 되는 원인으로 작용하기 때문이다.

위험 지각에 관한 연구에 의하면 위험요인이 반복될수록, 친숙할수록, 통제할 수 있다고 생각할수록, 이득이 있을수록 위험 지각은 낮아진다. 이렇듯 위험 지각은 경험을 통해 낮아지게 된다. 근로자나 일반 시민들도 마찬가지다. 처음에는 위험하다고 생각되는 작업이나 행동도 반복하고 시간이 지남에 따라 익숙해지고 스스로 제어할 수 있다고 생각할수록, 작업이나 행동이 더 빨라질수록 위험 지각이 낮아지게 된다. 따라서 대부분의 사람들은 안전 불감증을 갖게 되고 불안전한 행동을 할 가능성이 높다.

그렇다면 이러한 위험 지각을 높이는 방법은 무엇일까? 관련 연구에 따르면 위험 요인을 기억하고 있을 때, 사고의 희생자가 주변인일 경우 더 위험한 것으로 지각하고, 우리가 사고를 완전히 통제할 수 없다고 생각할 때, 이득보다는 손해가 많다고 생각할 때 위험 지각은 높아진다고 한다. 즉, 산업현장의 근로자나 일반 시민들이 위험에 대해 상기할 수 있도록 잊을 만하면 교육과 홍보를 하고 동종同種·유사類似사고에 대한 사례전파나 교육을 해야 한다. 또한 평소에 사고가 발생하지 않더라도 주의하지 않으면 언제든지 사고가 발생할 수 있다는 것을 알게 하고, 사고가 발생하면 결국에는 개인이나 가족, 그리고 기업에 손실이 된다는 것을 알려줄수록 위험 지각을 높이고 안전 불감증을 줄여나갈 수 있다.

엄밀히 말하면 안전 불감증은 문제가 되지 않는다. 안전은 못 느껴도 상관없다. 우리 사회 전반에, 개인의 삶에 안전이 보장되어 있다면 못 느껴도 문제가 되지 않는다. 오히려 그런 삶의 조건은 우리가 소망하는 희망사항이다. 문제는 불안전한 것이 곳곳에 공존하는데도 못 느낄 때 발생한다. 곧 불안전 불감증이 문제인 것이다. 다시 말해 안전의 반대말이 위험이니 위험 불감증이 문제이다.

안전 불감증이라는 말은 안전문제가 심각한데 그걸 제대로 의식하지 못한다는 뜻으로 사용하기 시작했을 것이다. 그럼에도 안전문제, 안전사고 등의 표현과 달리 안전 불감증은 개념적 전도의 사례이며 일상적으로 반복 사용하면 의식형성에 나쁜 영향을 미친다고 주장하는 사람도 있다. 틀린 말이 아니다.

정말 중요한 것은 안전 불감증이 아니라 우리 사회의 안전 무시증이다. 잘못된 행위가 건축물 붕괴사고 같은 안전사고를 불러올 줄을 모르고 하는 행위가 안전 불감증이다. 이를 알면서 무시하고 하는 행위는 미필적 고의未必的故意이자 안전 무시 행위다. 안전수칙이나 안전기준을 지키지 않으면 대형사고가 난다는 것을 알면서도 설마 하면서 넘기는 것은 안전 불감증이 아니므로 직설적인 표현을 써 안전 무시증으로 바꿔 불러야 맞는 표현이다. 그런 의미에서 안전 불감증은 하루속히 치유해야 하고 안전 무시증은 지금 즉시 버려야 한다.

안전 불감증, 얼마나 더 많은 희생이 필요한가

세월호 참사를 겪고도 안전 대한민국은 여전히 멀기만 하다. 속수무책일 정도로 사고가 이어지는 것은 우리 사회의 안전 불감증이 치유가 어려운 중증重症상태라는 것을 보여준다. 적지 않은 근로자와 시민은 설마 하는 안일함에 젖어 있고 공무원들은 사건만 터지면 허둥댄다. 참사에서 교훈을 얻지 못하니 곳곳에 제2, 제3의 세월호가 널려 있다. 더 늦기 전에 민관 모두 진정성 있는 반성을 하고 국민의식을 가다듬고 재난 대처 시스템을 개혁해야 한다. 도대체 얼마나 많은 희생을 치러야 우리 사회가 정신을 차릴 것인가.

지난해부터 여가활동으로 낚시하는 사람들이 등산인구를 넘어서 국민 여가활동 1위 자리를 차지했다는 얘기가 방송 등을 통해 흘러나온 적이 있다. 당시에 설마 했었는데 확인해 보니 한 방송에서 잘못 분석한 오보誤報였다. 그렇다고 하더라도 낚시인구가 크게 늘어난 것은 사실이다. 몇 년 전부터 종편 TV채널 등에서 방영하는 낚시 프로가 인기를 끌며 우리나라 낚시 인구가 급격히 늘어났다는 것이다. 여성 낚시 인구도 많이 늘었다고 한다. 우리 회사 여직원들도 새벽에 출사를 떠나는 것을 보면 그 인기를 실감하게 된다. 그런데 이런 여가활동 중 바다에서의 낚싯배 전복사고가 끊이지 않고 발생하고 있다.

2015년 9월 5일 제주 추자도 인근에서 낚싯배 돌고래호 전복사고로 15명이 사망하고 3명이 실종되었다. 세월호 사고가 발생한 지 1년 반이 지난 시점이었는데 승선인원도 제대로 파악되지 않았다. 이 사고 역시 안전 불감증을 주요 원인으로 지적하고 있다. 비가 오는 악천후 날씨에도 무리하게 출항한 것에서부터 낚싯배가 8년 동안이나 안전점검 한번 받지 않았다는 사실이 밝혀져 논란을 빚기도 했다. 승선인원 관리문제와 구명조끼 착용 감독소홀 등도 논란이 되었다.

정부는 온갖 제도를 만들고 발표하는 것에 그치지 말고 현장에서 이 제도가 제대로 작동되는지, 실효성이 있는지에도 관심을 가져야 한다. 생계형으로 낚싯배를 운항하는 입장에서는 위험을 무릅쓰려 할 것이며, 낚싯꾼들은 법적 의무사항도 아닌 구명조끼를 굳이 착용해야 하는지 의문을 가질 수 있다. 현장의 이런 상황을 안전하게 관리하고 위험 감시시스템을 작동시키기 위해 정부가 존재하는 것이다. 생계형 이윤추구라는 당면 과제 앞에 안전제일이라는 가치가 현장에서 작동되도록 시스템을 만들고 이 시스템이 원활하게 작동되도록 독려해야 하며 잘 작동되도록 끝까지 확인해야 한다는 얘기다.

일본에서는 구명조끼를 입지 않은 사람이 한 명이라도 있으면 낚싯배를 출발시키지 않는다. 이렇듯 구명조끼 미착용자가 있을 경우 배를 운항하는 책임자에게 벌금을 물리거나 운항에 페널티를 주고 구명조끼 미착용자를 내리게 하는 권한을 선장에게 주는 등의 제도개선으로 국민의 귀차니즘이나 안전 불감증을 통제하는 제도와 점검시스템을 갖춰야 한다. 이제 안전 불감증이란 말에서 제발 벗어났으면 좋겠다. 정부와 민간, 국민이 각자 할 수 있는 일을 책임질 수 있는 만큼만 몰입해 시행하는 나라가 안전 선진국이다. 할 수 없는 일을 한다고 하거나 해야 할 일을 교묘하게 빠져나가면서는 사고공화국 대한민국에서 벗어날 수 없다.

지난해 공사장에서 크레인이 넘어져 길가던 시민의 목숨을 앗아가는 청천벽력과 같은 사고가 발생했다. 이와 똑같은 크레인 붕괴 사고가 한 달새 4건이나 발생했다. 크레인 사고의 원인은 기계적 결함과 함께 작업자들의 안전수칙 미 준수 등이 복합적으로 작용한 것이지만 고질적인 안전 불감증이 또 다른 사고를 예고하고 있다고 전문가들은 경고한다. 형식적이라는 이유로 안전점검을 생략하거나 귀찮다는 이유로 사고방지 장치도 사용하지 않는 경우가 아직도 비일비재하다는 것이다.

안전수칙을 제대로 지키지 않은 정황이 드러나 잇따른 사고에도 여전히 안전 불감증이 도마에 오르고 있다. 가장 큰 문제는 우리 안에 뿌리 깊게 자리잡고 있는 안전 불감증이다. 우리나라 타워크레인 안전검사 통과율은 97%에 육박한다고 한다. 장비가 멀쩡한데도 툭하면 사고가 나는 것은 현장에서 안전매뉴얼이 제대로 지켜지지 않았거나 안전검사 자체가 제대로 진행되지 않았다는 것을 의미한다.

생활 속 안전사고의 주범, 교통사고!

생명과 편의를 담보하는 양날의 검, 자동차

세계 최초의 자동차는 1886년 칼 벤츠가 만든 페이턴트 모터바겐Patent Motorwagen으로 알려져 있다. 가솔린 엔진을 이용한 바퀴가 3개인 삼륜차로 시속 16km까지 낼 수 있었다. 우리나라에 자동차가 처음 도입된 건 27년 뒤인 1903년이었다. 고종 황제가 즉위 40주년을 맞아 미국 공관을 통해 포드 승용차 한 대를 들여왔다. 117년이 지난 지금 국내의 자동차 등록대수는 2019년 12월 말 기준 2367만7366대나 된다. 우리나라 국민 약 두 명 중 한 명이 자동차를 보유하고 있다. 숫자로만 보면 그야말로 괄목할 만한 성장이다. 그러나 아쉽게도 자동차 문화와 안전은 그렇지 못하다. 평소에는 점잖고 온화한 사람이 운전대만 잡으면 성격이 변하는 경우를 주변에서 종종 볼 수 있다.

도로는 공공의 장소임과 동시에 사회 구성원 간의 약속이 지켜져야 하는 곳이다. 운전 문화가 중요한 이유는 우리의 생명과 직결되기 때문이다. 운전자 간에 배려와 양보가 필요한 이유기도 하다. 절대 다수의 교통사고가 운전자 개인에 의한 인재라는 점을 고려한다면 품격 있는 운전 문화를 정착시키는 것은 생명을 살리는 길이 될 수 있다. 사람의 품격과 교양은 얼마나 좋은 자동차를 타느냐가 아니라 어떻게 운전하느냐로 드러난다. 아직도 도로에서는 우리 모두가 조금 더 빨리, 조금 더 앞서 가려고 신호위반과 속도위반 등 교통법규 무시하기를 밥 먹듯이 한다. 난폭운전과 보복운전도 흔하다. 한 나라의 시민의식 수준은 그 나라의 도로 위 운전스타일에서 가장 잘 나타난다고 한다.

자동차는 우리의 삶을 편리하고 윤택하게 하는 문명의 이기다. 이제는 현대를 사는 우리에게 없어서는 안 되는 생활 필수품이 되었다. 하지만 그 위대한 발명품이 흉기로 돌변하기도 한다. 그렇다보니 차량에 의한 교통사고도 빈발하고 있다. 우리나라에서 발생하는 안전사고 중 가장 많은 사상자를 내고 있는 것이 바로 교통사고다. 지난해 교통사고 사망자는 3,349명이었다. 전년(3,781명, 20017년 4,185명)에 비해 11.4% 감소했지만 사고건수는 22만9600건으로 오히려 전년(21만7148건)보다 5.7%가 증가했다. 부상자도 34만1712명으로 전년(32만3037건)보다 5.8% 증가했다.

하루에 교통사고로 936명이 다치고 9.2명이 목숨을 잃었다.

도로 위의 세월호가 매달 한 척씩 침몰하고 있다. 게다가 사고와 부상자 수는 턱없이 적게 잡혀 있다. 경찰에 신고하지 않고 보험사에 맡긴 경우가 훨씬 많기 때문이다. 손해보험협회 집계를 보면 인피(人被)사고와 부상자 수가 경찰통계의 5배에 이른다. 교통사고 사망자 수가 감소하는데 만족할 것이 아니라 사고 자체를 줄일 수 있도록 관련 시설과 제도정비를 할 필요가 있다. 우리나라의 교통사고 사망률은 OECD 평균치의 두 배로 OECD 최하위권이다.

자동차 1만 대당 사망자 수는 사업용 차량이 8.17명으로 비사업용 차량(1.88명)의 4배 이상이다. 사업용 차량은 탑승 시민의 안전을 지켜야 한다는 것과 사고 시 피해 규모가 훨씬 크다는 점에서 더욱 엄격한 교통준수 의무가 요구된다. 택시, 버스, 화물차 등의 난폭운전, 과속, 신호위반, 끼어들기, 곡예운전 및 졸음운전 등을 근절해야 하는 이유다. 선진국의 버스나 영업용 차량 운전자들은 공공 자산인 도로에서 수익을 얻는 만큼 안전에 대해서도 절대적인 책임감을 갖는다.

인구 10만 명당 교통사고 사망자 수는 각 나라와 도시의 교통안전 수준을 가늠하는 국제기준으로 자리잡았다. 일본 도쿄(1명)와 독일 베를린(1.2명), 영국 런던(1.3명), 프랑스 파리(1.7명), 호주 시드니(2.2명) 등 교통안전이 자리 잡은 세계의 주요 도시들은 대부분 2명대 이하다. 서울은 2019년 기준 2.45명으로 해외 선진국 주요 도시보다 훨씬 많다. 그나마 전국의 광역자치단체 중에서는 인구 10만 명당 교통사고 사망자 수가 가장 적었다.

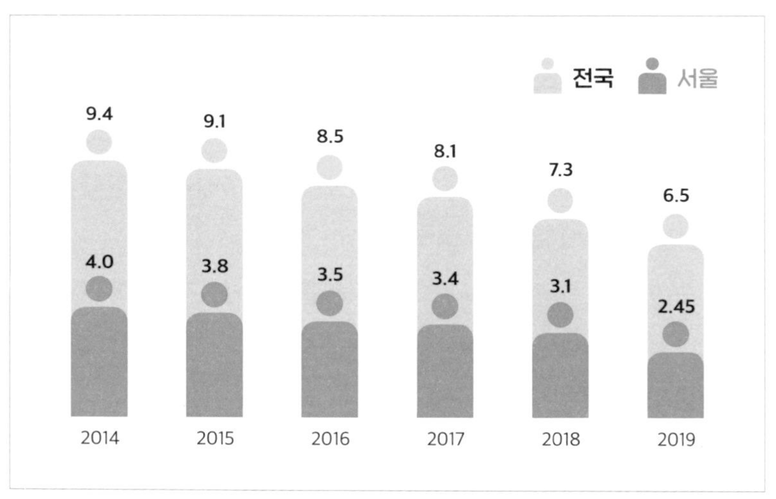

인구 10만 명당 교통사고 사망자 현황

우리나라의 교통사고 사망자는 보행步行 중에 발생하는 보행자 사고가 약 40%로 가장 많다. 보행자보다는 자동차 중심의 교통정책으로 인해 도로에선 당연히 차가 먼저라는 운전자들의 잘못된 생각이 가장 큰 원인이지만 최근 스몸비족의 증가도 보행 중 사고의 큰 원인으로 작용하고 있다. 그 외에도 안전한 보행법에 대한 지식과 실천 부족, 인도는 없고 차도만 있는 생활 도로 등이 주된 원인이다. 무엇보다 큰 문제는 보행자 보호에 너무 무관심하다는 것이다. 운전자도 차에서 내리면 바로 보행자가 된다는 사실을 잊고 있다. 선진국에선 보행자가 횡단보도에 서 있는 걸 발견하면 우선 정지하는 문화가 널리 자리잡혀 있다. 물론 단속도 강하게 한다. 보행자 보호가 그만큼 철저하다.

지난 2008년부터 2017년까지 최근 10년 동안 어린이에게 발생한 교통사고는 총 12만8078건으로, 사망한 어린이는 887명, 부상 당한 어린이는 15만 7773명으로 한 해 평균 88명의 어린이가 교통사고로 숨지고 1만5천 명이 다친 것으로 나타났다. 미국에서는 어린이가 타고 있는 스쿨버스가 도로에 정차하면 다른 차들이 결코 추월하지 않는다. 뿐만 아니라 스쿨버스가 정지 표지판을 펴고 정차하면 주변 모든 차량이 멈춰야 한다. 왕복 2차선에서 스쿨버스와 반대 방향으로 달리는 차도 스쿨버스가 멈춰 있는 동안 똑같이 차를 세워야 한다. 미국 대통령이 탄 차라도 예외가 아니다. 미국처럼 선진국의 스쿨버스와 관련한 교통안전 제도가 잘 정비된 것은 어린이가 국가의 미래로서 그 무엇보다도 잘 보호받아야 할 존재라는 사회적 합의가 있기 때문이다.

해외 선진국의 교통안전, 예외와 융통성이 없다!

스위스는 교통안전 질서가 완벽한 나라다. 도로에서 신호등이 빨간 불인데 정지선을 넘어가거나 신호가 완전히 바뀌기 전에 출발하거나 속도를 위반하면 그때마다 무시무시한 범칙금이 뒤따른다. 제일 싼 범칙금이 20만원 정도다. 도로나 횡단보도 곳곳에 카메라가 설치돼 있다. 제한 속도가 시속 40km인 주택가에서 시속 60km로 달리다 카메라에 찍히게 되면 총 100만원 벌금에 1

개월 운전면허 정지를 당한다. 스위스는 교통 범칙금이 센 나라라서 교통법규를 잘 지킬까. 아니다. 스위스 사람들은 교통법규를 위반하는 것을 살인행위로 본다. 주택가 골목에 아무도 없다. 다른 차도 없고 보행자도 없다. 그런데도 제한속도를 어기면 살인행위로 본다. 언제 어디서 사람이 튀어나올지 모르기 때문이다. 그들은 하나의 생명을 소중히 여긴다. 수십 명 수백 명 수천 명이 아니라 딱 한 사람의 생명을 그렇게 여긴다. 누구든 생명은 하나밖에 없기에 그 하나의 생명을 전부처럼 여긴다.

미국에서도 교통법규를 어기다 걸리면 엄청난 벌금을 물고 법원에 출두해 재판을 받아야 한다. 미국에서 교통질서를 잡는 핵심 대책 중의 하나는 교통법규 위반자에게 가혹할 정도의 벌금을 매기는 것이다. 미국은 지정차로와 관련해 대체로 화물차에 대해서만 규정을 두고 있다. 지정차로 규정이 있는 화물차가 이

미국 영업용 화물차 벌점 체계

를 위반하면 일반 차량 운전자보다 훨씬 큰 대가를 치러야 한다. 미국에선 영업용 화물차 운전자에 대한 음주운전 단속 기준이 일반 차량운전자 단속기준(혈중 알코올농도 0.08)보다 2배 엄한 0.04% 부터다. 동일한 위반으로 일반 운전자가 벌점 1점을 받을 때 영업용 운전자는 1.5점을 받는다. 벌점이 쌓이면 보험료가 할증되고 면허가 정지돼 생업을 잃을 수 있으니 알아서 잘 지킬 수밖에 없다는 것이다.

물류物流는 속도다. 그러나 안전한 수송輸送이 더 중요하다. 화물차의 나라 네덜란드 교통법에 따르면 길이 7m가 넘는 결합 차량이나 화물차는 편도 3차로 이상 고속도로에서 가장 오른쪽 2개 차로만 달릴 수 있다. 화물차는 기본적으로 짐칸에 하중이 몰려 무게 중심이 불안정한 만큼 보통 차량보다 저속 주행이 요구된다. 또한 화물차는 가·감속이 어렵기 때문에 대형사고 발생 확률이 높고, 높은 사고율은 곧 높은 상품 파손율로 이어진다. 이런 이유로 네덜란드에서는 화물차의 최고 속도를 시속 80km로 제한하고 있다. 화물차가 최고 시속 80km를 넘기면 최소 60유로(약 7만5000원)의 범칙금을 물고 20km씩 초과할 때마다 벌금이 120유로(약 15만원)씩 올라간다. 시속 130km를 넘기면 운전면허가 박탈된다. 네덜란드에서 화물차 면허가 박탈되면 재발급 받는데 1~2년이 걸리고 400~1200유로(약 50만~150만원)의 비용이 든다. 벌금은 차치하고 수년간 일을 못하게 된다는 건 운전자에게 생업을 잃는다는 것을 의미한다. 당장의 이익에 눈이 멀어 위험을 무릅쓰는 건 도박으로 생계를 꾸리는 것과 마찬가지로 '큰 위험에는

네덜란드 화물차 과속 범칙금

큰 제재가 따른다'는 원칙에 따라 강력한 단속과 제재를 통해 도로 안전을 지킨다.

일본은 운전습관은 '세 살 버릇이 여든까지 간다'는 전제하에 정부와 시민사회, 학교가 나서서 교통안전을 평생 교육하는 나라다. 일본 정부가 교통정책을 수립하면 일본 곳곳에 있는 초·중·고교와 자동차 교습소(운전면허학원)는 이를 학생과 시민에게 교육하는 역할을 맡고 있다. 그러다 보니 1차로는 추월할 때만 이용해야 한다는 것을 고등학교 때부터 배운다. 교육성과는 경찰이 철저한 단속을 통해 점검한다. 일본 경찰은 일반 승용차로 위장한 복면순찰차(일반 순찰차의 1/6수준)의 단속 실적이 일반순찰차와 맞먹는다고 한다. 다른 선진국들도 별반 다르지 않다. 신호나 속도위반 시

호주 50만 원, 미국 23만 원의 높은 범칙금이 부과된다.

스위스인과 미국인 그리고 또 다른 선진국 국민들은 높은 범칙금을 군말없이 받아들인다. 하나의 생명을 지키자는 공감대가 형성돼 있기 때문이다. 그 하나의 생명이 바로 나의 생명이자 내 자식의 생명, 가족과 이웃의 생명, 그리고 모두의 생명이기에 그걸 지키고 존중하고 살리기 위해 50만 원, 100만 원짜리 스티커를 기꺼이 받아들인다. 그들은 아무도 없는 주택가 골목에서 시속 60km로 달리는 차를 살인행위로 여기기 때문에 가능한 얘기다. 이처럼 안전에 있어서만큼은 예외나 융통성이 없다.

한국의 범칙금은 어떤가. 국민소득 1만1000달러이던 1995년에 만든 것이 3만 달러가 넘는 지금도 거의 같은 수준에 머무르고 있다. 소득 수준에 비해 턱없이 낮은 3만~13만 원의 범칙금은 법규를 어겨도 돈만 내면 그만이라는 생각을 하게 하는 요인이

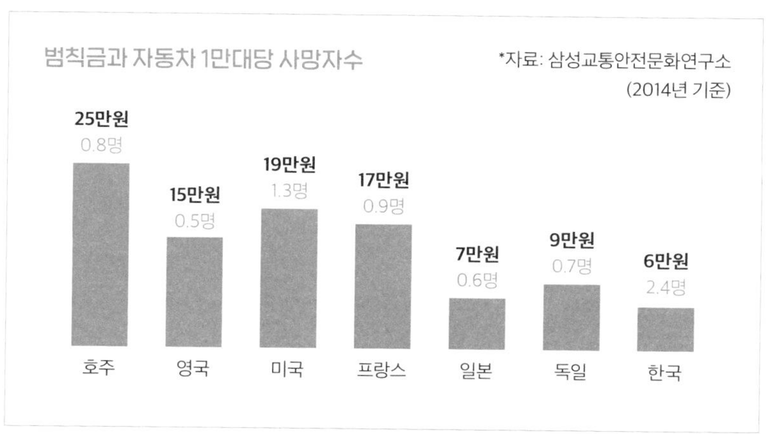

OECD 주요국 신호위반 범칙금

아닐까. 그래서 해외 선진국에서는 지나칠 정도의 범칙금 정책을 고수한다. 우리나라는 신호나 속도위반 시 6만 원으로 OECD와 최대 12배의 차이가 난다.

신호위반, 과속, 음주운전 등 교통법규를 위반하면 타인의 소중한 삶까지 앗아갈 수 있다. 법을 어기면 엄청난 대가를 치러야 한다는 인식이 자리 잡으면 교통법규를 잘 지킬 것이고 자연히 교통사고도 줄어들 것이다. 또한 정권이 바뀔 때면 교통사고 사범 사면을 하니 교통법규 위반자들이 도덕적 해이에 빠지고 안전불감증은 치유되지 않는다. 매번 특사가 반복되면 교통법규는 위반해도 되는 것 그리고 금방 사면받을 것이라는 인식이 퍼지지 않을지 염려된다.

어떤 경우라도 자동차가 보행자(사람)보다 먼저일 수는 없다. 수없이 많은 교통 정책도 사람이 중심이 돼야 한다. 국민의 생명, 가족의 생명, 그리고 나의 생명을 지키기 위해서는 작은 법규 하나, 나아가 기본을 지키는 생활이 습관화되어야 한다. 기본적인 교통법규 준수가 잘 안되는 것은 체계적인 안전교육이 이뤄지지 않는 데다 위반시 범칙금도 낮기 때문이다.

졸음운전과 음주운전의 치명적인 위험

운전자라면 운전하면서 졸리는 현상을 누구나 한 번쯤은 경험해 봤을 것이다. 잠을 충분히 잤더라도 졸음이 오는 경우가 가끔씩 있다. 특히 중장거리를 운전할 때는 꼭 한두 번은 졸음이 찾아온다. 고속도로 곳곳에 졸음을 경고하는 현수막, 그중에도 졸음운전과 관련된 내용이 가장 많다. 그만큼 졸음을 참으면서 운전하는 사람들이 많다는 얘기다.

졸음은 자발적인 게 아니라는 데서 낮잠과 구분된다. 졸음은 멜라토닌이라는 호르몬이 큰 작용을 한다. 인체의 하루 리듬을 조절하는 호르몬이다. 이 호르몬의 조절이 실패할 때 우울증이 걸리고 졸음이 쏟아진다. 졸음 현상에서 가장 위험한 것은 졸음운전이다. 고속도로에서 발생하는 사고의 70%가 졸음운전에 의한 사고다. 치사율도 일반 사고에 비해 2배 이상이 된다고 한다. 운전자가 3초만 졸아도 차량은 시속 100km 상태에서 80m를 달린다. 앞이 보이지 않으니 방향도 물론 제멋대로다. 만약 사고라도 난다면 보통 큰 사고로 이어질 것이 분명하다.

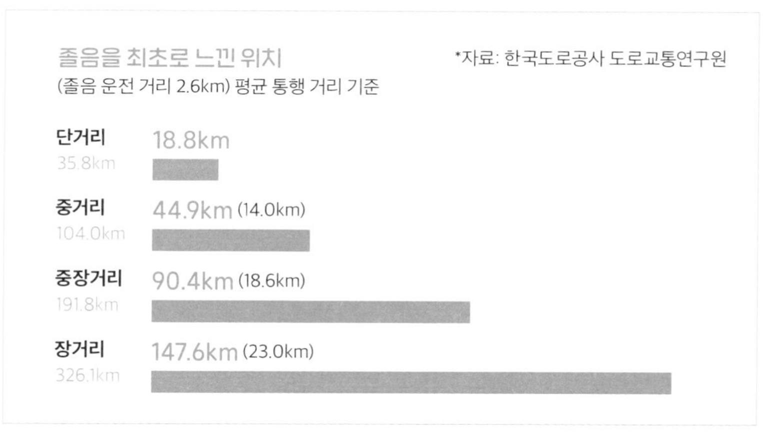

통행 거리별 졸음운전 거리 추정

우리나라 운전자들이 고속도로를 달릴 때 졸린 상태에서 운전하는 거리가 전체 구간의 10% 정도라는 연구결과가 있다. 고속도로에서 100km 정도 운전할 때 졸음운전을 하는 거리가 10km 정도 된다는 얘기다. 이 정도면 고속도로에서 차량을 운행하는 운전자 중 거의 모든 사람이 졸음운전에 노출되어 있다고 봐도 무방하다. '졸음 앞엔 장사 없다'는 말은 누구나 한 번쯤 공감하는 속담이다. 갖은 방법으로 졸음을 쫓아내려고 하지만 쉽지 않다. 잠깐은 참을 수도 있지만 정말 잠깐일 뿐이다. 운전 중에 졸릴 땐 무조건 잠시 쉬었다 가는 방법밖엔 답이 없다. 졸음 앞엔 장사 없다고 하지 않았나.

2018년 9월 부산에서 휴가를 나온 군인이었던 고故 윤창호씨가 음주 운전자의 차량에 치여 숨지는 사고가 발생했다. 이를 계기로 음주운전 처벌기준을 강화하는 윤창호법이 2019년 6월 25일부터 시행되었다. 음주운전으로 인명피해를 낸 운전자에 대한 처벌 수위를 높이고 음주운전 기준을 강화한 것이다. 음주운전 2회 이상 적발 시 징역 2~5년 또는 벌금 1천만 원~2천만 원이다. 강화된 것이 이렇다. 그것도 2회 이상일 경우에 한해서다. 한번은 괜찮다는 말인가. 음주운전의 면허정지 기준은 현행 혈중 알코올 농도 0.05% 이상에서 0.03% 이상으로 면허취소 기준은 0.10% 이상에서 0.08% 이상으로 강화됐다.

해외에선 음주운전에 대해 어떻게 대처할까. 미국 노스캐롤라이나주 법원에선 맥주와 진통제를 섞어 마신 상태에서 운전하다 중앙선을 침범해 마주 오던 승용차의 측면을 들이받아 두 명이 사망하고 네 명이 다친 사고를 일으킨 토머스 리처드 존스라는 운전자에게 1급 살인죄를 적용하여 보석조차 허용되지 않는 종신형 평결을 내렸다. 존스는 기계 사고로 한쪽 다리를 잃은 장애인이었다. 게다가 사고 당시 그의 혈중 알코올 농도는 법정 허용치에도 못 미치는 수준이었다.

우리는 술에 지나치게 관대한 문화를 갖고 있다. 적당한 음주는 의사소통을 원활하게 하고 서로의 친밀감을 높여준다는 순기능도 있다. 물론 다른 사람에게 피해를 주지 않을 때의 얘기다. 우리나라는 음주로 인한 사회·경제적 피해 비용이 연간 20조 원이 넘는 것으로 추정한다. 한국인 1인당 연간 알코올 소비량은 12.3L다. 세계 190개국 중 15위, 아시아에선 1위다. 이런 문화다 보니 음주로 인한 교통사고로 사망자가 발생해도 범죄라기보다는 과실로 판단하는 경우가 많다. 경찰청 자료에 의하면 2018년 기준 교통사고 사망자 100명 중 약 12명 이상이 음주운전으로 세상을 떠난다.

음주운전은 자신뿐만 아니라 다른 사람의 행복을 송두리째 빼앗는다. 음주운전에 관대한 문화도 이제는 바뀌어야 한다. 술을 한잔이라도 마셨으면 운전을 하지 않고, 하지 못하도록 하는 사회적 시스템이 구축돼야 한다. 일본에서는 음주운전 시 동승자까지 처벌한다. 이제는 음주운전을 단순 과실이 아니라 피해자와 피해자 가족의 건강과 행복을 앗아가는 악질적 중범죄로 처리해야 한다. 졸음운전이나 음주운전 모두 살인행위나 다를 바 없다. '운전 중 졸릴 땐 쉬고, 술을 마시면 운전대를 잡지 않는다'

는 안전운전의 기본 원칙을 꼭 지켜야 한다.

교통안전에 임하는 우리의 자세

안전운전을 위해 운전자가 가장 기본적으로 지켜야 할 것은 안전벨트 착용과 차량 안전거리 유지 그리고 운전 중 휴대전화 사용이나 DMB를 시청하지 않는 등의 〈안전운전 수칙〉을 준수하는 것이다. 교통사고 피해를 최소화하는데 가장 효과적인 수단은 바로 안전벨트 착용이다. 교통안전공단 자료에 의하면 뒷좌석 안전벨트를 착용하지 않을 경우 사망률이 착용 시보다 4.2배 높다고 한다. 특히 뒷좌석 탑승자가 안전띠를 매지 않은 상태에서 교통사고가 발생하면 앞 좌석 동승자에게 충격을 줘 사망하게 할 확률이 7배나 커진다.

순간적으로 발생하는 교통사고 상황에서 안전띠는 탑승자 생명을 좌우한다. 주행 중 사고가 발생하면 차체가 찌그러지면서 충격 에너지를 흡수하고 차량은 0.1초 만에 제자리에 멈춘다. 그러나 탑승자는 관성 때문에 차량 밖으로 튕겨 나갈 가능성이 크다. 체중 60kg 기준으로 팔과 다리로 버틸 수 있는 힘은 120~200kg 정도인 반면 시속 60km 기준 교통사고 시 충격은 1008~1440kg으로 훨씬 높아진다.

안전띠가 없다면 차량을 이탈해 땅바닥이나 각종 구조물에 부딪혀 1톤 넘는 충격을 온몸으로 받게 된다. 교통안전공단이 실제로 최근 5년간 안전벨트 착용 여부에 따라 교통사고 사망률을 비교한 결과 안전벨트를 착용하지 않았을 경우 사망률이 착용했을 때보다 3배 높게 나타났다. 이렇듯 전 좌석 안전띠 착용을 통해 안전을 지키고 반드시 6세 미만 유아들은 카 시트에 앉혀야 한다. 안전띠를 올바로 매는 것도 사고 피해를 최소화하는 방법이다. 어깨띠는 어깨, 중앙 허리띠는 골반에 각각 착용해야 한다.

답답한 안전벨트인가, 안심하고 운전할 수 있도록 도와주는 벨트인가는 결국 생각의 차이이고 이는 행동에서 큰 변화를 만들어 낸다. 안전벨트 착용 전후가 이렇게 차이가 나는데도 안전벨트를 도외시하는 건 하나뿐인 소중한 목숨을 경시하는 것과 다름없고 자신과 가족에 대한 무책임한 행동이다. 교통사고는 예고없이 찾아온다. 안전벨트는 생명벨트라는 생각을 갖고 반드시 착용하고 제대로 착용해야 한다.

차량 안전거리도 꼭 지켜야 할 안전의 골든 룰이다. 급박한 상황에 대비할 수 있는 안전한 차간거리를 분석한 자료가 있다. 모든 도로에는 안전을 고려한 속도 한계가 정해져 있는데 고속도로는 대부분 최고 시속 100km다. 안전거리는 주행속도의 제곱을 100으로 나눠 계산한다. 시속 100km로 달릴 때는 100m, 시속 60km에서는 36m 이상을 확보해야 한다. 눈이나 비가 내린다면 속도는 더 줄이고 차간 거리는 더 벌려야만 추돌없이 차량을 멈춰 세울 수 있다.

특히 버스나 화물차는 승용차보다 30% 이상 차간거리를 더 늘려야 한다. 하지만 덩치가 크고 중량이 무거운 차량이 안전거리를 무시하는 경향이 오히려 더 짙어 위험성을 키운다. 흔히 큰 차들은 '알아서 피해 가겠지'라는 생각을 많이 하는 것 같다. 트럭 운전자가 승용차에, 승용차 운전자가 이륜차에, 이륜차 운전자가 행인에게 흔히 하는 생각이 아닐까. 무서운 말이다. 도로에서든 바다에서든 교통의 기초 윤리는 강자의 약자 배려다. 돌발 상황이 생겼을 때 앞차와의 거리가 짧으면 짧은 만큼 위험하며 피해도 커진다는 사실은 누구나 잘 알고 있다. 그러나 그 거리에 비례해 수명도 짧아진다는 사실은 잊고 있는 것 같아 안타깝다. 운전자는 모두가 차간거리를 벌리면 벌릴수록 행복한 삶을 누릴 수 있는 생애 또한 더욱 길어진다는 점을 꼭 명심하고 차량 간 안전거리를 준수해야 한다.

운전 중 휴대전화 사용이나 DMB 시청은 시각을 분산시켜 사고위험을 높이므로 음주운전보다 더 위험하다. 따라서 운전대를 잡는 순간 휴대전화나 DMB 시청은 무조건 삼가해야 한다. 교통안전공단이 실제 차량을 갖고 실시한 고속충돌 실험을 통해서도 입증됐다. 당시 충돌 테스트 결과 휴대전화를 사용하거나 DMB를 시청할 경우 약 2초간 전방을 주시하지 못해 시속 100km 주행 시 55m를 눈감고 주행하는 것과 같다는 결과가 나왔다. 미국 도로교통안전국NHTSA실험에서도 DMB 시청은 혈중알코올농도 허용치 0.05%보다 높은 0.08% 수준과 같아 교통사고로 인한 중상 가능성이 4배 이상 높은 것으로 확인됐다.

한 손엔 핸들을 잡고 또 다른 손으론 문자를 하는 스몸비족族도 도로 위 흉기가 되고 있다. 현대해상 교통기후환경연구소가 시선視線 변화를 측정하는 특수 장비로 운전 중 전방 주시율(앞을 보는 비율)을 조사했더니 통화할 때 전방 주시율은 57%로 나타났다. 운전하면서 통화하면 앞을 보는 비율이 절반 밖에 안된다는 뜻이다. 정상 주행 시 전방 주시율은 90% 이상이다. 문자 메시지를 보낼 때 전방 주시율은 23.9%, 네비게이션을 조작할 때는 16.5%로 더 낮아졌다. 운전 중 스마트폰을 쓰는 운전자들의 반응속도는 혈중알코올농도 0.08%(소주 반병 이상)인 음주 운전자와 비슷하다고 했다.

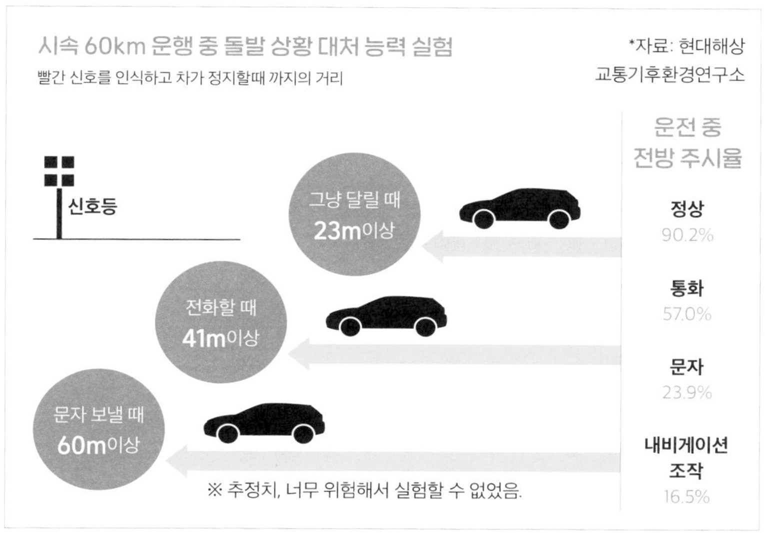

운전 중 전방 주시율(운전 중 앞을 보는 시간)

전문가들에 의하면 스마트폰에서 문자나 SNS를 켜고 흘끗 보기만 해도 3~4초는 족히 흐른다. 시속 30km 정도로 천천히 운전한다 해도 3~4초면 30~40m는 눈감고 달리는 셈이라고 한다. 교통안전공단이 실험한 결과 시속 50km로 운전하며 스마트폰으로 문자를 보낸 사람 중 66.7%가 길가에 세워진 표지판을 보지 못했다. 실험에 참여한 운전자의 반응속도가 면허 정지 수준인 혈중알코올농도 0.08%상태의 음주 운전자와 유사했다. 운전 중 문자를 보내면 교통사고로 중상을 입을 가능성이 일반 운전에 비해 4배 이상 높아진다고 한다.

운전 중 네비게이션 조작도 조사자의 77.6%나 됐고, 조작을 해본 운전자 가운데 32.5%는 실제 사고를 냈거나 신호위반을 하는 등 위험한 상황을 겪어본 경험이 있다고 응답했다. 운전 중 조작을 차단하는 기능을 가진 네비게이션은 전체 네비게이션 중 12%에 불과하다. 누구나 알고 있지만 잘 지키지 않는 교통법규나 안전운행 등 기본질서 준수가 개인과 가정의 안전을 지키고 공동체 사회의 질서를 만들고 결국은 우리 경제 발전에도 기여한다. 사회 안전과 질서유지는 엄청난 돈을 들여 인력과 장비를 더 배치하는 것만으로는 해결될 수 없다. 무엇보다 시민 개개인의 질서·안전에 대한 준법의식이 절실히 요구된다.

레포츠Leisure & Sports 활동의 첫 번째 준비물 '안전'

우리의 여가문화, 안전의 사각지대이다

위험요소는 가정이나 학교 및 직장에서뿐만 아니라 여가활동 과정에서도 다양한 형태로 존재한다. 이를 잘 파악하고 사전에 철저히 대처하지 않으면 행복한 순간이 돌연 불행의 시작이 되기도 한다. 최근 국민소득이 3만 불을 넘어서고 주 52시간 근로제도가 정착되면서 국민들의 워라밸work & life balance이 확산되고 있다. 무엇보다 행복한 삶을 추구하는 현대인들의 생활양식 변화로 인해 여가문화가 급속도로 확대되며 다양해지고 있다.

등산은 1800만 명 이상이 즐기는 국민 레포츠다. 북한산 국립공원 사무소에 따르면 특히 올해는 지난 1월부터 3월까지 북한산을 찾은 등산객이 지난해 같은 기간보다 무려 46%가 늘었다고 한다. 코로나19로 사회적 거리두기를 시행하고 있고 코로나블루(우울증·스트레스)로 인해 근교 산을 찾는 사람들이 폭발적으로 늘어난 것이다.

등산 인구가 늘어나면서 사고도 증가하고 있다. 서울시 소방재난본부에 따르면 등산 사고로 인한 구조출동 건수가 최근 3년간 매년 증가한 것으로 조사됐다. 북한산에서만 사고로 목숨을 잃는 사람이 매달 한 명 이상이다. 행정안전부에 따르면 지난 2년(2017~2018년)간 1만3864건의 등산사고가 발생했고, 이로 인해 사망 216명, 실종 228명, 부상 9952명인 것으로 조사됐다. 이 중에서 가장 많이 발생하는 것은 실족에 의한 추락으로 33%(4593건)이었다. 정해진 등산로가 아닌 샛길 등산과 음주 산행에 의한 것이었다.

소방청 자료에 의하면 매년 산악 구조가 1만 건 가까이 발생하는 것으로 나타났다. 2017~2019년까지 3년간 산악 사고로 인한 119구조대 출동건수는 총 3만6668건이고 이 가운데 실제 구조활동이 이뤄진 건수는 2만8762건이다. 매년 평균 9587건, 하루 26건 정도씩 구조활동이 이루어지고 있는 것이다. 계절별로는 단풍철인 가을(9~11월)이 가장 많았고 봄(3~5월)이 그다음으로 많았다.

캠핑이 많은 사람들에게 친숙한 여가활동으로 자리잡으면서 산과 계곡, 강과 바다 등 관광지에서 캠핑을 하는 사람들도 늘어나고 있다. 우리나라 캠핑 인구는 150만 명이 넘는 것으로 추산되고 있다. 그러나 안전관리나 준법의식은 이를 따르지 못하고 있

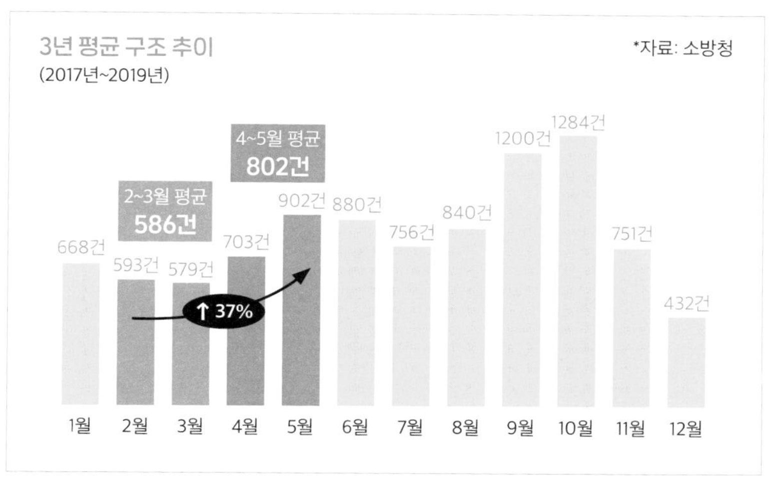

산악사고 월별 119구조 현황

다. 최근 5년간(2015~2019년) 한국소비자원 소비자위해감시시스템CISS에 접수된 캠핑장 안전사고는 총 195건이었다. 특히 지난해에만 51건이 접수되어 전년(34건) 대비 1.5배 증가한 것으로 나타났다. 사고 원인별로는 미끄러짐, 넘어짐, 부딪힘 등 물리적 충격으로 발생한 사고가 47.7%(93건)으로 가장 많았고 화재폭발 등 가스 관련 사고가 26.5%(50건)로 뒤를 이었다.

여름철(6~8월) 즐겁고 신나야 할 물놀이 휴가가 순간의 방심과 부주의로 불행해지는 경우가 있다. 최근 5년간 물놀이 안전사고로 196명이 사망하거나 실종됐다. 행정안전부가 2014년부터 2018년까지 5년간 물놀이 사망사고를 분석한 결과 전체 사망자(165명)의 약 21.8%인 36명은 수영미숙 등 안전 부주의로, 17%인 28명은 음주 후 수영을 하다 목숨을 잃었다. 사고의 절반 가량이 안전부주의가 원인이었다. 사고의 대부분이 물놀이 안전 수칙만 잘 지키면 예방할 수 있는 것이기에 더욱 안타깝다.

사망자의 80% 정도는 휴가와 방학이 시작되는 7월 말부터 8월 중순에 발생한다. 소방청이 2017~2018년 2년 동안 물놀이 사고와 관련된 119 구급활동 내용을 분석한 결과 전체 940명의 이송환자가 있었는데 이 중 162명(평균 81명)이 8월에 집중됐다. 그다음으로는 7월 126명(평균 63명), 6월 92명(평균 46명)이었다. 이송환자들의 연령대를 보면 50대가 166명(17.7%)으로 가장 많았고, 20대 134명(14.3%), 40대 131명(13.9%), 60대 129명(13.7%) 순이다. 물놀이로 인한 인명피해를 예방하기 위해서는 정부나 지자체의 노력만으론 부족하다. 무엇보다 중요한 것은 당사자의 안전 의식이고 자신의 생명은 스스로 지킨다는 마음가짐이다.

보통 물놀이 장소는 낯선 곳이 대부분이기 때문에 먼저 위험 및 취약 지역인지를 살펴보고 물놀이 금지 표지판이 있는 곳에서는 절대 물놀이를 하지 말아야 한다. 또한 안전요원의 지시와 경고방송에 절대적으로 따라야 한다. 특히 어린아이들이 물놀이할 때는 어른이 한시도 눈을 떼지 말아야 한다. 아이나 어른 모두 가슴 높이 이상의 깊은 곳에서는 반드시 구명조끼를 착용하도록 해야 한다. 계곡이나 바다에서 오랜 시간 물놀이를 하다 보면 저체온증이 발생하기도 하므로 각별한 주의가 필요하다. 이외에도 사전 준비운동이나 수영능력 과신 금지 등 물놀이 안전수칙을 꼭 지켜야 한다. 세심한 물놀이 안전수칙 준수가 소중한 생명을 보호하는 지름길임을 명심해 즐겁고 추억이 가득한 휴가를 안전하게 보낼 수 있도록 노력해야 한다.

스크린 골프의 인기와 대중제 골프장의 확대로 골프를 즐기는 사람들도 꾸준히 늘고 있다. 반면 골프장에서도 안전사고는 예외 없이 발생하고 있다. 특히 카트 사고와 타구 사고가 빈번하게 발생한다. 카트를 타고 이동 중에 경사로나 커브를 돌 때 카트 손잡이를 잡지 않아 추락하거나 카트가 정차하기 전에 내리다 큰 상처를 입기도 한다. 최근에는 캐디없이 셀프로 운영되는 노캐디 골프장에서 익숙하지 않은 카트를 운전하다 운전미숙에 의한 사고도 늘고 있다. 타구 사고는 동반자가 샷을 진행 중인데 급히 앞서 이동하면서 발생한다. 이외에도 일행이 보이지 않는 연못에서 빠진 공을 무리하게 건지려고 하다가 익사하는 사례도 종종 발생한다. 출입이 금지된 해저드에서 공을 찾다 뱀에 물리기도 한다.

등산이든 물놀이든 아웃도어 활동을 계획할 때는 가장 먼저 꼭 빼먹지 말아야 할 것이 바로 안전이다. 레저 활동에는 종류별로 정해진 안전수칙이 있다. 여가활동을 할 때는 가장 먼저 기본적인 안전수칙을 파악하고 이것을 반드시 실천해야 안전사고를 예방할 수 있다. 집을 나서는 순간부터 다시 귀가하는 순간까지 모든 과정에서 안전 대책을 고려해야 한다. 안전하게 집에 돌아와야 아웃도어 활동을 제대로 즐긴 것이다. 산행도 마찬가지지만 특히 어린이를 데리고 떠나는 캠핑 등의 여행에서는 더욱 안전에 주의를 기울여야 한다. 안전의 중요성은 아무리 강조해도 지나친 게 아니다.

개인형 이동 수단Personal Mobility, 안전 위에서 달려야 한다

새로운 기술의 등장에 따른 신종 위험이 발현되는 것처럼 전동 킥보드, 전동 휠, 전기 자전거 등 새로운 이동수단인 개인형 이동수단(퍼스널 모빌리티)의 이용자가 급속히 증가하고 있다. 그러나 이런 기술과 제품의 등장에 따른 안전한 이용 기준과 사회 환경이 제대로 조성돼 있지 않아 이런 기기들을 마음 놓고 이용할 수 있게끔 하는 안전망 마련을 위한 문제해결 노력이 필요하다. 제도와 환경의 공백 사이로 위험이 날로 증가하고 있다. 개인형 이동수단을 이용하는 목적은 가까운 거리 이동이나 레저와 운동 및 출퇴근까지 다양하다.

한국교통연구원은 이용이 가장 많은 전동 킥보드 등 개인형

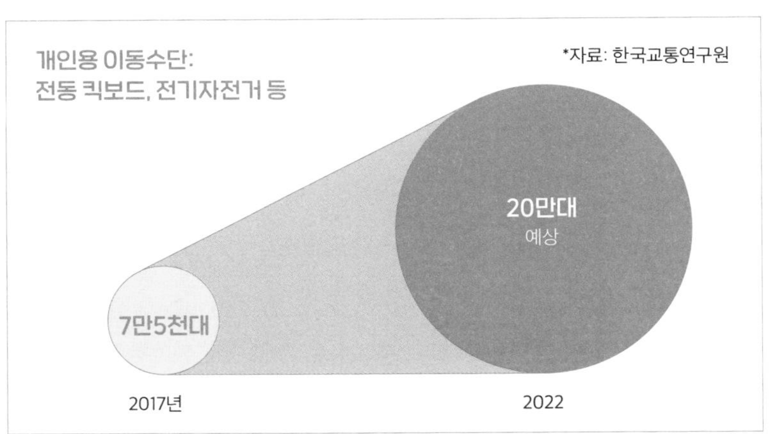

개인형 이동수단 시장규모

이동 수단 규모가 2022년까지 20만대 수준으로 늘 것으로 전망하고 있다. 불과 3년 전인 2017년 만해도 시장규모는 7만5천대 수준이었다. 전동 킥보드는 버스나 택시 등 교통수단이 아닌 도보를 대체하고 있다. 새로운 이동수단의 등장으로 거리 모습도 변하고 있다. 최대 시속 25km까지 낼 수 있는 기기들이 도로를 달리면서 '킥라니'라는 신조어도 등장했다.

킥라니는 킥보드와 고라니의 합성어다. 모퉁이를 돌거나 교차로를 지날 때 예상치 못하게 킥보드가 등장해 보행자와 자동차 운전자를 놀라게 한다는 뜻이다. 전동 킥보드 이용자가 늘면서 관련 안전사고도 해마다 2배 이상 늘고 있다. 경찰청 자료에 의하면 2017년 117건에서 2018년 225건으로 그리고 지난해는 300여 건으로 2년 사이에 두 배 이상 늘었다. 삼성화재에 접수된 전동 킥보드 관련 사고도 2016년 49건에서 지난해 890건으로 늘어났다. 지난해 4월에는 전국 최초로 부산에서 공유형 전동 킥보드를 타던 30대가 차량에 부딪혀 사망하는 사고도 있었다.

개인형 이동 수단에 의한 교통사고가 증가하는 배경 중 하나로 규제공백도 꼽힌다. 지난 4월 도로교통법 개정으로 그동안 오토바이용 안전모를 쓰고 차도로만 다닐 수 있었던 전동 킥보드가 오는 12월 10일부터는 자전거용 안전모를 쓰고 자전거 도로를 이용하게 된다. 만 13세 이상이면 면허가 없어도 된다. 전동 킥보드를 원동기장치 자전거로 분류해 운영하다 문제가 생기니 개인형 이동장치로 분류한 것이다. 게다가 최근 코로나 19로 대중교통 대신 공유 전동 킥보드를 이용하는 사람들이 급증하고 있다. 최근 모바일 빅데이터 플랫폼 아이지에이웍스에 따르면 전동 킥보드 앱 이용자는 지난해 4월 3만 7000여 명에서 올 4월 21만 4000여 명으로 1년 만에 6배가 증가했다. 반면 법 개정으로 규정이 완화되면서 안전사고 증가가 심히 우려된다.

현재 자유업으로 분류되는 전동 킥보드 대여 업체의 무차별 시장 진입, 보험 가입문제, 인도와 도로에 방치되는 문제, 안전모 미착용과 음주 이용 등 안전수칙 미 준수 이용자에 대한 단속, 사용자의 안전의식 등 해결해야 할 문제가 한두 가지가 아니다. 현재 국토교통부와 경찰청 등 관련 부처에서 가칭 '개인형 이동수단 이용 활성화에 관한 법률'을 제정하기 위한 협의를 진행 중에 있다. 실효성 있는 사업운영 및 안전 이용에 대한 법이 신속히 제정되어야 하고 이용자가 철저히 준수하면서 이용할 수 있도록 해야 한다. 하루빨리 정부, 지자체, 시민 및 이해관계자들이 머리를 맞대고 시민의 안전을 확보하면서 편리하게 이용할 수 있는 해결책을 찾아야 한다.

영화 터미네이터의 주연배우 아놀드 슈워제네거(미국)는 몇 년 전 호주 멜버른 시내에서 헬멧을 안 쓰고 자전거를 타고 가다가 경찰에 걸렸다. 호주는 자전거를 탈 때 안전용 헬멧을 쓰지 않으면 146호주달러(약 12만 원)의 벌금을 내야 한다. 그는 근처 편의점에서 헬멧을 사서 착용했다. 뉴질랜드도 헬멧을 쓰지 않고 자전거를 타면 벌금을 내야 한다. 반면, 한국은 13세 이하만 자전거 헬멧 착용규정이 있으나 권고 규정이다. 요즘 코로나19 사태로 휴일엔 대부분 집에서 보낸다. 마땅히 운동을 할 곳이 없어 집 근처 탄천변을 걷기도 하고 자전거를 타기도 하는데 자전거를 타는 사람들을 보면 안전모를 착용하는 사람은 50%도 안 된다.

자전거는 누구나 간편하게 이용할 수 있는 이동수단이지만 별도의 안전장치가 없어 운전자가 그대로 위험에 노출되기 때문에 사고가 발생하면 부상의 위험이 크다. 행정안전부에 따르면 최근 3년(2016~2018년)간 발생한 자전거 사고는 4만2687건이다. 이 사고로 740명이 숨지고 4만2227명이 다쳤다. 사고 유형은 자전거 운전자가 다른 사람을 다치게 하는 가해 운전에 의한 인명피해는 1만7595명(39%)으로 집계됐다. 나머지 2만7372명(61%)은 피해 운전으로 분류됐다. 자전거 사고의 원인으로는 휴대전화 사용이나 음주운전 등 안전의무 불이행이 63.5%로 가장 많았다. 그 외 중앙선 침범(7.8%), 신호위반(7.7%), 안전거리 미확보(3.6%), 교차로 통행위반(3.6%) 등의 순이었다.

한국의 자전거 사고 치사율은 자동차보다 높다. 2018년 한 해 국내에서는 자전거가 피해 차종인 교통사고가 7618건 발생했다. 이 사고로 121명이 숨지고 7773명이 다쳤다. 사고 100건당 사망자 수는 1.6명으로 승용차의 0.5명에 비해 3배 이상 많았다. 이 통계만 놓고 보면 한국에서는 자전거가 자동차보다 더 위험한 교통수단인 것이다. 한국은 자전거 안전운행의 시스템을 갖춘 선진국의 성공사례를 배울 필요가 있다.

자전거와 개인형 이동장치는 안전모 외에 별다른 안전장치가 없어 사고가 나면 운전자의 피해가 클 수밖에 없다. 자전거를 이동수단으로 삼는 시민들이 늘어나게 하려면 이들이 안전하게 다닐 수 있는 환경부터 마련해야 한다. 즉, 많은 시민들이 이동수단으로 보행이나 자전거를 우선적으로 선택하도록 하려면 보행과 자전거 운전이 안전하다는 인식을 먼저 갖게 하는 것이 중요하다. 또한 시민들은 "나는 괜찮겠지"하며 안전의 무임승차자가 되려는 생각부터 바꿔야 한다. 시민 스스로 내 아이의 안전과 나의 안전은 내가 지킨다는 확고한 안전의식을 가져야 한다.

놀이공원의 안전은 당연적 품질

어린이들이 가장 가고 싶어 하는 곳은 바로 놀이공원이다. 우리나라에는 안전성 검사를 받아야 하는 놀이기구를 1개 이상 설치해 운영하는 놀이공원은 총 357개가 있다. 놀이공원을 찾는 입장객도 2018년 기준 1억 명이나 될 정도로 매년 증가하고 있다. 그런데 놀이공원에서도 각종 안전사고가 끊임없이 발생하여 부상을 입거나 심한 경우 목숨까지 잃는다. 꿈과 환상을 찾아 떠난 여행길이 악몽이 되는 것이다. 우리나라는 놀이공원에서 발생하는 공식적인 안전사고에 관한 통계가 거의 없다. 중대재해가 발생해서 어쩔 수 없이 공개되거나 고객들의 제보로 언론에 보도되는 정도다. 나는 '놀이공원에서 발생하는 안전사고와 놀이기구 고장 분석을 통한 안전관리 향상방안'을 연구하여 박사학위 논문을 썼다.

정부와 지자체, 한국소비자원, 관련 협회 및 보험회사 등에서 보유하고 있는 사고관련 자료를 수집해 분석했다. 그 결과 놀이공원에서는 매년 1~2명 정도 사망자가 발행하고 있고 해마다 최소 300명 이상이 상해를 입는 것으로 나타났다. 제3자 영업배상책임보험으로 처리된 사고를 분석한 결과 77.5%가 규모가 작고 영세한 중소 규모의 놀이공원에서 발생했다. 지역별로는 인천에서 가장 많은 25.4%가 발생했는데 이는 놀이공원수가 전국 분포율의 4.76%에 불과한 것과 비교하면 놀이공원 수 대비 안전사고 발생이 현저히 높은 것을 알 수 있다. 인천지역에서 사고가 많이 발생하는 이유는 놀이기구 중에서 사고 발생율이 가장 높은 타가다디스코(디스코팡팡) 등의 오래된 시설들이 이 지역에 많이 분포한 데 따른 것이다.

몇 년 전 어느 신문에 보도된 내용을 그대로 옮겨 본다. '특히 가장 인기있는 놀이기구 디스코팡팡은 제대로 된 안전장치도 없이 운행됐다. 빠르게 돌면서 탑승객을 튕겨내는 이 기구에서 사람들은 손잡이만 꽉 잡은 채 자리에서 떨어지지 않기 위해 안간힘을 썼다. 기기를 작동시키는 DJ는 기계를 격렬하게 움직여 탑승객을 위험에 빠지게 할수록 구경꾼의 호응을 이끌어 냈다. 흔들리는 힘을 이기지 못한 탑승객은 기구 중앙으로 굴러 떨어졌다. 한 손님은 이 과정에서 손바닥이 까지고 무릎에 멍이 들었다. 안전하게 스릴을 즐기기 위해 기구를 탔는데 타는 동안 너무 무서웠고 불안했다며 다시는 타고 싶지 않다고 말했다. 영세한 놀이공원이 난립하면서 시설점검과 직원교육이 적절히 이뤄지지 못하고 있다는 지적이 제기되고 있다'

타가다 디스코(디스코 팡팡)

이 놀이기구를 이용하다 크게 다치거나 목숨을 잃은 사람도 많이 있다. 놀이기구별 사고발생 현황을 보면 이 놀이기구의 위험성이 더욱 분명해진다. 놀이기구 종류 중 디스코팡팡을 이용하다 다치는 비율이 전체의 56.1%나 된다. 대부분이 충돌과 추락에 의한 사고다. 이런 위험성 때문에 아무런 안전장치없이 고속으로 회전하는 이 놀이기구를 미국과 일본은 도입을 허가하지 않았다. 새로운 놀이기구가 도입될 때는 허가 전 검사 기준을 엄격하게 적용하여 근본적으로 안전성을 확보해야 하며 사고 발생의 위험성이 있는 놀이기구나 시설에 대해서는 사전에 도입을 철저히 차단해야 한다.

안전사고가 발생하는 연령대는 만 13세 미만의 어린이가 49.8%(초등생 16.9%, 초등생 이하의 유아 32.9%)로 가장 많았다. 즉, 놀이공원 사고의 절반 정도가 유아 및 어린이에게서 발생하고 있다. 청소년은 13.4%, 20세 이상의 성인도 36.9%나 발생했다. 사고로 인한 치료기간은 1주일 이상 4주 이하가 가장 많은 35.2%였고, 중상重傷에 해당하는 1개월 이상의 사고도 20%나 되었다.

놀이공원에서 발생하는 대부분의 사고(68.7%)는 놀이기구 이용 중 또는 이용 전과 후에 승하차를 하는 과정에서 발생하고 있다. 분수대나 계단 등의 이동 동선과 같은 일반 시설물에서도 21.7%가 발생하고 있다. 안전사고가 주로 발생하는 시기는 소풍과 수학여행철인 5월(14.6%)이 가장 많았고, 9월(10.1%), 6월과 10월(각 9.9%)순이었다. 요일별로는 토요일(28.4%)이 가장 많았고 일요일(22.2%), 금요일(12.3%) 순이었다. 안전사고로 인해 가장 많이 다치는 신체 부위는 놀이기구를 이용할 때 랩바lap bar나 숄더바shoulder bar 등 고정형 안전장치가 신체균형을 잡아 주는 과정에서 다치는 얼굴(26.3%)이었고, 허리(17.5%), 다리(17.3%) 순이었다. 상해 종류는 골절(47.1%)이 가장 많았고 그 외 타박상(36.3%), 열상(8.2%) 등이었다.

안전관리 이론에서 안전사고의 발생원인을 분류할 때 하인리히H.W Heinrich의 도미노 이론에 의하면 불안전한 행동에 의한 사고가 90%, 불안전한 상태에 의한 사고는 10% 정도라고 한다. 그러나 놀이공원에서의 안전사고 발생원인은 다른 양상을 보이고 있다. 불안전한 행동에 의한 사고가 59%(놀이기구 등의 운영 미숙 및 운영 부주의 31.2%, 고객 이용 부주의 27.9%)였고 불안전한 상태에 의한 사고는 38.7%였다.

따라서 놀이공원을 운영하는 운영사는 놀이기구 및 시설 등의 안전조치를 보다 완벽하게 해야 한다. 운영 인력들에 대해서는 체계적인 교육을 통해 안전장치 확인 등 운영과정에서 발생할 수 있는 위험요인을 철저히 관리해야 한다. 또한 놀이공원을 이용하는 고객들은 놀이공원에서 안내하는 대로 안전기준을 철저히 따라야 한다. 예를 들면 롤러코스터 탑승 전엔 소지품을 보관함에 넣어 두고 이용해야 하는데 이를 따르지 않아 소지품이 날아와 자신이나 다른 손님들에게 큰 상해를 입히는 경우도 있다. 안전은 모두가 함께 할 때 완성된다.

공연을 감상하는 시간이 악몽의 순간이 될 수도 있다

2014년 4월 17일 성남 판교에서 경기과학기술진흥원이 주최하고 이데일리 TV가 주관한 '제1회 판교 테크노밸리 축제' 현장(유스페이스 광장)에서 유명 가수들의 축하공연 도중 유스페이스 주차장과 연결된 환풍구 덮개가 무너지면서 그 위에서 공연을 보던 관람객 27명이 약 20m 아래로 추락해 16명이 사망하고 11명이 부상을 입었다. 사고 원인은 공연을 잘 보기 위해 환풍구 위로 한꺼번에 사람이 몰리면서 덮개가 무게를 견디지 못해 붕괴된 것이었다. 사고조사 결과 시공면허가 없는 자재 납품업체가 설치를 맡았고 불량 자재를 사용한 부실시공 문제까지 드러났다. 사고 다음날 이 행사를 진행하면서 안전대책을 계획한 경기과학기술진흥원 담당과장이 사고에 대한 죄책감으로 "희생자들에게 죄

송하고, 가족들에게 미안하다"는 취지의 짧은 글을 남기고 숨진 채 발견되기도 했다.

사고의 원인을 살펴보면 우선 불량 자재를 사용한 구조물에 대한 부실시공이란 선행 원인이 있었다. 건축물의 설계, 시공, 감리를 제대로 하지 않았다. 행사 자체로 돌아와 보면 축제행사 안전관리의 문제점도 많았다. 행사를 계획할 때는 행사 현장의 구조 및 시설물 등의 안전성을 확인한 후 수용 인원을 확정하고 안전 통제선을 설치하는 등 안전관리 대책을 수립해야 한다. 필요한 안전요원의 확보와 역할도 사전에 철저히 준비해야 한다. 이런 것들이 전혀 검토되지 않았다. 환풍구 위에 많은 사람들이 올라가면 어떤 위험이 있는지 그 어느 누구도 생각하지 않았을 것이고 관람객들도 설마 하는 생각에 공연에만 집중했을 것이다. 그렇게 무심한 안전 불감증은 대형 참사를 몰고 왔다.

이 사고 후 2015년 공연법이 개정되면서 공연시설 운영자가 공연장 등록, 안전검사, 재해방지계획 등 재해예방 조치를 의무적으로 하도록 하였다. 또한 공연장 외의 시설이나 장소에서 1천명 이상의 관람이 예상되는 공연을 할 때에는 재해대처계획을 관할 지방자치단체에 신고하도록 하고 있다. 행사를 준비하는 사람은 행사장의 안전성 평가를 포함한 안전관리를 철저히 준비해서 사고가 발생하지 않도록 해야 하고 신고를 받은 관할 기관은 형식적으로 서류 확인만 하지말고 현장 확인을 철저히 해야 한다. 공무원들이 한정된 인력으로 모든 현장을 확인할 수 있을까. 할 수 있다고 해도 그런 역량은 갖추고나 있을까. 또한 신고 대상도 아닌 관람 예상 인원 1천 명 이하 행사는 어떻게 할 것인가. 결국 공연을 기획하고 주관하는 사람들이 '공연을 하는 것보다 안전하게 하는 것이 더 중요하다'는 인식의 전환이 우선되어야 해결할 수 있는 문제다.

안전행정부 통계에 따르면 해마다 전국에서 736건(5년 평균)건의 축제가 개최되고 있다. 지난해는 총 884건의 축제가 열렸다. 10월에 가장 많은 220개(25%)가 개최되며, 참여 인원이 10만명 이상인 축제는 90개, 100만 명 이상인 축제도 12개나 된다. 이러한 축제에는 당연히 대규모 공연은 물론이고 다양한 이벤트뿐만 아니라 불법 놀이기구 등의 설치 운영도 무분별하게 이뤄져 국민 안전을 위협하고 있다. 축제나 공연은 많은 사람들이 모이는 혼잡한 장소이고 사소한 부주의가 예기치 못한 압사壓死 등 대형 참

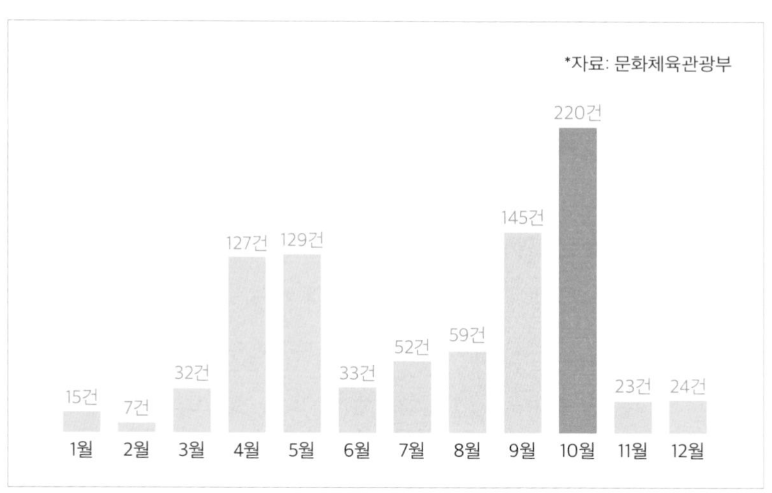

2019년 월별 축제 현황

사로 이어질 수 있는 만큼 안전관리 대책을 철저히 수립해서 시행해야 한다.

공연이나 축제는 불특정 다수의 사람들이 혼잡한 상태로 관람하고 이용하는 특성을 감안하여 안전관리 대책을 수립해야 한다. 대규모 공연이나 축제 행사를 개최할 때는 우선 지자체와 소방서, 전기안전공사 등 관할 유관기관과 합동으로 안전문제와 대책을 협의할 수 있는 실질적인 사전 안전협의체를 운영해야 한다. 안전확보와 유지에 필요한 효율적인 안전예산 편성도 필요하다. 안전에 필요한 예산없이 안전확보는 불가능하다.

체계적인 질서유지 및 안내계획도 수립돼야 한다. 단순히 인력만 넣는다고 되는 것이 아니라 질서유지와 안내가 필요한 지점과 장소에 충분히 교육받은 안전요원을 배치해야 한다. 비상 상황에 대비한 대책도 사전에 수립해야 한다. 관람객에게 필요한 안전 준수사항이나 사고 발생시 대처요령 등도 충분히 안내해야 한다. 무엇보다 중요한 것은 시민들의 질서의식과 나만이 아닌 성숙한 공동체 안전의식이다. 이런 사항들이 잘 갖춰지고 시행될 때 안전한 공연과 축제문화가 조성될 수 있다.

2015년 11월 프랑스 파리 시내의 축구 경기장과 극장 등에 동시 다발적인 자살 폭탄테러가 발생해 130여 명이 사망하고 300명 이상이 부상을 입었다. 이에 앞서 2005년에도 프랑스 해안도시 니스에서 축제를 즐기던 민간인들을 상대로 테러가 발생해 80명이 숨지고 50명이 크게 다쳤다. 영국에서도 2017년 맨체스터 아레나 공연장에서 폭탄테러가 발생해 22명이 숨지고 59명이 다쳤다. 테러리스트들은 불특정 다수의 민간인이 모이는 축제 현장이나 공연장에서 무차별적으로 공격했다. 우리나라에서도 지난 2017년 6월 연세대 공학관에서 표적테러로 인한 폭발물 사고가 발생해서 교수가 부상을 입었고, 2016년 오패산 총기 경찰살해범이 사제폭탄을 제조했던 것이 밝혀지기도 했다.

이처럼 공연장 등 다중이용시설의 테러에 관해 우리나라는 거의 무방비 상태다. 국가도, 공공기관이나 기업도, 테러를 방지할 수 있는 최소한의 보안관리 체계가 갖춰져 있지 않다. 인터넷의 발달로 일반인도 폭탄 제조법을 쉽게 접할 수 있는 상황에서 '우리나라도 더이상 테러의 안전지대가 아니다'는 인식개선과 함께 제도적 안전장치 마련을 급히 서둘러야 한다. 실제로 불특정 다수를 상대로 한 묻지마 범죄가 우리 사회에서 발생하고 있지 않은가. 소 잃고 외양간 고치기 전에 미리미리 대비해야 한다.

사회적 신뢰와 팬데믹, 어떻게 대비해야 하나?

기관사 안 믿는 사회, 신뢰가 무너지면 안전도 무너진다

2017년 1월 22일 오전 6시 28분 서울 지하철 2호선 잠실새내역(옛 신천역) 승강장으로 천천히 들어오던 전동차의 두 번째 칸 아래 LB박스(전동차 메인 전원 차단장치)에서 불꽃이 튀며 화재가 발생했다. 객차 10량 중 9량이 승강장에 진입한 상태였다. 발화지점 주변에 인화성물질이 없었기 때문에 불길이 열차 안까지 올라오진 않았지만 많은 양의 연기가 나 100여 명의 시민이 대피했다. 인명피해는 없었고 화재는 30분 만에 진화됐다.

기관사는 화재 인지 직후 "차량 하부 연기발생으로 조치 중이니 안전한 열차 내에서 잠시 기다려 달라"고 방송했다. 그러나 창문에서 연기가 나는 걸 보고 두려움을 느낀 대부분의 승객들은 안내방송을 따르지 않고 수동으로 열차문과 스크린 도어를 열고 빠져나갔다. 첫 방송을 한 지 2분이 지난 뒤에야 관제센터 지시를 받은 기관사는 "즉시 대피하라"고 다시 안내방송을 고쳐했다. 세월호 침몰사고 당시 배가 가라앉고 있는데도 "선실에서 기다리라"고 안내방송을 한 뒤 아무런 조치를 취하지 않아 대형 참사가 빚어진 것을 연상했기 때문일 것이다.

승객이 옳은가, 기관사가 옳은가. 승객들은 "일단 불이 나면 대피부터 해야 하는 게 아닌가?"라고 하고 기관사는 "모르고 피하면 더 위험하다"라고 할 것이다. 그렇지만 위급한 상황에서는 대응 매뉴얼을 적극적으로 따르고 신뢰하는 것이 중요하다. 즉, 어떤 재난이 발생해도 상황을 정확히 파악한 다음에 움직이는 것이 재난대응의 기본 원칙이다. 화재가 발생하자 승객들이 "대기하라"는 안내방송을 믿지 않고 스스로 대피했다는 것은 시민들이 더이상 공공안전 시스템을 신뢰하지 않는다는 증거이기도 하다. 신뢰 결여는 공공시스템이 시민들의 생명과 안전을 지켜주지 못한다는 불신을 강화하고, 이것은 다시 안전을 위협하는 결과를 낳을 수 있다는 점에서 매우 위험한 사회 현상이다.

1685년경 캐나다를 지배하던 프랑스는 왕실의 재정난으로 금은 등 금속으로 제조된 정화正貨를 식민지에 보낼 수 없었다. 수년 동안 돈이 고갈된 캐나다가 큰 위기에 처하자 당시 총독 자크 드뮬은 기발한 아이디어를 냈다. 군인들이 사용하던 게임용 포커 카드를 모두 몰수한 다음 4등분하여 장마다 서명한 뒤 법정화폐로 사용한 것이다. 카드조각을 돈으로 탈바꿈시킨 파격적인 조치였다. 병사들은 어리둥절했고 백성들도 경화硬貨로 상환하겠다는 총독의 약속이 담긴 그림 조각을 놓고 의아해했다. 그 약속을 믿어도 되나 정말 상환해 줄까. 카드는 버리고 귀금속만 받아야 하나. 그러나 놀랍게도 이 트럼프 조각은 65년 가까이 캐나다에서 법정화폐로 통용됐다고 한다. 이런 거짓말 같은 일이 가능했던 것은 총독에 대한 국민의 절대적인 신뢰 덕분이다. 정부에 대한 믿음이 크면 종이 조각도 돈으로 탈바꿈할 수 있다는 놀라운 교훈이다.

신뢰는 사회적 자본이다

공동체 사회에서 신뢰는 매우 중요하다. 신뢰는 개인적 위기에서 다른 사람이 보여주는 말과 행동을 통해 형성된다. 또한 공동체를 안전하게 만들며 구성원의 행복을 증가시킨다. 세계적 정치학자 프랜시스 후쿠야마는 신뢰가 공동체 내 협력을 가능케하는 사회적 자본social capital의 핵심으로 봤다. 신뢰는 사회 구성원들이 윤리와 규칙 등을 지킬 것이라는 기대다. 순수한 실수와 잘못을 고의적 악행과 구분해 전자는 포용하지만 후자는 엄격히 처벌하는 나라에선 사람과 제도에 대한 신뢰가 높다. 이것이 신뢰를 '사회적 자본'이라 부르는 이유다.

사람과 사람 사이에 굳은 믿음이 생기면 무슨 일이라도 추진

할 수 있는 무서운 힘이 생긴다. 믿음이 확산돼 사회 전체가 상호 신뢰하는 공동체로 발전하면 갈등과 대립이 사라지고, 거래비용이 감소해 경제성장에도 큰 도움이 된다. 세계은행 수석연구원인 필립 키퍼 박사의 분석에 따르면 한 사회에서 타인에 대한 신뢰도가 10% 상승하면 경제성장률이 0.8% 증가한다고 한다. 한국인의 신뢰수준이 현재 26%에서 미국 수준인 35%로 상승한다면 작년 한국의 경제성장률은 2%가 아니라 2.7%쯤 됐을 것이라는 의미다. 국민이 안전에 대해 안심할 수 있는 기본조건은 신뢰다. 또한 신뢰는 사람 사이의 유대감을 높여 공동체를 안전하게 만든다. 2011년 일본에 대형 쓰나미가 일어났을 때 사회적 자본이 높은 지역일수록 사망률이 낮았다. 서로간 높은 유대관계가 재난을 빨리 알리고 대피를 돕는데 크게 기여했기 때문이다.

사회적 재난도 신뢰에 영향을 미친다. 1995년 일본 고베 대지진의 경우, 지진 전후를 조사했더니 지진 발생지역의 사회적 자본은 증가한 반면 다른 지역은 그대로였다고 한다. 재난은 각자도생의 끝에서 자신이 얼마나 다른 사람과 연결된 존재인지 깨닫게 한다. 우리의 삶, 심지어 생명까지도 나 혼자선 지킬 수 없음을 알게 될 때 우리는 이웃의 존재감이나 중요성에 대해 뼈저리게 느끼게 된다. '남에게 대접받고자 하는 대로 남을 대접하라'는 성경 말씀이 왜 황금률인지 알게 된다.

그런데 한국사회 신뢰수준 조사(성균관대 위험커뮤니케이션 연구단, 2017년 4월) 결과에 의하면 자신(64점/100점)과 가족(62점)이 가장 높고 국가 정부(24점)가 최하위였다. 우리 사회에서 서로 믿고 사는 신뢰의 반경이 너무 좁아 대부분 혈연, 지연, 학연 등에 의존하는 경향이 매우 심하다는 것을 단적으로 보여주는 조사결과이다. 지금 우리는 공동체 생활에서 가장 중요한 사회적 기반인 신뢰를 상실해 가고 있다. 정치권에서는 옳고 그름보다는 내편 네편으로 나뉘어 정쟁만 일삼고 있고 사회적 재난이 발생하면 정부는 근거 없는 낙관론으로 국민들을 안심시키기에 급급하다.

국민들도 정부 발표를 믿지 않고 SNS에 떠도는 근거 없는 유언비어나 비방에 쉽게 현혹되어 과학적인 지식과 합리성을 존중하는 문화를 찾아보기 힘들다. 이번 코로나 사태는 물론이고 과거 광우병 괴담과 세월호 그리고 메르스 등 사회적으로 큰 사건이 터질 때마다 허무맹랑한 낭설이 얼마나 우리 사회를 혼란에 빠지게 했었는지 우리는 너무도 잘 보아왔다. 우리 사회의 소통 채널은 다양해졌지만 정부나 정보에 대한 신뢰가 부족할 때 어떤 혼란이 찾아오는지도 두 눈으로 똑똑히 지켜봤다. 재난이 닥칠 때 인간의 본성은 적나라하게 드러난다. 어떤 재난이 찾아온다 해도 그것에 담대하게 이성적으로 맞설 수 있는 사회의 기초체력뿐 아니라 우리 몸과 마음의 면역력도 함께 키워야 한다.

독일의 저명한 사회학자 울리히 벡도 위험사회를 벗어나기 위해 모든 사회 구성원과의 소통을 강화해 사회의 신뢰를 회복해야 한다고 했다. 이제는 우선 나 자신부터 신뢰받는 언행을 하고, 객관적 합리성과 과학적 논리로 판단하는 습관부터 길러야 한다. 이와 함께 나 아닌 다른 사람을 먼저 배려하고, 내 말보다는 상대방의 말을 먼저 들어주려는 열린 마음으로 나와 가까운 사람만이 아니라 우리 이웃과 사회로 신뢰의 반경을 넓혀 나가야 한다.

생명을 앗아가는 팬데믹, 이제는 바이러스와의 3차 세계대전이다

코로나 19로 인해 전 세계가 바이러스와 전쟁을 치르고 있다. 팬데믹으로 확산돼 세계 경제가 마비되고 있고 218개 국가에서 발병하여 이미 전 세계적으로 70만 명 이상이 사망했다. 바이러스는 1898년 네덜란드 미생물학자 마루티누스 베이예린크가 담배 모자이크병病을 연구하면서 세균보다 훨씬 작은 무언가가 병을 일으킨다는 사실을 발견하면서 처음 알려졌다. 세균을 막는 미세한 여과지로도 걸러지지 않았고 알코올을 넣거나 열을 가해도 소용없었다. 그는 이 정체 불명의 물체를 '살아 있는 감염성 액체'라고 표현하면서 바이러스라는 이름을 붙였다. '뱀의 독'을 뜻하는 라틴어 단어였다.

바이러스는 평균적으로 세균의 1000분의 1에 지나지 않을 정도로 크기가 작다. 종족 보존에 필수적인 유전자와 그것을 둘러싸고 있는 단백질 껍질로 구성돼 구조가 매우 단순하다. 살아있는 세포 안에서 활동할 때는 폭발적으로 개체 수가 불어나지만 세포 바깥으로 나오면 전혀 활동하지 않는 단백질 덩어리에 지나지 않는다. 그래서 예전엔 바이러스를 생물과 무생물의 경계에 있다고도 했지만 요즘엔 생물로 봐야 한다는 주장이 설득력을 얻고 있다.

바이러스는 인류 역사에서 숱한 재앙을 일으켰다. 스페인 독감은 1차 세계대전이 끝나던 1918년 세계를 강타해 당시 전 세계 18억 인구의 28%에 해당하는 약 5억여 명을 감염시켰고 이 중 2%가 넘는 5000만 명 이상을 죽음에 이르게 했다. 피해가 가장 심했던 인도는 총 인구의 5.2%인 1600만 명이 사망했고, 피해가 가장 적었던 미국도 인구의 0.5%인 55만여 명이 사망한 것으로 추정된다. 우리나라도 당시 조선총독부 자료에는 무오년 독감으로 조선인 14만 명이 사망했다는 기록이 남아있다.

스페인 독감이 경제에 미친 영향을 분석한 로버트 배로 하버드대 교수는 주요 43개 국가의 국내총생산GDP이 평균 6% 하락한 것으로 추정했다. 2000년대에 들어서도 바이러스에 의한 전염병은 계속되고 있다. 사스SARS, 메르스MERS, 그리고 코로나 19에 이르기까지 바이러스로 인한 새로운 전염병 출현도 끊이지 않고 있다. 바이러스가 인류 생존을 위협할 것이라는 주장이 나오고 있고 제1, 2차 세계대전이 인간 대 인간의 전쟁이었다면 제3차 세계대전은 바이러스와의 전쟁이 될 것이라고 할 정도다.

바이러스는 어떻게 해서 생겨나는 것일까. 지구 환경론자의 주장에 의하면 인간이 지구라는 거대 생물의 체성분인 광물질, 기름, 가스 등을 무분별하게 뽑아 쓰고 온실가스를 너무 많이 배출해 골병이 든 지구가 분노하여 인류에게 반격하기 위해 병원성 바이러스를 출생시키게 됐다고 한다. 이 논리대로라면 지구환

국내 유행 및 해외 유입 감염병

경이 정상 상태로 회복될 때까지 바이러스와의 전쟁은 앞으로도 계속될 것이다. 코로나 19 바이러스도 이 같은 연장선상에서 해석하고 대응할 필요가 있다.

대부분의 바이러스성 질병은 치명적이지 않다고 한다. 숙주宿主가 죽으면 바이러스도 생존할 수 없기 때문이다. 지금 전 세계를 뒤흔들고 있는 코로나 19도 마찬가지다. 아직 백신이 개발되지 않아 예방이 어렵고 치료약이 없다고 하지만 불치병은 아니다. 전염성이나 치사율도 그리 우려할 만한 수준은 아니라고 한다. 일상생활에서의 손 씻기나 마스크 착용, 사회적 거리두기 등 위생 관리를 더욱 철저히 하고 운동 등을 통해 체력을 유지하며 건강한 식생활로 우리 몸의 면역력을 높여 주면 얼마든지 대처할 수 있다.

앞으로도 새로운 전염병은 언제든지 나타날 수 있다. 국민의 불안과 사회적 혼란을 방지하기 위해서는 국가의 공동체에 대한 소통체계도 신뢰를 얻을 수 있도록 정비해야 한다. 전염병과 같은 사회 재난에 대한 위기소통에는 두 가지 유형이 있다. 비관적 경고와 낙관적 장담이다. 방역당국자나 전문가들은 대체로 비관적 경고편에 선다. 미국의 위기소통 전문가 피터 샌드먼 박사는 위기 때 정부는 국민 경각심을 불러일으켜 방어 조치를 취하게 해야 하는데 당국과 정치 지도자들은 흔히 당장의 국민 불안을 가라앉히는 걸 목표로 삼는다고 했다. 이렇듯 비관적 경고의 위기소통 원칙을 무시하고 낙관적 장담에 집착하는 우愚를 범하며 그 유혹에 넘어가선 안 된다. 국민에 대한 단기적 안심보다 피해 최소화에 정책과 홍보를 집중하는 확고한 철학이 있어야 한다. 정치와 경제 등 그 무엇보다 국민 안전이 최우선이기 때문에 재난과 위기 상황에선 늦장 대응보다는 과잉 대응이 낫다.

또한 지구 환경에 대한 우리의 철학과 가치관을 다시 정립해야 한다. 지구 생명체가 건강해야 우리도 건강할 수 있다. 바이러스는 숙주인 인간의 건강을 파괴하고 끝내는 자기도 함께 죽게 된다. 지구 생명체는 인간의 숙주이며, 환경을 파괴하는 인간은 지구에 서식하는 바이러스와 마찬가지다. 병든 지구는 적군인 병원성 바이러스를, 건강한 지구는 사람 건강에 유익한 우군 바이러스를 잉태한다.

코로나 19를 계기로 역주행하고 있는 알베르 카뮈(1913-1960)가 1947년에 쓴 《페스트》라는 소설은 마지막 부분에서 페스트는 아직 끝나지 않았음을 암시한다. 페스트로 고통받은 지 1년 후 페스트가 종식되자 그 기쁨은 클 수밖에 없었다. 이 작품의 마지막에서 오랑시 시민들은 페스트 종식의 즐거움을 만끽했으나, 페스트 국면의 최일선에서 갖은 고생을 겪으며 싸운 주인공 베르나르 리유는 기쁨보다는 냉정한 반응을 보였다. 페스트균이 지금은 물러나 있지만 완전히 사라진 것이 아니라 어느 책갈피나 방구석에 숨어서 기회를 엿보다가 잠시 허술한 틈을 타 언제든 다시 찾아와 큰 공포를 줄 수 있기 때문이었다. 페스트는 언제 다시 창궐할지 모른다는 생각을 제시하며 소설이 마무리된다. 70년 전《페스트》는 21세기 우리에게 코로나 19가 종식되더라도 절대 방심하면 안 된다는 것을 시사해준다.

대한민국, 이제는 선진 안전 사회로 나아가야 한다

대형 재난사고의 공통점과 교훈

온 국민이 8개월째 코로나 19로 고통받고 있다. 사회적 거리두기로 직장과 사회 생활이 제한을 받으며 생활에 많은 불편을 겪고 있다. 코로나 19가 확산되던 초반에는 중국에서 들어오는 입국자 제한 미시행과 근거 없는 낙관 등으로 정부 대응에 실망했으나 이후 질병관리본부 및 의료진의 헌신적인 노력과 국민들의 적극적인 참여와 협조로 세계적인 방역 모범국가로 인정받고 있다. 이런 상황에서 이젠 우리나라가 예전과는 다른 성숙한 시민의식을 보여준 것처럼 안전의식도 많이 달려졌나 싶었다. 그러나 착각이었다.

지난 1월 설 명절 동해 펜션 가스 폭발사고 이후 잠잠하던 대형 참사가 또다시 터지며 사망자 38명, 부상자 10명이라는 피해자를 낳았다. 수십 년째 끊임없이 반복되는 공사 중 발생 하는 대형 화재폭발 사고는 시간과 장소, 그리고 피해자만 달라졌을 뿐 너무나 똑같은 판박이다.

이런 사고가 계속해서 생겨도 우리의 행동은 바뀌지 않는다. 얼마나 많은 희생을 더 치러야 우리 사회가 정신을 차릴까. 이 정도라면 정부도 기업도 안전에 대한 개선 의지가 없는 것으로 밖에 볼 수 없다. 특히 화재, 폭발, 붕괴 등 복합재난의 위험이 도사리고 있는 국가 기반 시설과 산업현장은 국가 경제 및 국민 안전에 치명적인 영향을 줄 수 있는 대표적인 곳이기에 문제는 더욱 심각하다. 아무리 큰 사고가 나도 그때뿐 그렇게 우리는 오늘도 어제를 잊으며 산다. 필연적으로 또 다른 비극이 반복된다.

이렇게 발생되는 우리 사회의 대형 재난은 몇 가지 공통점이 있다. 첫째, 재래형(후진국형) 사고가 반복된다. 과거에 발생했던 사고와 똑같거나 비슷한 형태의 사고가 계속 발생한다. 공사 현장의 화재 폭발 사고, 버스 터미널이나 요양병원의 화재, 지하철 스크린 도어의 협착사고까지 늘 같은 사고가 어김없이 반복된다. 선진국에서는 한번 발생했던 사고가 또다시 발생하는 경우는 거의 없다. 실패에서 교훈을 얻어 다시는 같은 사고가 반복되지 않도록 하기 때문이다. 불행하게도 우리는 실패에서도 교훈을 얻지 못하고 있다.

둘째, 사고의 원인도 똑같다. 공사 현장에 가연물이 널려 있는데도 용접 등 화기작업을 실시하고 만일의 화재에 대비한 불티

감시자나 소화기 등 소화시설도 없이 작업한다. 매뉴얼대로 하지 않거나 지킬 수도 없는 매뉴얼을 갖춰 놓고 만 있다. 얼마든지 예방하거나 피해를 최소화할 수 있었던 사고를 간과해서 발생하는 전형적인 안전 불감증에 의한 사고가 대부분이다.

셋째, 필연적으로 사고를 일으키게 되는 구조적인 문제점을 개선하지 못한다. 아니 개선하지 않는다. 하도급에 재(再)하도급으로 이어지는 다단계 하청 건설공사의 구조적인 모순과 허술한 제도이다. 기획과 설계 등 준비단계에서 시간을 모두 허비하고, 적정 공기도 확보하지 않은 채 준공일을 맞추라고 하면 돌관공사를 할 수밖에 없다. 게다가 안전관리에 필수적인 안전관리비와 최소한의 시간을 확보해 주지 않으면 어떻게 안전이 확보될 수 있겠는가.

넷째, 애도와 의전 그리고 사죄한다. 대형 재난이 발생하면 언론에 오르내리고 안타까운 사연과 함께 사회적 애도 분위기가 확산된다. 유족들은 제대로 안내조차 받지 못해 시신을 찾아 이 병원 저 병원을 헤매는데 아무 도움도 안 되는 정치인이나 고위 관료들이 현장을 찾아 위로한답시고 얼굴을 내민다. 사고 뒷수습에 전념해야 할 사람들이 의전에 매달리느라 정작 해야 할 일은 뒷전이다. 세월호 사고 당시엔 구조헬기가 기수를 돌려 구조현장을 보겠다는 장관과 해경청장을 모시러 가는 바람에 정작 살릴 수 있었던 학생은 목숨까지 잃었다. 재난 구호는 시스템으로 하는 것이지 현지에 나타난 지도자의 얼굴로 하는 것이 아니다. 또한 참사가 발생되면 어김없이 관련 기업의 경영진이 나타나 머리

숙여 사죄한다. 희생자는 늘 비정규직이거나 하청업체 직원이다. 우리가 지켜주고 보듬어 줘야 할 사회적 약자들이다.

다섯째, 보여주기식 일제점검과 말뿐인 재발방지 대책을 남발한다. 대형 재난이 발생하면 평상시엔 한번 가보지도 않던 곳을 수박 겉핥기식으로 전수 점검한다며 호들갑을 떤다. 그리고 정부나 관련 기업에서는 재발방지 대책을 쏟아내지만 실행되는 것은 거의 없다. 국회에서도 대부분의 관련 법안을 떠들썩하게 홍보만 하고 폐기된다. 이러한 대책과 약속이 모두 이행됐다면 더이상 참사는 일어나지 않아야 하고 우리나라는 벌써 안전 선진국이 됐어야 한다. 늘 말은 앞서고 실행은 이런저런 이유로 뒤처진다. 아니 실행해 보지도 못한다.

마지막으로 냄비 안전의식과 반복이다. 대형 참사가 날 때마다 안전을 위해선 무엇이든 다 하겠다면서 안전을 외치지만 며칠만 지나면 금방 사그라져 나 몰라라 한다. 안전사고는 잊혀지고 매뉴얼은 현장에서 계속 무시된다. 사고 당시 재발방지 대책을 다짐했던 고위층은 또다시 똑같은 다짐을 반복하지만 이런 다짐은 이행되지 않고 다시 망각에 빠지고 잊을 만하면 참사는 반복된다. 정부는 또다시 대책을 발표하지만 금세 잊히고 사회는 설마로 되돌아간다. 모두가 쇼를 하는 것 같다. 이대로면 참사는 계속될 것이다. 안전 대한민국을 만들겠다고 하는 2020년 우리 사회의 현주소다.

우리 사회 안전의 현 주소,
아직 갈 길이 멀다

우리 사회의 안전수준은 어떨까? 경제협력개발기구OECD 회원국 34개국 중 법질서 수준 25위, 국민 안전의식 수준은 50.6점으로 우리 사회의 안전의식은 매우 초라하다. 우리나라의 안전사고 사망률이 10.4%로 OECD 평균인 6.3%에 비해 여전히 높은 것은 우리 사회의 안전의식 수준과 무관하지 않다. 우리 국민의 78%는 우리 사회가 아직 안전하지 않다고 답하고 있다. 행정안전부가 지난해 실시한 2019년 상반기 국민안전의식 조사 결과 일반 국민의 사회 전반에 대한 안전체감도는 2.65점(5점 만점)으로 2018년 하반기(2.74점)에 비해 하락(0.09점)한 반면 전문가는 0.23점 상승한 것으로 나타났다. 국민 안전의식 조사는 일반 국민(전국 13세 이

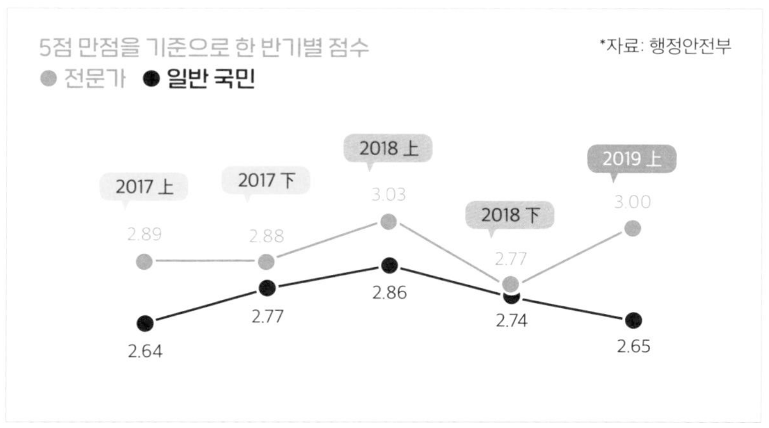

사회 전반 안전 체감도 추이

상)과 전문가를 대상으로 우리 사회 안전에 대해 느끼는 개인의 주관적 인지도 조사로 2013년부터 실시해 오고 있다.

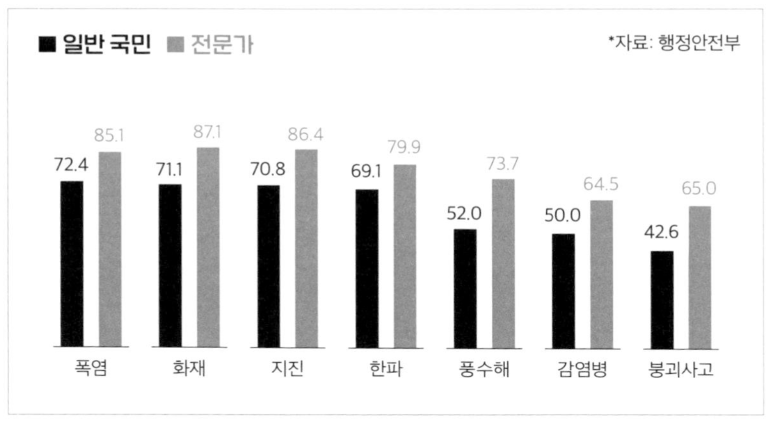

분야별 행동요령 인지도(%)

일반 국민의 사회안전에 대한 중시 여부(안전의 중요성)는 5점 만점에 2.99점, 개인이 업무 수행 시 안전을 최우선적으로 생각하는 지의 여부는 3.62점으로 나타났다. 개인이 안전을 얼마나 중시하는지에 대한 인식은 비교적 높지만 우리 사회가 안전을 중요시하는지는 상대적으로 낮게 조사되었는데 이는 계속되는 대형 참사의 발생으로 언론보도 등을 통해 이슈가 되고 있는 사회적 안전 불감증에 대한 문제의식 등이 반영된 것으로 보인다. 이렇듯 우리 사회의 안전문제는 아직도 갈 길이 멀다.

높은 수준의 안전을 확보하기 위해서는 정부의 노력도 중요하지만 국민 스스로 일상 생활 속에서 안전을 습관화할 필요가 있

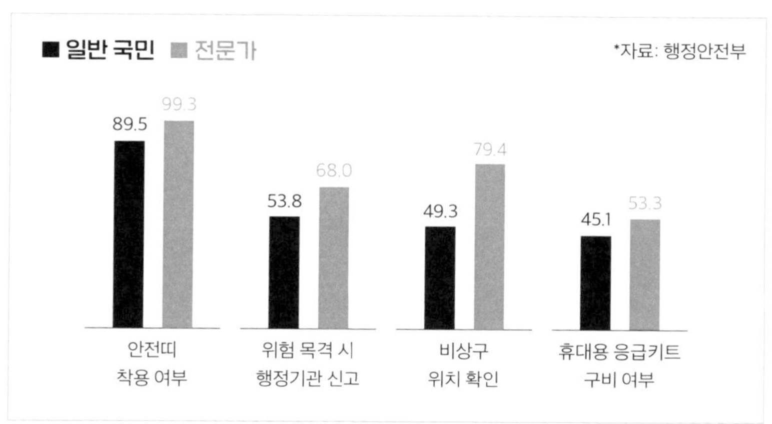

국민안전 실천 역량(%)

다. 안전수칙을 준수하는 생활방식을 통해 안전이 일상화되면 의식이 변하고 안전의식 수준이 높아지면 사회가 변할 것이다. 생활 속 안전을 실천하는 작은 노력으로 자신과 가족의 안전을 지키고 누군가의 소중한 생명을 구할 수 있다면 충분히 가치 있는 일이 아닐까.

인구 절벽과 인프라 고령화율도 안전을 위협한다

지난 4월 28일 통계청이 발표한 '2020년 2월 인구동향'에 따르면 지난 2월 출생아는 2만2854명으로 지난해 같은 달에 태어난 2만5772명에 비해 11.3% 감소했다. 보통 연초에 출산이 많아지는데 올 들어선 이마저도 회복되지 않았다. 관련 통계를 작성하기 시작한 1981년 이후 2월 기준으로 가장 적은 숫자다. 반면 2월 사망자는 1년 전보다 10.9% 늘어난 2만5419명으로 2월 기준으로 1983년 이후 가장 많았다. 이에 따라 출생아 수에서 사망자 수를 뺀 인구 자연증가는 2월 기준 첫 마이너스(-2565명)를 기록했다. 월간 인구 자연감소는 지난해 11월부터 4개월째 이어지고 있는데 이 기간 자연적으로 줄어든 인구만 1만1500여 명에 달한다.

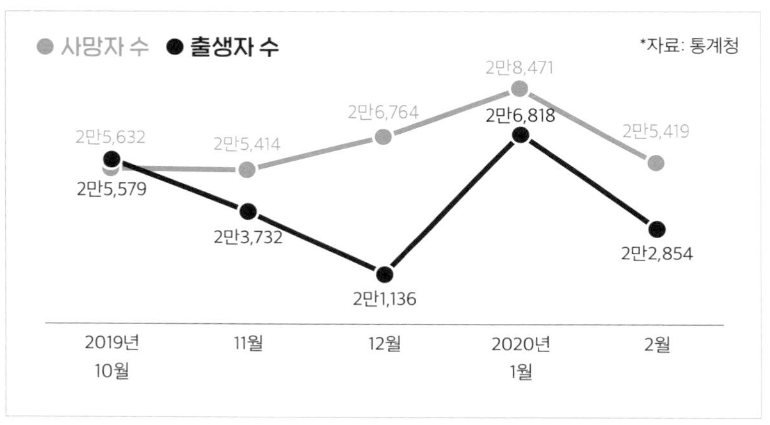

최근 5개월간 출생아·사망자 현황

또한 통계청의 '2020 청소년 통계'에 따르면 올해 청소년(만 9세~24세)인구는 854만2000명으로 총 인구의 16.5%를 차지했는데 성별로는 남성이 52.1% 여성이 47.9%였다. 이런 상황이 지속되면 청소년 인구가 매년 감소해 40년 후에는 절반으로 줄어들 것이라는 예측도 내놨다. 지난해 생산 가능인구(만 15~64세)도 전체 인구에서 차지하는 비중이 2008년 관련 통계를 집계한 이후 최저치로 떨어졌다. 2019년말 우리나라의 주민등록 인구는 5184만9861명이다. 전년 말과 비교해 2만3802명 늘어난 것으로 증가율은 0.05%에 불과하다. 생산 가능인구는 3735만6074명으로 전년보다 19만967명 감소했다. 2016년 3778만4417명으로 정점을 찍은 뒤 계속 해서 줄어들어 전체 인구의 72%에 해당한다.

반면, 만 65세 이상 노인인구는 37만6507명 증가한 802만6915명으로 노인 인구가 800만명을 넘어선 것은 이번이 처음이다. 한국 사회가 청소년 인구와 생산 가능인구는 급감하고 노인 인구는 늘어나는 초고령화 사회로 가고 있는 것이다. 우리나라는 지난해 출산율이 0.92명까지 하락하며 2018년에 이어 2년째 '0명대 출산율'을 기록하고 있는 상황이다. 경제협력개발기구(OECD) 36개 회원국 중 출산율이 0명대인 나라는 한국이 유일하다. 저출산·고령화가 가속화되고 있고 사망자 수가 출생아 수보다 많은 인구 자연감소 현상이 본격적으로 도래하면서 그동안 걱정해 왔던 인구 절벽 시대를 본격적으로 맞고 있는 것이다.

인구·사회보장정책 전문가인 가와이 마사시는 저서인《미래연표》에서 출생아 수의 감소, 고령자의 급증, 근로 세대 급감에 따른 사회의 노동력 부족과 이 세 가지가 서로 얽혀서 발생하는 인구 감소 문제를 '고요한 재난'이라고 표현했다. 그가 제시한 인구 감소 캘린더에 의하면 2033년 전국의 주택 3채 중 1채가 빈집이 되고 2040년 지방 자치단체 절반이 소멸 위기에 처하며 2050년경에는 일본 국토의 약 20%가 사람이 살지 않는 지역이 될 것으로 예상했다. 저출산은 경찰관, 소방관 등 젊은 힘을 필요로 하는 분야에서 인력을 확보하는 데에도 어려움을 가중시켜 치안과 소방 및 안전 기능이 약화되면 사회는 급속히 혼란에 빠져들 것이라는 얘기다. 미래연표가 제시하는 사건들의 예상 시기가 정확하게 맞지 않을 수 있다. 그렇지만 그 시기가 늦춰지거나 빨라진다는 것이지 일어나지 않는다는 것은 아니다.

일본만의 문제일까. 인구 변동 측면에서 우리나라는 일본을 10~15년 정도 뒤따라 가고 있다. 앞에서 살펴본 우리나라의 인구 감소 속도는 오히려 일본보다 빠르다. 안전을 담당하는 나의 입장에서 인구의 급격한 감소가 우리나라의 인프라 고령화에 미치는 영향을 미리 고민해 봐야 할 시점이라는 생각은 지나친 논리의 비약일까. 국토교통부와 시설안전공단에 따르면 도로, 철도, 교량, 터널, 옹벽 등 국민 안전과 관련된 공공시설물 가운데 30년 이상 경과해 노후화된 것은 1984년 325개에서 2014년 2328개로 급증했다. 향후에도 2024년 3824개, 2034년 7487개 등 기하급수적으로 증가할 전망이다. 준공 이후 30년 이상 경과하여 노후화된 시설물이 차지하는 비율을 나타내는 인프라 고령화율(안전사고에 취약할 가능성을 측정한 수치)도 2014년 11.0%에서 2024년 24.4%로 크게 올라갈 것으로 전망하고 있다.

우리 사회를 지탱하는 시설들이 현재 한계점에 이르렀다는 표현이기도 하다. 대표적인 사례가 지하철이다. 서울 지하철은 1974년 1호선을 처음 운행한 후 46년이 지났다. 서울시는 최근 지하철 1~9호선의 운영 패러다임을 정시운행에서 안전운행으로 바꾸고 2030년까지 7조8000억 원의 예산을 들여 내진설계 등 새로운 안전기준에 맞추겠다고 밝혔다. 그나마 서울시는 형편이 나은 편이다. 문제는 지방이다. 최충익 강원대 행정학과 교수의 '한국의 대형재난 발생 특성에 관한 역사적 연구'에 따르면 2000년 이후 10명 이상이 사망·실종된 대형 사고 중 서울 이외에서 발생한 사고가 96%를 차지한다. 인구의 20%를 점유하는 서울의 비중은 4%에 그쳤다. 그나마 서울시는 성수대교·삼풍백화점 붕괴 등 재난을 겪으면서 과감한 인프라 투자를 해 왔다.

그러나 지방은 인구의 급격한 감소와 도시 집중화로 낡아가는 공공 인프라 시설 개선을 위한 투자여력도 만만치 않은 데다 투자도 인색하다. 따라서 인프라 고령화가 진행됨에 따라 안전사고가 발생할 가능성이 높아질 수밖에 없다. 지금부터라도 거시적인 관점에서 인구 구조 변화에 따라 유지관리를 고려한 인프라의 신·증설을 계획하고 인프라 고령화에 대비한 체계적인 유지관리 및 교체계획 등을 적극 검토할 필요가 있다. 정부도 이런 문제점을 파악하고 지난해 노후 기반시설 안전강화를 위해 2023년까지 32조 원을 투자하겠다고 발표했다. 이러한 것들이 계획대로 잘 진행돼야 한다.

안전한 대한민국이 되기 위한 필수조건

"갯벌 체험을 한다"고 좋아하며 집을 나섰던 유치원생 19명이 다음날 숨이 멎은 채 부모 곁으로 돌아왔다. 필드하키 국가대표

선수로 올림픽에서 가슴에 태극기를 달고 뛰었던 엄마는 1999년 6월 30일 화성 씨랜드 화재 사고로 눈에 넣어도 아프지 않을 일곱 살 아들을 잃었다. 사고 당시 유가족들의 총리 면담 요구가 거절되자 올림픽 공로로 받은 훈장을 국가에 반납하며 "이 나라에서는 무슨 사고가 언제 또 터질지 모른다. 둘째라도 온전히 키우고 싶다"는 말을 남기고 뉴질랜드로 이민을 떠났다. 아들을 잃은 뒤 정부가 보인 무성의한 대응에 실망해서다. 그런데 20년 이상이 흐른 지금까지도 안타까운 참사는 계속 반복되고 있다.

우리 사회에서 사고가 반복되는 것은 사고에 따른 해결책을 제대로 찾지 못했다는 것을 의미한다. 우리는 여러 재난의 문제를 해결하는 접근 자체부터 잘못하고 있는 것은 아닌지도 되돌아봐야 한다. 다양한 분야의 사람들이 다양한 각도와 시선으로 해결책을 강구해야 한다. 여러 사고가 반복되는 문제를 해결하기 위해서는 당사자 및 이해관계자 뿐만 아니라 관련 부문의 전문가, 사회학자, 심리학자 등 새로운 시각으로 다양한 측면에서 문제를 바라볼 수 있게 새로운 개념으로 접근해야 한다. 이런 과정을 통해 사고의 근본적인 원인이 무엇인지 정확히 밝혀내고 그 원인을 해결할 수 있는 대책을 수립해서 강력하게 실행해야 한다. 어떤 사고든 해결방법이 없는 게 아니라 해결하려고 하는 우리의 자세와 의지가 없는 것이다.

2016년 7월 17일 영동고속도로 봉평터널 입구에서 버스기사의 졸음운전으로 5중 연쇄추돌사고가 발생해 버스가 들이받은 승용차에 타고 있던 20대 여성 4명이 사망하고 37명이 다쳤다. 이 사고 버스회사가 사고로 부과받은 과징금과 과태료 총액은 1080만 원이었다. 41명의 사상자를 낸 것에 대한 책임이 겨우 1080만 원이라면 버스회사는 향후에 발생할 수 있는 구조적인 사고원인을 제거하려고 할까? 왜 숱하게 문제를 제기해 왔음에도 어린이집 통학버스와 대형 차량 교통사고는 비슷한 유형으로 반복될까. 지금까지 쏟아낸 대책들이 부실하다고 밖에 볼 수 없다.

화물차와 버스사고는 승용차에 비해 치사율이 2배 이상 높다. 승용차보다 훨씬 엄격한 사고 예방조치가 마련돼야 한다. 이들 사업용 차량의 사고원인은 졸음운전과 과적·과속인 경우가 많다. 물론 운전자 과실이 1차 원인이겠지만 졸음운전과 과적·과속을 하도록 내모는 구조적 원인도 있다. 이런 구조적인 문제를 찾아 해결하고, 안전보다 이윤을 먼저 쫓는 생각을 할 수 없게 하는 것이 정부의 역할이다. 그렇다고 처벌수위를 무작정 높이자는 게 아니다. 처벌은 사고 이후의 징계 수단일 뿐이다. 예방에 대한 접근을 기술적으로 시스템적으로 해야 사고를 막을 수 있다.

2008년 이천 냉동창고 화재로 40명이 사망하고 10명이 다쳤다. 이 사고와 관련된 회사 대표는 벌금 2000만 원을 부과받았고 총괄소장은 징역 10개월에 집행유예 2년을 선고받았다. 똑같은 사고가 12년이 지난 올해에도 같은 지역에서 반복되고 있다. 대형 참사가 발생해도 대부분의 관련 사업주와 책임자는 벌금형에 집행유예로 풀려난다. 기업에서 사고가 반복되는 이유다. 무엇보다 인명을 경시하는 우리 사회의 문화도 한몫하고 있다. 바로 안전사고에 대한 온건주의 문화다. “일하다 보면 죽거나 다칠 수도 있지"하는 성장 만능시대의 망령들이 아직도 있는지 되돌아보고 이러한 망령들이 발붙일 수 없는 사회를 만들어야 한다. 우리 사회는 사람의 목숨값이 아직 너무 싸다. 그 희생자가 이 세상에 단 하나밖에 없는 나의 소중한 가족이라고 생각하면 과연 그렇게 쉽게 생각하고 쉽게 잊을 수 있는 일인지 묻고 싶다.

사고 예방 비용보다 배상 비용이 훨씬 적다면 기업에서는 어떤 생각을 하게 될까. 당연한 것이지만 기업은 이익을 내기 위해 항상 더 큰 위험을 감수하려는 속성이 있다. 이런 기업의 속성이 재난으로 연결되지 않도록 하려면 기업에서 대형사고가 발생하면 기업이 망할 수 있다는 인식을 갖고 안전관리를 할 수 있게 해야 한다. 이러한 것을 효과적으로 감독하여 사고를 예방하는 것이 정부의 역할이다.

문제가 있는 배가 안전검사에 통과할 수도 없고 아이들을 버리고 도망치는 선장이 있을 수도 없으며 안전이 확보되지 않은 곳에서 일하는 근로자가 없게 해야 한다. 국민의 안전을 위한 일이라면 여당도 야당도 당리당략을 따지지 않고 힘을 합치는 일이 당연한 것이 되게 하는 사회 안전시스템이 필요하다. 기업과 개인의 이익도 중요하지만 지역사회 공동체 질서나 국민 안전에 대해선 정부가 무능하지도 않고 사회와 국민이 이것을 용납하지도 않는 안전을 가장 먼저 생각하고 실천하게 하는 사회 안전시스템이 절실히 요구된다.

지금까지 우리는 빠름에 너무 익숙해 있다. 좋은 게 좋다는 온정주의적 느슨함도 여기저기서 나타난다. 그래서 우리의 시스템에는 여기저기 구멍이 나 있고 고장 난 채로 기능이 작동되지 못하고 있는 경우가 종종 발생하고 있다. 한 사람이 아니라 시스템에 의해 움직여지는 사회, 그 시스템이 신뢰를 주고 그 시스템을 지키기 위해 모두가 원칙을 지키는 사회가 되어야 한다. 모든 곳을 다시 한번 차분히 들여다봐야 한다. 안전은 정부와 기업만 잘 한다고 되는 것이 아니다. 어느 기관 어느 한 개인이 잘 준비하고 실천한다고 되는 문제는 더더욱 아니다.

시민들 스스로 공동체의 안녕과 질서를 위해 작은 일에서부터 해선 절대 안 될 것과 해도 되는 것을 명확히 구분하는 안전에 대한 정신혁명이 필요하다. 우리 사회에서 발생하는 크고 작은 사고는 법과 규정이나 제도가 없어서가 아니라 그런 것들을 지키지 않아 일어난 것들이 대부분이다. 따라서 안전에 대한 국민의식도 높아져야 한다. 국민 스스로 안전을 당연한 의무로 생각하고 기꺼이 동참하는 사회적 분위기가 조성돼야 한다. 내 이웃이 안전하고 우리 지역이 안전하다면 결국 나와 내 가족도 안전하다는 사회적인 믿음이 확산돼야 한다. 이젠 좀 늦더라도 정확하고 바르게 가자.

9

골든 타임, 함께 해야 더 안전하다

훈련과 경험이 기적을 만든다

리스크 전문가인 찰스 페로 예일대 교수는 "복잡성을 특징으로 하는 현대사회에서는 시스템이 갑작스럽게 연계되면서 재난이 시작된다"고 했다. 아무리 예방관리를 잘 해도 위험사회에서 사고는 언제든지 발생할 수 있다. 그러므로 불가피하게 사고가 발생했을 때 손실을 최소화하는 것은 중요한 안전관리의 한 부분이다. 특히 자연재해는 예측과 예방이 더욱 어렵기 때문에 피해 최소화 방안은 예방관리 못지않게 중요하다. 인명피해를 예방하고 손실을 최소화하기 위해서는 만일의 사고에 대비한 평상시의 끊임없는 훈련과 경험을 쌓는 것이 필수적이다. 이러한 훈련과 경험이 쌓여 귀중한 생명을 구하고 때론 기적을 일궈 낸다.

2009년 1월 15일 오후 3시 30분(현지시간) 승객과 승무원 155명을 태운 US 에어웨이스 비행기가 뉴욕 라과디아 공항을 이륙해 노스캐롤라이나주 샬럿으로 향할 예정이었으나 이륙 2분쯤 후 새떼와 충돌(버드 스트라이크)하여 엔진 2개가 모두 멈췄다. 설렌버거 기장은 긴박한 상황에서도 냉철한 판단과 침착한 대응력을 발휘하여 출발지인 라과디아 공항으로 되돌아가는 대신 가장 가까운 센트럴파크 인근 허드슨 강에 비상 착수하기로 결정하고 동력을 상실한 기체를 글라이더처럼 활공하여 미끄러지듯이 착수했다. 850m의 낮은 고도에서는 회항이 불가능하다고 판단한 것이다. 착수 시점에 동체 균형이 약간이라도 틀어지면 항력이 한 쪽으로 쏠려 기체가 강 위에서 뒹구는 대형 참사가 날 수도 있었지만 자연스럽게 착수했다.

사고기가 강에 착수하자 기장이 판단한 대로 주변에 있던 페리와 보트들이 기체의 비상착수를 목격하고 일제히 달려와 탑승

허드슨 강의 기적

객 전원을 24분 만에 구조했다. 사망자는 없었으며 5명의 부상자만 발생했다. 기장은 강 위에 불시착한 후 마지막까지 승객이 모두 비행기 밖으로 빠져나갔는지 확인하기 위해 비행기 내부를 두 번이나 살피면서 구조에 최선을 다했다. 설렌버거 기장은 영웅으로 칭송되었으며 2016년 〈허드슨 강의 기적〉이란 영화로도 제작되었다.

2016년 8월 3일 오후 12시 45분(현지시간) 중동 최대 항공사인 에미레이트항공 소속 보잉 777여객기가 목적지인 아랍에미리트연합국UAE 두바이 국제공항 활주로에 동체 비상착륙한 후 화염에 휩싸여 반파됐다. 그러나 승무원들의 침착하고 신속한 대응으로 탑승자 300명(승객 282명, 승무원 18명) 전원이 폭발 직전 무사히 탈출해 대형 참사를 피했다. 사고 직후 승무원들의 빠른 대응이 빛났다. 착륙 도중 갑자기 큰 굉음이 울리고 연기가 기내로 들어오자 승객들은 비명을 지르며 혼란에 빠졌다.

승무원들은 즉시 비상 탈출구를 열고 비상 슬라이드에 바람을 불어넣은 후 승객들을 차례차례 탈출시켰다. 승무원과 기장

*자료: 2016년 8월5일 한국일보 기사

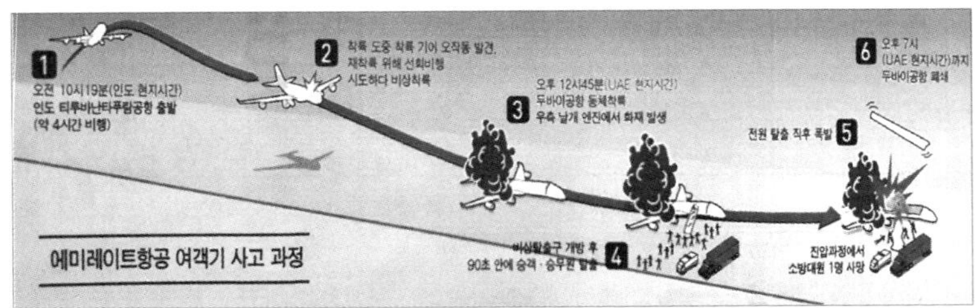

에미레이트항공 보잉 777기 비상 착륙과정

이 마지막까지 기내에 남아 승객을 탈출시켰다. 비행기 승무원들은 90초 안에 모든 탑승 인원을 탈출시킬 수 있도록 사전에 철저히 훈련한다. 이런 훈련의 결과가 정확히 이행되며 승무원들이 최고 수준의 프로 정신을 보여주었다. 바로 '90초의 기적'이다. 다만 승객들이 모두 빠져나간 후 화재 진압과정에서 발생한 폭발로 인해 소방대원 1명이 숨졌다.

2019년 9월 8일(현지시간) 미국 동부 조지아주 브런즈윅 앞바다에서 현대글로비스 자동차 운반선 골든레이호 선체가 좌현으로 기울어지는 사고가 발생한 후 41시간 만에 선내에 갇힌 4명이 마지막으로 구조됐다. 미국 해안경비대의 구조과정은 치밀했다. 우선 갑판으로 대피해 있거나 헬기구조가 가능한 위치에 있던 20명을 선체 밖으로 탈출시켰다. 선미 하단 기관실에 있던 기관사 등 한국인 4명은 선체 내부에 갇힌 상태였다. 기울어진 배는 점점 더 기울었고 선체에 화재가 발생하면서 구조작업이 어려움에 처하자 예인선 2척으로 배가 침몰하지 않도록 고정했고 화재 진압작업도 동시에 진행했다.

구조 대원들은 기관실로 추정되는 선체 외벽을 두드렸고 내부에서도 두드리는 소리가 들렸다. 생존자가 있음을 확인한 후 선체에 구멍을 내 선원들에게 필요한 식수와 음식물을 공급했다. 날이 어두워지자 철수했던 구조 대원들은 다음 날 오전 7시 동이 트자마자 구조작업을 재개했다. 선원들의 위치를 정확히 파악한 구조대원들은 여러 시간에 걸친 정밀한 선체절단을 하여 오후 6시 4명 전원을 구조했다. 이 과정에 2차례에 걸쳐 무사귀환을 애타게 기다리는 사람들에게 정확한 구조상황을 브리핑했다. 사고 직후 대응부터 구조작업 완료까지 해안 경비대의 대응은 모두 매뉴얼대로 이루어졌다. 이른바 '브런즈 웍의 기적'이다.

이 밖에도 기적적으로 구조된 사례가 많이 있다. 지난 2010년 칠레의 한 광산에 갇혔던 광부 33명이 69일 만에 구조되면서 영화로도 만들어진 '69일의 기적'이 있다. 또한 2018년 태국 치앙마이 탐루엉 동굴에 갇혀 있던 유소년 축구단이 18일 만에 구조된 '태국 동굴의 기적' 등은 그 구조 과정과 아이들을 위한 코치의 사랑과 희생정신으로 전 세계 많은 이들에게 큰 감동을 주었다. 이런 해외에서 이루어진 아름다운 감동의 구조 소식이 더욱 부러움으로 느껴지는 것은 어찌된 일일까?

아무런 대비나 훈련없이 재난재해로부터 소중한 생명과 재산을 지킬 방법은 없다. 사고나 재난발생 시의 효과적인 구조 활동도 평상시 과학적인 시뮬레이션과 실전같은 훈련을 통해서 가능한 것이고 이런 것들이 쌓일 때 기적도 만들어진다. 20세기 전반 할리우드를 이끈 영화 감독 세실 데밀은 "우리는 법칙을 깨트릴 수 없다. 단지 법칙을 거스르는 우리 자신을 깨트릴 수 있을 뿐이다"라고 했다. 이제는 예방과 구조 그리고 안전에 무관심했던 낡은 우리 자신을 깨트리고 실천할 때다.

구조 속에 빛나는 인간애, 우린 누구나 영웅이 될 수 있다

"버큰 헤드호를 기억하라" 뱃사람이 아니더라도 한 번쯤 들어봤을 이 문구는 재난 상황이 오면 여자와 어린이 및 노약자를 먼저 구하라는 의미를 담고 있다. 1852년 남아프리카공화국 케이프타운으로 가던 영국의 해군 수송선 버큰 헤드호가 좌초됐다. 승객은 630여 명에 달했지만 구명보트는 60명이 탈수 있는 단 세 척밖에 없었다. 이에 버큰 헤드호의 선원들과 함장은 배와 함께 수장되며 구명정에 오를 기회를 아이와 여인들에게 양보했다. 해난 구조에서 약자를 먼저 배려하는 전통은 이 비극적인 사건이 낳은 위대한 인류의 유산이다.

인류 최대의 해양참사로 손꼽히면서도 버큰 헤드호의 전통이 잘 지켜진 사건이 있다. 타이타닉 침몰사건이다. 1912년 4월 14일 영국의 사우샘프턴을 떠나 미국 뉴욕으로 향하던 초대형 선박 타이타닉은 건조 당시 세계에서 가장 큰 배로 길이 269m 높이는 20층으로 증기기관 하나가 3층 가옥 크기였다. 당대의 혁신적인 기술이 접목된 타이타닉호는 이중 바닥 16개의 방수 격실 특정 수위가 되면 자동으로 닫히는 문 등으로 절대 가라앉지 않는 배 일명 '불침선'이라 불리었다.

그러나 바벨탑의 저주처럼 인간의 욕망과 방심은 예상치 못한 비극을 낳았다. 대서양을 가로지르던 타이타닉은 한밤중에 빙산과 충돌했고 3시간여 만에 바닷속으로 가라앉았다. 타이타닉에는 에드워드 스미스Edward Smith 선장을 비롯해 선원, 승객을 포함해 총 2223명이 승선해 있었지만 당시 느슨한 규제 탓에 구명정은 1100명을 태울 수 있는 20여 척 밖에 없었다.

스미스 선장은 "선장은 배와 운명을 함께 한다"는 명언을 남기며 배와 함께 침몰됐다. 이 말은 선장은 배와 그 배에 탑승하고 있는 모든 사람에 대한 최종 책임을 가지고 있다는 의미이다. 즉, 선장은 배가 침몰하거나 다른 파괴적 상황에 처했을 때 살아서 배를 나오는 마지막 사람이어야 하며 승객 및 선원을 탈출시킬 수 없다면 선장 본인도 탈출하지 않고 함께 죽어야 한다는 뜻이다.

그날 밤 목숨을 건진 이는 단 706명에 불과했다. 오직 위로가 된 것은 버큰 헤드호의 전통에 따라 약자에게 생존의 기회를 양보한 고귀한 희생정신이 있었다는 것뿐이었다. 그날의 비극 속에 얽힌 사랑, 희생 그리고 용기가 오늘날까지 이어져 생명을 잃어가는 재난상황에서도 아이와 여자를 먼저 구하게 하는 아름다운 인간애의 전통을 만들었다.

일본의 지진 대응 매뉴얼, 앞선 나라의 사례에서 배운다

지난 2016년 4월 일본 구마모토에서 진도 7의 지진으로 49명이 사망했지만 진도 7.8의 에콰도르 지진은 660명의 목숨을 앗아갔다. 에콰도르와 비슷한 규모의 지진에도 일본의 인명피해는 상대적으로 적었다. 일본은 어떻게 지진에 강한 나라가 되었을까. 일본에서는 1995년 1월 17일 일본 지진관측 사상 최대 규모의 지진으로 6400여 명이 사망하고 1400억 달러의 피해를 냈다. 이른바 한신 대지진이었다. 전문가들은 천 년에 한번 일어나는 지진이라고 했다.

이 때 위기관리의 완전한 패배를 경험한 대재앙이 지나간 뒤 일본이 맨 먼저 한 일은 뭘 잘못했는지 철저하게 샅샅이 분석하는 복습이었다. 이 지진 이후 거점 시설에 대한 내진 기준을 강화했고 단층 조사를 통해 지자체별로 방재대책을 재정비했다. 일부 지자체는 활단층에 학교, 병원, 호텔 등의 건축을 금지하는 조례를 제정했다. 바다의 경우 진도 8까지의 쓰나미를 3분 내에 예보하는 예측프로그램 등도 도입했다.

또한 컨트롤 타워도 강화했다. 전국 출동이 가능한 긴급소방원조대와 광역긴급원조대를 만들고 자위대 출동절차도 간소화했다. 각 부처가 중구난방으로 대응하지 않도록 1998년 총리 관저에 '총리관저위기관리센터'를 두어 컨트롤 타워 역할을 하게 했고 비상사태가 발생하면 24시간 운영되는 체계를 만들었다. 평소 지진에 대비하기 위해 정부 차원에서 내진 진단비용도 지원하여 한신 대지진 당시 60%대를 맴돌던 일본 주택 내진화율을 2013년 82%까지 끌어올렸다.

고베시의 경우 과학이 예측할 수 있는 최악의 시나리오를 짰다. 막연하게 다음에 잘 하겠다고 다짐한 게 아니라 지진 전문가들의 연구를 토대로 지진 규모별로 발생상황을 구체적으로 가정하여 상황별로 고베시의 각 지역이 어떤 영향을 받을지 평가하고, 공무원들은 어떻게 움직일지 현실적인 액션플랜을 짰다. 지진이 발생하면 액션플랜대로 움직이기만 하면 된다. 재난이 발생하면 시장과 부시장은 바로 위기관리센터로 오되 교통이 막히면 시장은 나다소방서, 부시장은 니시소방서로 가라. 진도 5이상 지진이 나면 모든 공무원은 전화 지시를 하지도 말고 기다리지도 말고 가족의 안위를 확인한 뒤 바로 정해진 장소로 나오라는 것 등이다.

일본의 방재 개혁의 또 다른 핵심은 시민 개개인의 '자기 판단력 강화'다. 일본의 이와테 현 항구도시 가마이시釜石 시市의 초등학생과 중학생들은 2011년 3월 동일본 대지진 때 거의 전부가 목숨을 건졌다. 기적이라고 했다. 1933년과 1960년 쓰나미로 큰 피해를 입었던 시 당국은 '쓰나미는 각자各自'라는 교육과 훈련을 강력하게 실시했다. 해안이 크게 흔들리면 '가족도 신경 쓰지 말고 무조건 높은 곳으로 도망치라'는 것이다. 기적이 아니라 교육과 훈련의 결과였다. 해안마을 전봇대에 '쓰나미가 오면 어느 방향으로 뛰라'는 표지판을 붙이는 건 고베시의 몫이지만 그걸 보고 실제로 뛰는 건 시민 각자의 몫이다.

한신 대지진 때 사망자 대부분은 자택에서 장롱, 책장 같은 무거운 가구가 쓰러져 압사했다고 한다. 고베시는 '가구가 넘어지지 않도록 각자 평소에 점검하라'고 홍보하면서 원하는 사람은 집으로 전문요원을 보내 최소한의 실비만 받고 가구를 벽이나 천장에 고정하는 것을 지원했다. 300쪽짜리 '2016년 방재백서'를 보면 일본의 방재 정책의 출발점을 알 수 있다. 제1장 제1절이 '정부만 믿지 말라'는 내용이다. 일본 정부는 '저희가 지켜드리겠다'고 하지 않는다.

일본에는 자조自助, 공조共助, 공조公助라는 3조助가 있다. 자조自助는 본인과 가족의 안전은 본인이 지키는 것이고, 공조共助는 지역 사회는 주민이 협력해 지키는 것이다. 공조公助는 자위대, 소방서, 경찰 등이 구조하는 걸 말한다. 그 재난이 크면 클수록 국가 기관의 구조대가 모든 현장에 출동하는 것이 불가능하다는 사실이 확인됐기 때문이다. 한신 대지진 당시 매몰되거나 갇혀있던 사람 중 90% 이상은 본인, 가족, 친구, 이웃 등이 구출했고 구조대가 구출한 사람은 1.7%에 불과하다는 조사가 있다. 방재 선진국 일본의 경험은 국민이 국가 기관만 의지하는 응석받이가 돼서는 안 된다는 걸 시사한다.

일본 정부와 지자체는 어느 지역에 어떤 재난이 닥칠지 과학적으로 최악의 시나리오를 짠다. 단층이 어딘지, 원전이 얼마나 먼지, 주택가 지반이 단단한지 무른지, 쓰나미(지진해일)가 어느 동네에 어떤 속도로 밀려올지 전부 고려해 살아남는 요령을 쉬운 말로 일러준다. 외국인용 매뉴얼도 손바닥만 하게 착착 접는 한 장짜리 종이로 제작해, 간단한 행동수칙과 생존 일본어를 소개하고 있다. 급할 때 일본말을 못해도 도움을 요청할 수 있도록 "사람 살려" 옆에 같은 뜻 "다스케테"를 히라가나(たすけて)와 알파벳(tasukete)으로 적어 놓았다. 이런 매뉴얼을 만드는 게 일본 정부의

내공이라면 그걸 숙지해 자신과 이웃을 다 같이 구하는 건 일본 국민의 내공이다. 지진이 발생하면 일본 국민들은 누가 시키지 않아도 지진 직후 1차 피난지(작은 공원, 놀이터)에 모였다가 쓰나미 경보가 울리면 2차 피난지(고지대)로 이동하도록 반복 훈련한다.

이를 포함한 지진대책에는 반드시 교육, 시간, 역할 개념이 들어가 있다. 학교, 지역사회, 지자체 및 국가는 전 국민을 대상으로 정기적으로 재난 교육을 실시한다. 대형 재난이 일어나면 단기적으로는 생명, 중기적으로는 생활, 장기적으로는 생업, 즉 3생生을 구해야 한다는 원칙이 있다. 시간별로 다른 대책을 만들고 국가나 지자체, 광역단체와 국민이 역할을 분담하도록 한다. 대피 매뉴얼 작성과 교육실시, 지역사회 방재 네트워크 구성(자치소방대), 통보 시스템 개선과 지진 전문가 양성, 피해 주택 재건축과 내진 건축의 확대, 피해자와 기업에 대한 재정 지원, 피해 주민들의 심신 케어, 산업과 관광부흥, 단층과 원전부지의 적정성 규명, 문화재 복구 등의 방대한 시나리오를 어느 누가 혼자서 만들 수는 없기 때문이다.

위에서 살펴본 일본 지진 대책의 특징은 "행정은 빠르고 복구는 멀리 보고, 주민은 만족한다"는 것이다. 이런 고민을 우리나라는 누가 얼마나 하고 있을지 갑자기 궁금해진다. 일본의 지진 전문가들은 한신 대지진이 국민 개개인의 대처 능력을 키우는 계기가 됐다고 한다. 일본의 지진 대응 매뉴얼을 통해 국내·외에서 발생하는 대형 재난은 우리가 어떤 문제에 직면하느냐가 아니라 문제해결을 위해 어떻게 접근했느냐에 따라 운명이 결정된다는 사실을 잘 보여주고 있다.

한반도도 더 이상 지진의 안전지대가 아니기에

"이제는 우리나라도 더이상 지진의 안전지대가 아니다"는 말은 우리와 인접한 나라에서 지진이나 쓰나미가 발생하거나 국내에서 작은 규모의 지진이 발생했을 때 언론을 통해서 가끔씩 들어왔던 말이다. 그러나 이젠 정말로 지진이 남의 나라 일이 아니게 되었다. 2016년 9월 12일 경주에서 규모 5.8의 지진 발생으로 부상자 23명, 지붕이나 담장파손 및 건물균열 발생 등 재산상 피해 5120건에 직접 재산피해액만 110억 원이었다. 여진도 400회 정도 발생했다.

1978년 우리나라에서 지진 관측을 시작한 이후 한반도에서 발생한 역대 최대 규모의 지진이었고 정부는 경주시를 특별 재난지역으로 선포했다. 이듬해인 2017년 11월 15일 이번엔 포항에서 발생한 규모 5.4의 지진으로 부상 135명 재산 피해가 3323억 원에 달했고 여진도 100회 정도 발생됐다. 경주 지진보다 지진 규모는 다소 작았지만 피해는 더 컸다. 마찬가지로 포항도 특별 재난지역으로 선포되어 정부 지원을 받았지만 당시 지진 피해 주민들은 아직까지도 고통받고 있다.

경주 지진이 한반도가 더이상 지진 안전지대가 아니라는 인식 전환을 가져왔다면 이번 포항지진은 이를 분명하게 확인시켜 주는 계기가 되었다. 이제는 지진이 남의 나라에서만 발생하는 남의 나라 일이 아니라 우리의 일, 우리의 재난이 되었다. 지진에 대한 생각이나 우리의 대응 자세와 준비에 대한 패러다임도 바뀌어야 할 시점이다.

2006년 방재사업팀장을 맡았을 때 국내에서 최초로 자연재해(지진, 태풍, 홍수 등) 컨설팅 비즈니스를 미국의 ABS 컨설팅사와 협업으로 맡아 수행한 적이 있다. 당시만 해도 지진은 우리나라에서는 발생하지 않는다는 인식이 강해 사업을 진행하는 데 많은 어려움을 겪었었다. 그나마 삼성그룹의 반도체 사업장이나 삼성코닝의 유리용해로 공정은 미세공정으로, 작은 진동에도 제품 불량에 큰 영향을 끼쳐 지진 시뮬레이션을 돌려보고 진단결과를 바탕으로 내진설비를 보강하는 등 지진에 대비한 보강을 많이 했었다.

이때 준비한 덕분에 그 이후 발생한 몇 차례의 작은 지진에서도 생산공정에 전혀 영향이 없었다는 얘기를 전해 들었고 작은 보람도 느꼈다. 당시 지진 컨설팅을 하면서 느꼈던 것은 주요 대기업 외에는 내진설계 검토나 지진 발생 시의 예상 영향도 등 지진에 대응할 어떠한 준비도 하지 않고 있었다는 점이다. 대기업도 주로 불량과 관련있는 생산공정에 한해 내진설계를 검토하고 반영하는 수준이었다. 경주나 포항에서 큰 지진이 발생했는데도 불구하고 그 이후 일정규모 이상 건물에 내진설계를 의무화한 것 이외에는 그때나 지금이나 별로 달라진 게 없어서 다른 재난처럼 사후약방문이 되지는 않을까 하는 걱정이 앞선다.

2016년 역사상 최대 규모의 지진이 한반도를 뒤흔들고 96분이 지난 시점에서 기상청 과장이 한 브리핑은 "땅 밑은 예측할 수 없습니다"였다. 지붕이 요동치고 담벼락이 무너진 초유의 위급상황에서 기관마다 대피를 결정하고 행동을 지도할 안전요원이 없는 대한민국의 벌거숭이 안전대책을 어떻게 그냥 넘길 수 있는가. "별거 아니다. 신경쓰지 말고 공부해라" 부산의 어느 고교에서 교사가 발령한 대처 방법이었다.

과연 인구밀도가 높은 서울에서 지진이 발생하면 어떤 현상이 벌어질까. 서울 중심부에서 규모 7의 지진이 일어나면 276만여 명이 사망하고 2848조 원의 경제손실이 발생한다는 전망이 나왔다. 2016년 국민안전처의 지진재해로 인한 사회·경제적 피해 예측 모델 보고서에 의하면 서울 중구 필동 남남서쪽 0.83km 지점에서 지진이 일어날 경우 규모 4일 때는 인명피해나 경제손실이 발생하지 않지만 규모 6.5일 때는 인명피해 31만5천 명, 경제

지진 규모별 인명피해(사망) 예측

*자료: 국민안전처 | 단위: 명

규모	4	5	6	6.5	7
서울	0	0	6천	31만5천	275만8천
강원	0	0	0	1천	2만7천
대전	0	0	1천	5만	40만6천
광주	0	0	1천	5만5천	43만9천
대구	0	0	1천	3만7천	48만4천
부산	0	0	2천	11만7천	87만9천

손실 1289조 원에 이를 것으로 추산했다.

규모 7일 때는 피해가 기하급수적으로 커져 사망은 전 국민(5160만 명)의 5.3%에 해당하는 276만 명, 경제손실은 올해 예산(386조7천억 원)의 7.4배인 2848조 원에 이를 것이라는 계산이 나왔다. 이 보고서는 미국 연방재난관리청FEMA에서 자연재해로 인한 재산손실을 평가하고 인명피해를 예측할 때 사용하는 시스템인 해저스HAZUS를 기반으로 개발한 알고리즘으로 지진 상황을 시뮬레이션한 결과다. 최근 지질학자들은 한반도에서 규모 7이상의 지진이 일어날 가능성은 배재할 수 없다고 했다.

늦었지만 지금부터라도 우리도 빨리 지진에 대비한 준비를 시작해야 한다. 우선 시급한 것은 국민을 위한 사회적 안전망 구축이다. 지진은 언제 어디서 발생할지 모른다는 점을 전제로 대비해야 한다. 학교와 공공시설은 물론이고 주요 생산시설에 대한 내진설계를 강화해야 한다. 국내 전체 건축물의 내진설계 비율은 6.8%에 불과하다. 어떤 방법으로 언제까지 내진설계 비율을 높여 나갈 것인지 장기적인 계획을 세워 추진해야 한다. 지역 맞춤형 지진 대응계획을 수립하고 지진발생 시 지진 정보의 신속하고 정확한 공유, 대피행동 매뉴얼, 대피 지도, 지진 발생 후 주거생활을 포함한 사후 매뉴얼도 준비하고, 매뉴얼대로 실행할 수 있는 인프라 등 환경을 갖춰나가는 것이 필요하다.

무엇보다 개개인의 대응능력을 키워주는 안전교육과 지진에 대비한 상시 훈련을 실시해야 한다. 재난 대비는 국가의 의무이기도 하지만 내가 나를 지키겠다는 각오도 그 못지않게 중요하다. 재난의 순간 나와 내 가족, 이웃의 목숨을 구하는 것은 일차적으로 시민의 몫이다. 개인의 안전 불감증으로 인해 빚어지는 안타까운 사고를 줄이기 위해서라도 이런 인식의 전환은 꼭 필요하다. "아는 만큼 두렵지 않다"고 했다. 지진 역시 미리 이해하고 대비하면 막연한 불안감과 실제적 위험을 줄일 수가 있다. 지진을 예측하기는 어렵지만 대비하면 그만큼 피해를 줄일 수 있다. 국가의 번영은 국가 기관이 재난을 예측하고 충격을 최소화하며 안정을 복구할 수 있다는 믿음에 기반한다.

골든타임, 모든 국민이 알아야 할 생존 매뉴얼

생존심리학 분야의 세계적인 권위자인 존 리치에 의하면 대형 재난이 발생했을 때 80%의 사람은 아무런 결정도 내리지 못하고 10% 사람들은 잘못된 결정을 내린다. 남은 10% 사람들만 올바른 결정을 내리는데 이들은 비슷한 상황을 겪었거나 위급한 상황에 대한 훈련을 받은 경험이 있는 사람들이라는 것이다. 이는 생명을 다투는 위급상황이 닥쳤을 때 평상시 교육훈련의 중요성을 강조한 것이다. 의학적으로 응급 질환(상황)에서 부작용을 최소화시키며 생명을 구할 수 있는 제한된 시간을 골든 타임이라고 한다.

뇌심혈관질환으로 인한 사망자가 한 해 5만 명을 넘어서고 있지만 여전히 증상이 생긴 뒤 병원까지 도착하는 데 걸린 평균시간은 골든 타임 20분 이상을 넘어선다. 질병관리본부에 따르면 증상이 나타난 뒤 병원 도착까지 걸린 평균시간은 심근경색 2시간 20분, 뇌중풍(뇌졸중) 3시간 24분으로 골든 타임에 비해 20분 이상 늦었다. 심장동맥이 막힌 심근경색과 뇌혈관이 막히거나 터진 상태인 뇌중풍은 뇌심혈관질환 중 가장 긴급한 치료가 필요한 응급질환이다. 병원 도착 시간이 늦어진 가장 큰 이유로는 초기증세를 감기몸살, 피로 누적, 소화 불량 등과 관련된 단순 증세로 받아들여 병원에 바로 가지 않는 게 꼽힌다.

심근경색과 뇌졸중 발현 뒤 병원 도착시간

구분	골든 타임	평균 병원도착시간
심근경색	2시간	2시간 20분
뇌졸중	3시간	3시간 24분

질병관리본부 관계자에 따르면 뇌심혈관질환의 심각성과 초기 증세를 숙지하고 있는 사람이 많지 않고 일부 환자는 응급진료 기능이 부족한 동네 의원부터 찾아서 시간을 허비한 때문이라고 한다. 평상시에도 심근경색과 뇌중풍의 초기 증세를 숙지하고 관련 증상이 느껴지면 일단 119에 도움을 청한 뒤 대형 병원으로 가는 게 바람직하다. 심근경색의 초기 증세로는 가슴 통증, 구역질, 현기증, 식은땀 등이 있으며 뇌중풍은 부분적인 마비, 극심한 두통, 언어장애 등이 대표적이다.

최근에는 각급 학교나 기업체 등에서 심폐소생술 교육을 실시하고 있어 많은 사람들이 심폐소생술 시행방법을 알고 있다. 가끔씩 언론 보도를 통해 지하철이나 공공시설에서 의식을 잃고 쓰러진 사람을 행인이 심폐소생술로 살려낸 사례가 미담으로 오르내리기도 한다. 대한심폐소생협회에 따르면 심장마비 환자에게 심폐소생술을 시행하면 생존율이 3배 높아진다고 한다.

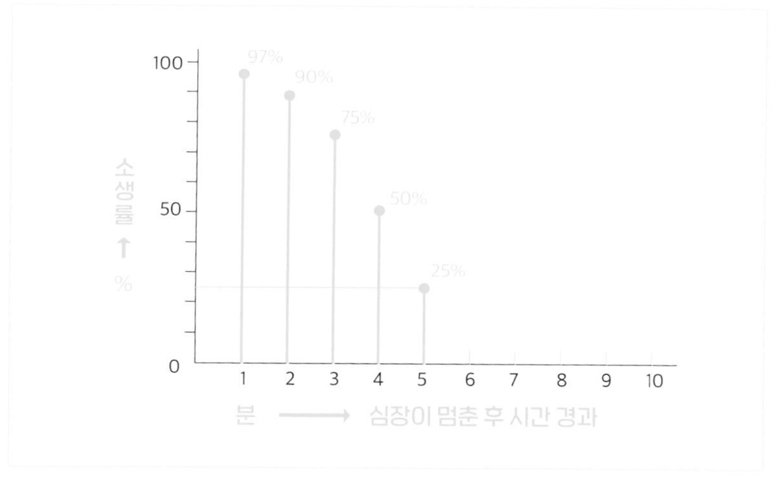

심폐소생술 지체 시간 경과별 생존율

가슴에 전기충격을 가해 심정지 환자의 심장박동을 되살리는 기구인 자동제세동기AED는 지하철역을 포함한 대부분의 공공시설에 설치돼 있다. 그런데 사용법을 아는 사람은 많지 않다. 한국생활안전연합 조사 결과 직장인의 4.6%에 불과했다. 45%는 자동제세동기가 무엇인지도 몰랐다. 한해 심정지로 사망하는 사람이 2만4000명인데도 이렇다. 미국이나 유럽 등에서는 어릴 때부터 의무적으로 생존 매뉴얼을 가르친다. 안전 천국 스웨덴에서는 3세 때부터 실제 사례 중심의 안전교육을 시킨다. 성인도 마찬가지다. 미국 재난방재청의 민간인 재난대비 매뉴얼은 물을 정수하는 법까지 가르친다. 위급 상황일수록 자체 판단보다는 매뉴얼에 따른 대응이 중요하다.

'3·3·3법칙'이라는 것이 있다. 의학적으로 공기는 3분, 물은 3일, 음식은 3주일 안에 공급되지 않으면 사람은 사망한다는 것이다. 재해가 발생하면 72시간 내에 구조해야 한다는 게 이 때문이다. 하지만 때론 사고 현장에서 이 한계를 뛰어넘는 생존자들이 나온다. 1995년 삼풍백화점 붕괴 때는 건물 잔해에 깔렸던 19세 여성이 17일 만에 구조됐다. 극한 상황에서 인체의 생체 시계는 지각장애를 일으켜 대사代謝 기능이 떨어진다고 한다. 그러면 에너지 소모가 줄어 영양분 공급이 끊어져도 상당한 시간을 버틸 수 있다. 한편 외딴 곳에서 급히 구조를 요청해야 할 때는 전봇대부터 찾아야 한다. 전국에 있는 전봇대 850만 개는 도심에 약 30m, 농촌에 50m 간격으로 설치돼 있고 고유번호가 적혀 있어 금방 위치를 확인할 수 있다.

사고 유형별로 사고 특성에 따른 골든 타임이 있다. 비행기 사고의 경우 기체에 불이 난 뒤 폭발하기까지 소요되는 시간은 1분 30초(90초), 지하철 화재 3분, 심정지 및 호흡곤란은 4분 안에 심폐소생술 등 응급조치를 하지 않으면 뇌가 손상된다. 화재는 화재현장에서 초기 골든 타임 5분 안에 대처가 이뤄지지 않으면 불이 확산돼 치명적인 인명피해가 발생한다. 교통사고나 중증 외상은 1시간 안에 내장 파열이나 신체 절단 등에 대처하는 응급 수술이 이뤄지지 못하면 소생가능성이 급감한다.

사고 유형별 골든 타임

비행기사고1분30초	지하철화재 3분	심정지 4분	산업현장 화재 5분
지진 72시간	중증 외상 1시간	산불 30분	뇌졸증 3시간
심근경색 2시간	유류선 침몰 30분	선박침몰 30분 (초기 인명구조)	선박침몰 48시간 (생존자 구조)

SAF

PART

4

생각을 바꿔야 안전이 보인다

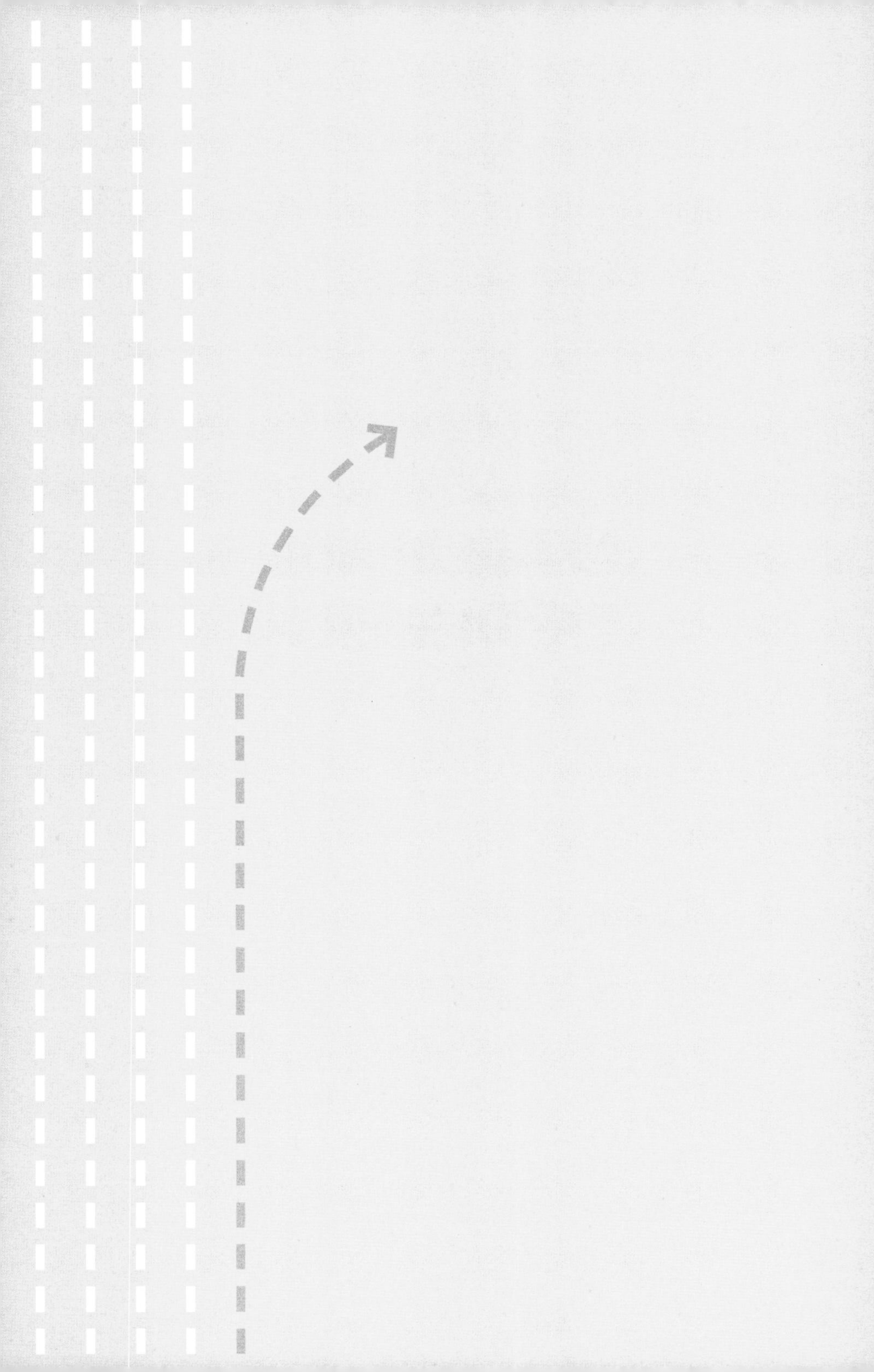

국가(정부)는 국민 안전의 마지막 수호자

안전한 사회는 요원한가?

세월호 참사로도 부족한 것일까? 문재인 정부 들어서도 영흥도 낚싯배 침몰, 제천 스포츠센터 화재, 밀양 세종병원 화재, 광주 나이트클럽 붕괴, 급기야 이천 물류창고 참사까지 재난과 사고가 끊이지 않고 일어났다. 참사가 발생하면 대통령을 비롯한 관료나 정치인들은 현장을 찾아가 위로하고, 정부는 재발방지를 다짐하며 대책을 발표하지만 금세 잊혀지고 참사는 또다시 반복된다.

사고가 날 때마다 단속을 강화한다며 안전 점검과 전수 조사를 실시하고 안전기준을 강화한다고 공언空言해 왔지만 성수대교와 삼풍백화점 붕괴 사고 이후 수십 년이나 흘렀고 모든 것을 안전 위주로 다 바꾸겠다고 했던 세월호 사고가 발생한 지도 6년이나 지났지만 아무것도 달라지지 않았다.

문재인 정부 주요 재난 발생현황

발생 일자	사고 내용	피해 내용
2017.12.03	영흥도 낚싯배 침몰	사망 15명
2017.12.21	제천 스포츠센터 화재	사망 29명 | 부상 36명
2018.01.26	밀양 세종병원 화재	사망 37명 | 부상 143명
2018.11.09	서울 종로 국일고시원 화재	사망 7명 | 부상 12명
2018.12.18	강릉 펜션 보일러 가스 누출	사망 3명 | 부상 7명
2019.07.27	광주 나이트클럽 발코니 붕괴	사망 2명 | 부상 34명
2019.07.31	서울 양천구 빗물펌프장 수몰	사망 3명
2019.08.14	속초 아파트 공사용승강기 추락	사망 3명 | 부상 3명
2019.09.10	영덕 수산물탱크 청소 중 질식	사망 3명 | 부상 1명
2020.01.25	동해 펜션 가스폭발	사망 4명 | 부상 5명
2020.02.18	남원 사매2터널 연쇄 추돌	사망 5명 | 부상 43명
2020.04.28	이천 물류창고 화재	사망 38명 | 부상 10명
2020.07.21	양지 SLC 물류센터 화재	사망 5명 | 부상 8명

화재로, 선박사고로, 교통사고로, 산업재해로, 도로에서, 바다에서, 펜션에서, 병원에서, 나이트 클럽에서, 그리고 산업현장 등에서, 각종 사고로 도처에서, 하루아침에 가족을 잃는 참사가 끊이지 않고 있다. 어느 곳 하나 안전한 곳이 없고 사람 목숨이 운에 달렸다는 말 밖에 나오지 않을 정도다. 자식 키우는 다른 부

모들도 눈물이 나오는데 생때같은 아들을 저 세상으로 보낸 부모의 심정은 오죽하겠는가. 세월호 사고 이후 바뀐 것이 무엇인가. 안전한 나라는 요원한 것만 같다. 진정 우리는 사고로부터 교훈을 얻지 못하는 국가일까. 소 잃고 외양간도 못 고치고 사후약방문마저 제대로 못 하고 있으니 답답하기 그지없다.

문재인 대통령은 영흥도 낚싯배 침몰사고 다음 날 "국민의 생명과 안전에 관한 국가의 책임은 무한책임"이라고 했다. 제천 스포츠센터 화재와 밀양 세종병원 화재 이후 범정부 차원의 대책을 내놓기도 했었다. 문재인 대통령은 당시 "대규모 재난과 사고에 대해서는 일회성 대책이 아니라 상시적인 대응이 가능하도록 시스템을 정비하겠다"며 국민 안전을 국정의 핵심 목표로 제시하기도 했다. 그렇다면 과연 우리 사회의 안전 시스템이 정비되고 있다고 느끼는 국민이 얼마나 있을까.

국가는 말로만 안전을 외칠 것이 아니라 강한 의지와 목표를 갖고 실천해야 했다. 제천 화재 참사의 희생을 키웠던 원인 중 하나가 소방차의 출동 지연을 막는 불법 주차였다면 이것부터 해결해야 하지 않겠나. 왜 이런 것 하나 해결하지 못하는지 도무지 알 수가 없다. 법이 없는 것도 아니고 행정력이 없는 것도 아닌데. 도대체 어떤 희생을 더 치러야 우리 사회가 정신을 차릴까.

지난 4월 29일 황금연휴 바로 전날 경기도 이천의 한 물류창고 공사 현장에서 큰불이 나 근로자 38명이 사망하고 10명이 다치는 참사가 발생했다. 화재 원인은 아직 조사 중이지만 우레탄 작업(가연성물질)과 용접 등 화기작업(점화원)이 병행된 것이 사고의 직접 원인일 것이다. 이천 참사가 발생한 지 석 달도 안된 지난 7월 21일 이번엔 인근 양지 SLC 물류센터에서 또다시 화재가 발생해 5명이 사망하고 8명이 부상을 입었다. 같은 사고가 계속 발생하고 있는데도 정부는 속수무책이다.

올해 발생한 이천 물류창고 화재는 같은 지역에서 2008년 1월에 발생한 물류(냉동)창고 화재와 원인이 똑같다. 그때도 전기용접 중 불티가 우레탄 발포작업 중 시너로 인해 발생한 유증기에 옮겨붙으면서 폭발해 40명이 사망하고 17명이 중경상을 입었다. 2008년 12월 5일에는 서이천 물류창고 지하에서 출입문 용접 중 불티가 샌드위치 판넬에 붙으면서 화재가 발생해 8명이 숨지고 4명이 화상을 입었다. 이같이 2008년 같은 지역에서 두 번씩이나 같은 원인에 의한 참사가 있었는데도 12년 뒤 또다시 닮은 꼴 참사가 발생했다.

이런 현상을 어떻게 이해해야 할까. 가연성 물질이나 증기가

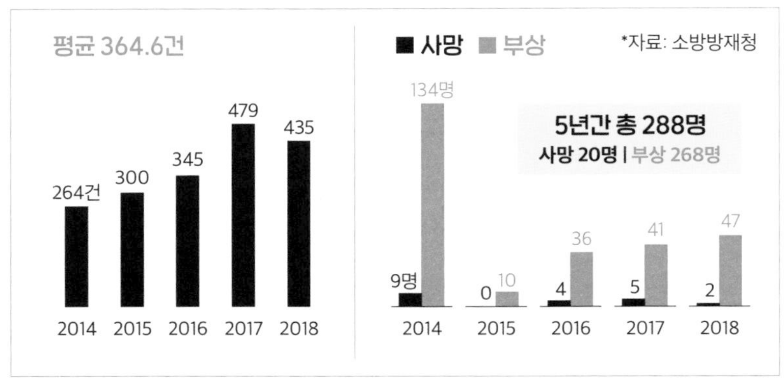

공사장 용접화재 발생 추이 및 용접화재 인명피해

있는 곳에서 용접 등 화기작업을 하면 화재나 폭발이 일어날 가능성이 높다는 것은 안전을 하는 사람이라면 누구나 아는 사실이고 통계도 이를 말해 준다. 지난 5년간 공사 현장에서 용접을 하다 발생된 화재가 연 평균 364.6건이나 된다. 하루에 1건 이상씩 용접 등 화기작업 과정에서 화재가 발생하고 있는 것이다.

이런 참사를 겪을 때마다 우리 사회가 생각보다 안전하지 않다는 사실을 다시 한번 깨닫게 된다. 사고가 날 때마다 안전을 강조했지만 다짐은 그때뿐이다. 사고는 계속되고 인명피해는 늘어만 간다. 대형참사가 반복되는 것은 사고를 겪고도 아무런 교훈을 얻지 못했음을 의미한다. 규정만 제대로 지켰더라면, 불법행위만 제대로 단속했더라면 막을 수 있었던 인재이기에 참담함은 더해진다.

국민이 행복한 안전한 사회를 만들기 위해서는

지금까지 우리는 대형 참사가 발생할 때마다 슬픔과 분노, 공포와 좌절같은 감정이 휩쓸고 지나간 뒤 차분히 모여 앉아 냉정히 원인을 분석하고 대책을 논의하는 이성적 모습을 찾기 힘들었다. 누군가를 헐뜯고 비난하고 이용하는데 더 많은 에너지를 낭비해 왔다. 이제는 선진 시민사회로 가기 위해 성숙한 시민의식과 안전의식이 무엇보다 필요한 시기이다. '국민의 생명과 안전을 지키고 보호하는 일'에 관한 한 정치적 이념이나 여야가 따로 있을 수 없다. 기업이나 공공기관, 노勞와 사使, 국민이나 공무원 생산자와 소비자 모두가 이 대의大義 앞에 머리를 맞대고 오로지 하나로 뭉쳐 사회적 공감대를 형성하고, 각 주체별로 해야 할 일을 확실히 정하고 강력하게 실행함으로써 안전한 대한민국을 하루빨리 건설해야 한다.

그 출발점은 과거 참사에 대한 통철한 반성과 참사가 반복되는 명확한 원인규명이다. 눈에 보이는 원인뿐만 아니라 눈에 잘 띄지 않는 구조적인 원인을 모두 찾아내 치유하지 않으면 안전불감증이란 병은 계속 재발한다. 이런 과정을 통해 정부가, 기업이, 근로자가, 국민이 해야 할 일을 정하고 그 일을 진행하는 과정에서 수반되는 돈과 시간 그리고 불편함까지도 기꺼이 감수할 수 있도록 사회적 합의를 도출해야 한다.

재난은 우리 사회 도처에 다양한 형태로 잠재하고 있다. 선박사고, 건설사고, 교통사고, 다중이용시설 사고, 펜션사고, 레저스포츠 관련 사고, 화학물질 사고, 용접화재 사고 등 수도 없이 많다. 재난의 형태와 특성별로 차분히 사고의 원인을 찾아 효과적인 대책을 수립해 강력하게 추진해야 한다. 이 대책은 그저 보여주기식 대책이 아니라 정부, 기업, 국민이 반드시 실천해야 하되 수용 가능한 실질적인 대책이어야 한다.

이천 물류창고 화재를 예로 들면 왜 수십 년간 같은 화재가 발생하고 있는지 그 구조적인 문제를 찾아 해결하지 않는다면 앞으로도 계속 같은 사고가 반복될 것이다. 관할 기관의 관리 감독상의 문제인지, 원청의 문제인지, 시공사의 하도급 구조의 문제인지, 최저가 입찰제의 문제인지, 공기工期의 문제인지, 경영자의 문제인지, 안전관리자나 관리감독자의 문제인지, 근로자의 문제인지, 아니면 복합적인 문제인지를 밝혀야 한다. 근본적인 사고 예방대책은 이런 과정을 통해서 수립되어야 한다.

재난은 늘 가까이 있지만 대책은 항상 멀리 있다. 그렇기 때문에 당장 바꿔야 할 것과 장기적으로 개선할 것을 구분해야 한다. 가까이 있는 재난에 대비하려면 당장 써먹을 수 있고 효과가 큰 대책에 우선 집중해야 한다. 돌이켜 보면 이런 해결책은 주로 법과 제도의 운용 그리고 관행들 즉, 우리 사회의 소프트웨어에서 찾을 수 있다. 좁은 도로와 주차 공간이라는 하드웨어를 탓하고 있으면 내일, 한 달 혹은 1년 뒤에 일어날지 모르는 화재에 여전히 무방비할 수밖에 없다.

우리나라에 안전과 관련한 법과 제도가 부실한 탓일까. 아니다. 오히려 쓸데없는 것까지 너무나 많고 중복된다. 산업현장에선 똑같은 사안인데 여러 부처의 점검과 관리를 수시로 받는다. 그래도 사고는 발생한다. 내가 기억하기로 우리나라 산업현장에 적용되는 안전환경과 관련한 법규만도 130개가 넘는다. 과거 국민안전처가 이 부분의 문제점을 알고 조사하다 그치기도 했다.

며칠 전 출근하기 위해 내려간 지하 주차장에서 있었던 일이다. 경비 아저씨가 통로에 주차된 차량에 주차위반 스티커를 윈도 브러시에 끼워 놓고 있었다. 자주 보던 광경이라 아저씨한테 "그렇게 하면 주차위반 행동을 계속하지 않겠어요? 스티커를 떼기 힘들게 해야 다음에 안 그러지요"했더니, 그분은 "저도 그렇게 해야 한다고 생각하지만, 그렇게 하면 관리사무소에 전화해서 난리를 쳐요. 그래서 관리사무소에서 그렇게 못하게 해요"라고 답했다. 늦은 시간에 퇴근해서 주차를 하려고 하면 빈 곳이 있는데도 주차공간이 아닌 코너부에 자기가 주차하기 편하게 주차를 해 놓는 사람이 있다. 다른 사람이야 코너링을 하면서 불편하든 말든 오로지 자기만 편하면 된다는 사람이다. 이런 일들은 우리 사회 도처에서 벌어지고 있다. 이런 질서의식이나 시민의식부터 고쳐야 안전한 사회가 앞당겨지지 않을까.

주차질서를 예로 든 것은 정부 관련 부처나 지방자치 단체의 법 집행력을 이야기하기 위해서다. 우리 사회엔 수많은 법들이 있다. 지킬 수 없는 법도, 지키지 않는 법도 아주 많다. 법적 사항은 최소 기준으로 하되 위반하면 엄중하게 제재해야 하는데도 그렇다. 그래서 한 가지 제안하고 싶다. 수많은 법들을 제대로 관리도 못 하면서 다 간섭하려 하지 말고 우리 사회에서 국민과 근로자의 생명과 안전에 직결되는 것을 간추려 쉬운 것부터 누구나 꼭 지키게 하는 것이다.

소방차 도착이 늦어지면 인명과 재산손실이 커진다. 대형 화재를 막으려면 예방관리도 중요하지만 소방차 출동을 막는 무책임한 주차 관행부터 바꿔야 한다. 불법주차를 상습적으로 하는 곳을 경찰이나 지자체에서 모를 리 없다. 불법주차를 근절하려는 의지가 없을 뿐이다. 주차 위반지역에 주차하면 반드시 범칙금을 내야 한다는 생각을 하도록 해야 한다. 불법주차 문제가 해결될 때까지 집요하게 해야 한다. 누가 해야 하나. 결국 정부와 공무원이 해야 할 일이다. 그런데 "우리 지역에서 음주단속과 주차단속을 자주 하지 말아 달라"고 압력을 넣는 정치인도 있다고 한다. 이런 정치인이 아직까지 있다면 이젠 국민이 심판해야 한다.

정부 차원에서는 관련 법규를 바탕으로 한 예방-대비-대응-복구의 재난안전 시스템을 재난예방을 위한 효과 위주로 재정비하고 현장에서 실효성 있게 작동되도록 해야 한다. 아리스토텔레스는 나쁜 일이 일어나는 원인을 부도덕성에서 찾았고 이 부도덕성이 발생하는 두 가지 이유를 사악함과 둔감함으로 나누었다. 그리고 사악함에 대해서는 처벌이 필요하고, 도덕적 둔감함에 대해서는 교육과 훈련이 필요하다고 했다. 안전을 도외시하는 사악함에 대해 이제는 더 이상 관용을 베풀어선 안 된다. 선진국에서 안전을 유지하는 비결 중의 하나가 바로 높은 범칙금이라는 의미를 잘 살펴봐야 한다.

아마 내 자식이 사고 위험이 있는 그런 공장이나 건설현장에서 일하고, 내 가족이 그 배에 타거나 숙소에서 잔다고 생각하면 그토록 허술하게 관리하지 않을 것이고 대충 감독하지도 않을 것이다. 정부와 민간 그리고 국민이 각자 할 수 있는 일을 책임질 수 있는 만큼만 몰입해 시행하는 나라가 안전 선진국가다. 할 수 없는 일을 한다고 해서도 안 되고 해야 할 일을 교묘하게 빠져나가서는 더욱 안 된다. 위험한 시설은 짓지 못하게 하고 화재가 발생하면 경보가 울리고 물을 뿜어내는 것과 같은 안전 시스템을 구축하여 제대로 작동할 수 있게 하는 것이 국가의 당연한 책임이자 의무다.

국민의 안전은 삶의 질 향상과 행복의 필수 요소이며 모든 국민은 인간으로서 존엄과 가치를 가지며 행복을 추구할 권리를 가지고 있다. 국민의 안전은 가장 우선적으로 고려해야할 가치다. 수단적 가치에 불과한 것들이 목적을 압도해서는 안 된다. 국민의 생명과 재산을 지키는 것이 국가와 공복公僕의 기본 책무라고 한다면 책임감과 사명감을 갖고 재난 예방에 헌신하길 소망해 본다. 더이상 이 땅에서 참사로 자식을 잃고 국가를 믿을 수 없다며 이민을 떠나는 국민이 나오지 않게 해야 한다. 그러라고 국민들이 아까운 세금 내가며 일자리를 만들어 준 것이다.

국민의 안전을 위해서는 정권의 의지가 필요하다

생명이 없는 돈을 위해 살아 숨 쉬는 생명을 버리는 악덕 기업과 개인사업자, 집단 이익을 챙기며 공공의 이익은 외면하는 관료, 무사안일에 빠진 정부, 리더십의 부재, 우리 사회의 도덕지수는 최악이다. 총체적으로 무능한 국가는 매년 각종 참사로 수많은 힘없고 불쌍한 국민들이 목숨을 잃어가고 있는 것을 그저 바라만 보고 있다. 희생된 이들은 우리 사회가 안고 있는 문제를 최일선에서 자기 몸으로 떠안고 이름 없이 죽어갔다. 사람의 생명보다 비용과 속도를 우선시하는 시스템이 계속되는 한 산업 현장이든, 바다든, 지하철이든, 스포츠센터든 안전한 곳은 없다. 이제는 안전을 비용의 문제로 보는 물신주의 망령은 청산돼야 한다.

사람의 목숨값은 얼마나 될까. 생명의 가치가 무한하고 하나뿐인 목숨값을 어떻게 돈으로 매길 수 있을까마는 '무한無限'은 생명의 소중함을 담아내는 은유적 언어로선 맞는 말이지만 정책 결정과 보상을 해야 하는 현실에서는 냉정할 필요가 있다. 한 사람의 목숨도 잃지 않기 위해 모든 차량의 운행을 중지시킬 수는 없지 않은가. 목숨값을 이용한 비용편익 분석이 비인간적으로 느껴지지만 비용편익 분석이 없는 세상이 더 비인간적일 수 있다. 따라서 안전 규제 범위를 결정하려면 생명의 가치 계산을 피할 수 없다.

미국 밴더빌트대학의 경제학자 킵 비스쿠시는 기존의 죽음으로 인한 소득 손실로 목숨값을 계산하는 것에 반대해 자기 자신의 생명에 대해 부여하는 가치를 측정하여 '통계적 생명의 가치'라고 했다. 이는 미국 정부가 위험물질의 경고표시 규제를 도입하는 근거가 됐다. 예를 들어 어떤 특정 규제를 도입할 경우, 규제 도입 시 구할 수 있는 인명의 가치보다 비용이 많이 든다면 규제 도입의 타당성이 떨어지기 때문이다. 가장 최근 논문에서 그가 계산한 통계적 생명의 가치는 미국의 경우 960만 달러(약 118억 원), 한국은 그 절반 정도인 470만 달러(약 57억 원) 정도였다고 한다. 가난한 나라와 부유한 나라의 목숨값이 다르고 젊은이와 노인의 목숨값이 다르다. 이에 비하면 각종 사고 현장에서 생명을 잃는 우리나라 국민들의 목숨값은 아직 많이 싸다.

한 사람의 사고는 피해 당사자 개인만의 문제가 아니다. 가족 구성원의 사고는 가정과 가족의 붕괴로 이어진다. 경제적인 문제,

사회적 결핍, 결손 가정 등 많은 사회적인 문제도 야기한다. 그러나 중대재해를 일으킨 사업자에 대한 처벌은 솜방망이라고 밖에 할 수 없다. 산재 사망사고 평균 벌금액은 432만 원(2016년 기준)이었다. 사망 사고가 발생했을 때 부과되는 벌금 등 기업의 손실비용이 안전 투자비용보다 훨씬 적으면 대기업을 제외하면 규제를 지키기가 쉽지 않을 것이다.

미국 정부가 2016년 6월 현대차 협력업체 아진 USA에서 발생한 산재 사망사고에 대해 256만 달러(약 30억 원)의 벌금을 매긴 것과 비교해보면 하늘과 땅 차이다. 산업현장에서 사고를 줄이기 위해서는 무엇보다 기업의 안전에 대한 인식이 바뀌어 자율적으로 안전관리를 철저히 시행하는 것이 가장 중요하다. 안전장치나 보호구 없이 위험한 작업환경에 근로자들을 몰아넣는 것은 중대한 범죄행위임을 알아야 한다.

반복되는 산업현장 대형 참사의 고리를 끊으려면 보다 강화된 안전제도가 필요하다는 지적이 나온다. 근로자들의 생명과 안전을 지키기 위해 최선을 다하는 게 오히려 돈 버는 일이라는 것을 사업주가 체감하게 하는 방법밖에 없다고도 한다. 이번 이천 물류창고 참사를 계기로 기업살인법을 도입해야 한다고 노동계가 강하게 주장하고 있다. 영국의 경우, 근로자의 산업재해로 인한 사망사고를 줄이기 위해 2007년 기업과실치사 및 기업살인법Corporate Manslaughter and Corporate Homicide Act 2007을 제정하여 2008년부터 기업활동 중에 발생하는 사망사고에 대해 엄중한 책임을 묻고 있다.

그렇다고 과연 처벌만 강화하면 사고를 예방할 수 있을까? 얼마 전 고용노동부 장관이 대법원 양형위원장을 찾아가 김용균법에 대한 처벌기준을 높여달라고 요구한 것처럼 새로운 법을 제정하지 않고도 지금 있는 법의 벌칙 조항만이라도 제대로 적용하면 얼마든지 효과가 있다. 그것보다 중요한 것은 사고를 줄이기 위해 정부가 구체적으로 어떤 노력을 하겠다는 것에 대한 고민과 노력은 하지 않고 처벌만을 강조하는 것은 문제가 있다. 독일이나 일본은 우리보다 처벌이 약한데도 산재사고가 더 적은 것을 생각해 볼 필요가 있다.

앞에서도 언급했지만 우리나라에 법이 부족하고 없어서 대형재난이 계속 발생하는 것이 아니다. 한국인은 태어나면서부터 법규를 안 지키고 미국인은 잘 지키는 게 아닌 것처럼 이미 있는 안전 법규를 제대로 안 지켰기 때문이다. 그리고 그것을 방치하며 집행을 소극적으로 했기 때문이다. 불법을 저지르다 걸리면 패가망신할 수 있으며, 중소기업이든 대기업이든 기업이 해야 할 일을 하지 않아 대형 참사가 발생하면 망할 수 있다는 것을 보여주면 된다. 그러면 기업이나 사업주의 행동은 달라진다. 바로 사고가 적은 나라들이 공통적으로 채택하는 가장 일반적인 정책이다.

우리 사회의 안전사고는 정부가 의지를 갖고 노력하면 얼마든지 줄일 수 있다. 문제는 규제를 지키지 않아 사고가 발생하는 것인데 또 다른 규제만 만들려고 하면 안 된다. 제대로 된 집행을 보여주면 된다. 이것을 먼저 해보고 그래도 도저히 안 되면 그때 기업살인법이든 또 다른 강력한 규제를 만들면 된다. 국가의 가장 중요한 그리고 무거운 책무는 국민의 안전을 지키는 것이라고 대통령도 수없이 말하고 있다. 그런데도 대형 참사가 이어지는 것은 국민 안전에 대한 정권의 의지 문제다.

국민의 안전지킴이,
공무원의 책임의식이 필요하다

국민의 생명과 안전을 지키는 일은 국가의 책무이고 그 업무는 관련 정부 기관과 산하기관 그리고 각 지방자치단체의 공무원들에 의해 수행된다. 따라서 그 나라의 안전수준은 공무원들의 책임감과 사명감 그리고 역량과 의지에 따라 결정된다고 볼 수 있다. 그래서 공무원의 업무 자세와 신조를 엿볼 수 있는 공무원 윤리헌장을 찾아봤다. 국가에 대한 헌신과 충성, 국민에 대한 정직과 봉사, 직무에 대한 창의와 책임, 직장에서의 경애와 신의, 생활에서의 청렴과 질서 등을 주요 덕목으로 채택하고 있다.

신입사원 시절 업무를 시작하면서부터 안전보건·소방·환경업무 등과 관련된 공무원들과 함께 일해 왔다. 기업과 공직이라는 각기 분리된 공간에서 각각 다른 방식으로 일하지만 사고를 예방하고 환경을 보호하는 목적에 있어서만큼은 같은 것을 추구한다는 생각에 같은 배를 타고 한 방향으로 가는 사람들이란 동질감도 느끼곤 했다. 적어도 예전에는 사고예방을 위해 민·관이 힘을 모아 함께 노력한다는 연대의식 같은 것도 있었다. 이런 과정에서 기업의 애로점을 듣고 어려운 점이 있으면 법이 허용하는 범위 내에서 최대한 도와주려고 머리를 맞대고 함께 고민하던 많은 훌륭한 공무원들을 봐왔고 때론 존경심마저 느끼기도 했다. 세월이 흐르면서 사람도 바뀌고 공직 문화와 공직에 대한 사명감도 많이 바뀌는 것 같아 다소 아쉬움도 있다.

앞서 사고의 예방은 정권의 의지에 달려 있다고 얘기했듯이 공무원들도 자신들이 각자 담당하고 있는 지역이나 영역에서 불법 행위나 사고를 근절하고야 말겠다는 의지가 있고 전략과 전술이 있다면 사고를 예방하는 것이 불가능한 일일까. 혹자는 말할 것이다. 관리하고 감독할 대상은 많은데 사람이 부족하다고. 관리하는 범위가 너무 넓다고. 다른 할 일이 많다고.

그 많은 사업장이나 그 넓은 범위를 다 하려고 하면 부족할테지만 왜 한정된 인력으로 그걸 다하려고 하나. 자체적인 인력이나 장비를 갖추고 자율적으로 잘 하고 있는 사업장이나 시설은 그냥 알아서 하게 놔두면 된다. 사고가 많이 발생하는 업종이나 사업장 위주로 필요한 점검이나 감독을 중점적으로 해야 한다. 그리고 단편적이거나 부분적인 지적이 아니라 그런 업종이나 사업장에서 왜 사고가 발생하는지 구조적인 문제점을 찾아야 한다. 국가 차원의 법과 제도의 문제인지, 사업주의 안전인식의 문제인지, 투자나 예산의 문제인지, 기술의 문제인지, 교육훈련의 문제인지, 근로자들의 문제인지를 정확히 진단해서 거기에 맞는 처방전을 내야 한다. 그리고 개선되고 잘 유지관리 하는지를 철저히 점검하고 감독하면 된다.

사람들은 속도 위반이나 신호 위반 등 교통법규를 위반해도 한번 걸리지 않으면 반복해서 하게 된다. 이런 법규 위반 행위를 근절하려면 상습적으로 사고가 발생하거나 신호나 속도를 위반하는 지역과 시간대를 밤낮으로 시도 때도 없이 전방위적으로 단속을 한다면 사람들은 위반하려는 생각을 아예 하지 않을 것이다. 제천 스포츠센터 화재 당시 불법주차로 소방차의 진입을 방해했던 불법주차 현장이 며칠 지나지도 않았는데 또다시 반복되고 있다는 기사를 본적이 있다. 참사가 발생했는데도 이 정도면 주차 단속을 하겠다는 의지가 없다고 밖에 볼 수 없다. 시민의 안전과 관련된 일을 하는 공무원들의 자세와 의지를 엿볼 수 있는 대목이다.

산업현장을 들여다봐도 공무원들의 일하는 방법이 사고 예방과는 거리가 있다. 어떤 이슈되는 사고가 발생하면 관련 업종의 기업을 이 잡듯이 뒤진다. 이른바 "털어서 먼지 안 나는 곳 없다" 식이다. 큰 문제가 없어도 서류미비, 교육이수 미서명 등 무엇이든 찾아낸다. 점검을 했는데 아무것도 없으면 시간을 허비한 것이라는 생각을 하는 것 같다. 사업장 점검을 하는 것을 보면 행정 위반사항을 찾는 것이지 사고예방을 위한 점검이라는 생각이 전혀 들지 않게 한다. 아니 그런 것에는 별로 관심이 없어 보인다는 말이 맞다.

물론 행정적인 것들도 잘 관리해야 한다. 그러나 당장 해야 할 일이 많은데 한정된 공무원 수로 어떻게 그 넓은 범위의 작은 문제들까지 다 관리하려고 하는지 모르겠다. 그런 일에 시간 낭비하지 말고 위험도가 높고 사고가 자주 발생하는 기업과 업종에 대해서 체계적으로 집중관리 해야 한다. 그런 곳의 근본적인 문제점이 무엇인지, 왜 안 바뀌는지를 추적 관리해야 한다. 이번 이천 물류창고 화재도 총 여섯 차례 유해위험방지계획서 심사 및 확인을 받고 세 차례 화재위험 주의를 받았는데도 방치하여 막을 수 있었던 사고를 막지 못한 것은 기업 입장에서도 이를 관리 감독하는 입장에서도 큰 아쉬움이 있다.

기업의 안전을 좌우한다
최고경영자CEO

'안전은 투자'라는 최고경영자의 발상의 전환이 필요하다

기업에서 안전은 어떻게 결정될까. 1차적으로 기업의 경영이념이나 경영방침 즉, 핵심가치에 직원과 고객의 안전이 포함되어 있는지의 여부로 결정된다. 그리고 이것은 최고경영자의 안전에 대한 경영철학과 의지에 의해 좌우된다. 최고경영자가 안전에 무관심하거나 소극적인 기업에 안전을 중시하고 우선시하는 문화가 자리잡을 수 있을까. 생각할 수 없는 일이다. 최고경영자의 안전에 대한 철학이나 인식은 해당 회사의 안전업무를 하는 사람뿐만 아니라 경영진과 관리감독자 등 모든 임직원들이 다 알고 있다. 기업의 임직원들은 최고경영자가 중시하고 관심을 보이는 순서대로 업무를 한다. 이것은 기업이나 모든 조직의 생리다.

나는 삼성그룹 계열사 2개 회사에서 33년 동안 일하면서 총 아홉 명의 최고경영자를 경험했다. 경영임원으로 피선되고 나서도 세 명을 모셨다. 시대 상황과 당시 회사 상황에 따라 정도의 차이는 있지만 모든 분들이 안전에 관한한 확고한 경영철학을 갖고 전폭적인 지원을 아끼지 않았다. 이것은 내가 소신껏 안전 관리를 할 수 있는 배경이 되었다. 최고경영자가 훌륭한 경영능력을 갖추고 있었음은 말할 것도 없고 확고한 안전 경영철학이 확립되어 있었기에 가능했다. 이러한 기저에는 삼성그룹의 경영원칙이 한몫하고 있다. 삼성그룹엔 경영원칙 다섯 가지가 있는데 그중 하나가 '환경·안전·건강을 중시한다'이다. 흔히 많은 기업의 최고경영자들은 안전이 회사의 가장 중요한 가치라고 말한다. 그러나 그 말을 실천으로 보여주고 철저히 챙기는 사람은 그렇게 많지 않다. 지금도 끊임없이 발생하는 사고들을 보면 그렇다.

삼성에서는 아무리 경영 환경이 어렵고 비상경영 상황에 처하게 될지라도 환경안전에 대한 투자와 비용 집행은 모든 것에 우선한다. 항상 투자순위의 맨 앞에 위치한다. 기업의 사활이 걸려 있는 생산이나 품질향상을 위한 투자만큼이나 우선한다. 현재 삼성물산 리조트부문 최고경영자인 정금용 대표는 부임한 지 3년째를 맞고 있다. 취임사부터 회사 전략회의, 경영회의 및 각종 회의에서 안전에 관해 단 한 번이라도 언급하지 않은 적이 없다. 이를 뒷받침하듯 모든 회의에서 첫 번째 안건은 바로 안전이다. 최고경영자가 이렇게 진심으로 안전을 챙기고 독려하는데 휘하의 사업부장이나 임원 및 관리자들이 어떻게 안전을 솔선수범해서 챙기지 않을 수 있겠는가.

그렇다면 기업의 최고경영자는 안전에 대해 어떤 생각과 철학을 갖추어야 할까. 기업의 목적이 이익 창출이고 이를 위해 효율성이 필요하며 조직의 목표를 달성하는 게 아무리 중요해도 '직원들의 생명을 담보로 한 이익 추구나 효율성은 안된다'는 기업윤리와 경영윤리의 철학이 우선되어야 한다. 이윤과 비용을 떠나 근로자의 생명과 직결되는 안전만큼은 최고경영자가 직접 책임지고 신경을 써야 한다.

자기 회사에서 일하는 근로자를 보호하지 못하고 다치게 하는 것이 회사의 가장 큰 잘못이고 부끄러움이라는 것을 아는 기업과 최고경영자가 많아져야 우리 산업사회의 안전이 확보되고 경제가 지속적으로 성장할 수 있다. 대부분의 기업에서는 근로자를 '가족'이라고 한다. 말로만 근로자를 가족이라고 할 게 아니라 가족의 안전을 온전히 챙겨주고 지켜줘야 하는 것이야말로 가족에 대한 기업의 책임이다. 기업이 적극적으로 나서고 최고경영자가 앞장서야 해결할 수 있는 문제다. 따라서 기업에서의 안전관리 성패는 최고경영자의 용기와 결단에 달려있다.

지난해 미국의 대기업 최고경영자 181명이 '더 나은 세상을 만들어 나가는데 기여하는 것이 기업의 올바른 길'이라는 취지의 선언문을 냈다. 우리나라의 최고경영자에게도 시사하는 바가 크다. 주주뿐 아니라 근로자와 소비자, 지역사회, 협력업체 등 기업을 둘러싼 여러 이해 관계자들의 이익을 함께 추구해 나가는

데 기업운영의 목적을 둬야 한다는 것이다. 생명을 존중하지 않는 기업에는 미래가 없다. 듀폰의 설립자 E.I. Du Pont은 "만약 우리가 안전하게 할 수 없다면, 우리는 아예 하지 않을 것이다If we can't do it safely, we won't do it at all"라고 했다. 기업의 최고경영자들이 한번 음미해 볼 말이다.

최고경영자는 '안전은 투자'라는 인식도 가져야 한다. 안전을 비용이나 규제로 인식할 것이 아니라 미래 세대와 기업의 성장을 위한 당연하고 긴급한 투자라는 인식의 전환이 안전문화 정착의 필요충분 조건이라는 생각을 해야 할 필요가 있다. 이제는 안전이 담보되지 않는 기업 발전은 사상누각에 불과해지는 시대를 맞고 있다. 사회적 물의를 일으키는 기업의 사고나 대형 재난은 심각한 인명피해는 물론이고 막대한 경제적 손실을 초래한다. 그뿐만 아니라 언론에 집중 조명되면서 안전관리 소홀에 대한 국민적 지탄을 받아 기업 이미지에 큰 타격을 입는 등 막대한 유·무형의 손실도 발생한다. 또한 민·형사상의 책임과 제품의 불매운동까지 이어져 패망의 길로 들어서게 하는 단초가 되기도 한다.

사익私益 추구는 사람들로 하여금 행동하게 만드는 힘을 가진다. 화학물질 누출사고나 화재폭발 사고 등 지역 주민에 큰 피해를 줄 가능성이 있는 공장에서의 사고 예방활동은 공익公益에 해당된다. 때문에 그 방법이 공익을 위해 사익을 다소 제한하게 할지라도 위험의 생산자가 안전에 실질적인 책임을 지도록 하는 것은 당연하다. 이런 의미에서 안전은 공익의 대표적인 요소이기도 하다. 이렇듯 안전을 위한 투자는 손해가 아니라 막대한 손실을 예방할 수 있는 잠재적 이익창출 행위다. 안전을 최우선의 핵심 가치로 삼으면서도 100년 넘게 사업을 성공적으로 이어 나가는 세계적인 기업이 많이 있는 것을 보면 안전 투자가 사익의 중요한 요소가 되고 있음을 보여준다.

안전중시 기업은 어떻게 구분할 수 있을까

기업이나 최고경영자가 안전을 기업의 핵심 가치나 경영의 중요 요소로 인식하고 실천하고 있는지 확인할 수 있는 몇 가지 방법이 있다. 첫째, 안전관리 부서의 위상이다. 안전부서가 여러 부서에 휘둘리지 않고 소신껏 업무를 진행할 수 있도록 최고경영자가 힘을 실어주고 있는지의 여부다. 안전부서의 지침이 현장에 잘 이행되지 않는 곳에서는 안전을 논할 수 없다. 여기에는 능력 있는 직원들이 안전부서에 배치되고 역량을 잘 발휘하는 환경이 조성돼 있는지, 안전관리 부서장이나 부서원들의 처우(승진/직급)는 제대로 이뤄지고 있는지도 포함된다.

능력 있는 직원이 안전부서에 배치받아 일하다 다른 부서로 가고 싶어하거나 안전부서에서 일 잘하는 유능한 직원을 빼내 다른 부서로 보내는 일들을 주변에서 많이 듣고 보아왔다. 안전관리 부서의 위상이 높은 기업에서는 직원들이 안전부서에서 일하고 싶어한다. 당신의 회사는 그런 기업인가. 삼성물산 리조트

부문에서는 올해 신규 임원승진이 단 한 명밖에 없었다. 그런데 그 한 명이 영업을 하는 사람도 현장 운영이나 인사·관리업무를 하는 사람도 아닌 안전을 담당하고 있는 부장이었다.

둘째, 임직원들의 업무 중 안전업무가 차지하는 비중이다. 즉, 회사가 부서나 개인의 업무를 평가할 때 사용하는 회사의 핵심 성과지표KPI, Key Performance Indicator에 안전이 얼마나 반영되어 있는지의 여부다. 사고는 단순히 운이나 요행에 의해 좌우되는 것이 아니다. 끊임없이 위험을 찾아 개선하고 필요한 교육과 점검을 지속적으로 해야 안전한 일터를 만들 수 있다. 다시 말해 안전관리의 P-D-C-A를 효과적으로 관리하지 않으면 사고는 언제 어디서 발생할지 모른다. 안전은 공짜로 얻어지는 것이 아니기 때문이다. 오늘의 노력이 없는 한 안전한 내일은 존재하지 않는다. 안전은 시간과 노력을 통해서 얻을 수 있다는 것을 잊어선 안 된다. 이를 위해서는 적어도 안전 업무의 비중이 생산 직접 부서의 경우 30% 이상은 되어야 한다. 해야 할 것을 알고 실천하는 조직에 사고의 그림자는 드리워지지 않는다.

생산이나 제조 현장에서는 생산량과 품질(양품률 또는 불량률)이 매우 중요하다. 아니, 가장 중요한 공장의 존재 이유다. 건설공사 현장에서 공기와 품질도 마찬가지다. 그런데 생산량을 극대화하는 과정이나 공기를 획기적으로 단축하는 과정에서 안전사고를 발생시킨 관리감독자나 부서장이 좋은 평가를 받는다면 과연 그런 현상을 지켜보는 직원들은 어떤 생각을 하게 될까. 사고가 발생할 위험이 있더라도 이를 무시하고 생산을 먼저 챙기려고 하지 않겠는가. 기업의 핵심성과지표에 안전의 비중을 늘리는 것은 안전을 확보하면서 생산성을 증대하고 품질을 향상하게 하도록 하는 것이다. 생산이나 품질, 공기, 원가에 대한 실패는 대부분 대안의 해결책을 찾을 수 있는 여지가 있지만 안전의 실패는 그 어떤 방법으로도 만회할 수 없기 때문이다. 사람의 생명과 신체는 여분spare parts이 없다.

셋째, 안전과 관련한 투자나 비용 즉, 안전관리 업무에 소요되는 비용은 원가관리 대상에서 제외할 수 있어야 한다. 안전에 소요되는 비용만큼은 필요한 때에 필요한 만큼 사용할 수 있도록 보장하는 제도적 뒷받침이 마련돼 있는 회사가 안전 선진 기업이라고 할 수 있다. 기업 경영을 하다 보면 손익 목표를 달성할 때도 있고 그렇지 못할 때도 있다. 기업은 이윤을 창출하는 것이 목적이기 때문에 목표를 달성하지 못할 때 대부분의 기업에서는 비상경영을 선포하고 원가 및 비용관리를 매우 타이트하게 한다. 때론 극한의 원가절감을 위해 제로 베이스에서 관리하기도 한다. 이와 같은 어려운 상황 하에서도 안전에 관한 예산이나 비용만큼은 필요한 만큼 사용할 수 있어야 효과적인 사고예방이 가능하다. 사전 안전조치로 사고를 예방할 수 있지만 역설적으로 사고가 발생하지 않으면 과잉조치가 아니냐는 비난을 받을 수도 있기에 이런 것에 좌고우면하지 않는 조직의 공감대 형성이 필요하다.

마지막으로, 생산이나 작업을 하는 도중에 위험한 상황이 발생할 경우 누구든지 언제든지 설비의 가동이나 생산을 중단할 수 있는지를 보면 알 수 있다. 건설 현장이라면 공기가 촉박한 상황에서 위험상황이 발생할 경우 과감히 작업을 중단하고 안전조치를 할 수 있어야 한다. 아마 이런 회사나 작업현장은 거의 없을 것이다. 에버랜드는 놀이기구 운행 중에 미세한 소음 등 조그만 이상이라도 발생하면 대기 손님이 수천 명이 되어 엄청난 고객 불만과 항의가 쏟아질 것이 예상돼도 즉시 운영을 중단하고 점검에 돌입한다.

기업 경영에 있어서 생산, 품질, 납기는 매우 중요하다. 아니 기업이 존재하는 이유이기도 하다. 그렇기 때문에 당장 사고가 나는 것도 아닌데 이런 중요한 것을 후 순위로 미루면서까지 안전을 먼저 챙기기란 쉬운 일이 아니다. 큰 손실을 감수하면서도 안전을 우선할 수 있는 기업 환경이 되기 위해서는 최고경영자의 결단이나 의지 없이는 불가능한 일이다. 따라서 기업의 안전은 최고경영자의 경영 윤리와 안전에 대한 신념에서 시작된다. 이렇듯 확고한 안전경영 철학을 가진 최고경영자가 늘어날 때 비로소 안전한 기업과 안전 대한민국으로 도약할 수 있다.

안전 컨트롤 타워
경영자(임원)

안전에 대한 경영자(임원)의 솔선수범이 필요하다

기업에서 안전의 최종 책임자는 최고경영자이다. 최고경영자가 경영원칙을 바탕으로 안전이 경영의 핵심가치가 되게 할 책임을 갖고 있다면 경영자들은 안전의 전략을 수립하고 실행하는 컨트롤 타워가 돼야 한다. 최고경영자가 아무리 안전을 강조해도 경영자들이 이를 체계적이고 지속적으로 뒷받침할 전략과 실행력을 갖추지 못하고 있다면 말로만 하는 안전밖에 될 수 없다.

우리나라의 많은 기업 경영자들은 안전의 중요성을 잘 알고 있다. 그리고 안전이 최우선이며, 중요하다고 말한다. 그러나 실제 안전에 시간을 투자하고 경영자로서 해야 할 일이 무엇인지 명확히 알고 실천하는 사람들은 많지 않은 것 같다. 사고가 발생하고 시간이 조금만 지나면 생산과 품질에는 관심을 갖고 구체적으로 지시를 하면서 챙기지만 안전에 대해서는 특별한 문제가 생기지 않으면 구체적인 관심을 보이지 않는 습성을 갖고 있다.

해외 안전 선진기업에서 현장을 담당하는 부서의 관리감독자들은 적어도 전체 업무 중 30%는 안전관리 업무를 수행한다. 이것은 경영자도 마찬가지다. 그렇다면 경영자의 안전관리 역할과 업무는 무엇일까. 첫째, 경영자는 안전에 관한 명확한 철학을 바탕으로 관할 부서장이나 관리감독자와 근로자들에게 안전 최우선의 자세를 실천으로 보여야 한다. 말과 실천이 다르면 안 된다. 안전에 있어 경영자의 솔선수범은 실천하는 것 까지를 의미한다. 무엇보다 안전이 우선이고 만일 안전조치로 인해 생산이나 공기 및 품질이 일부 희생되더라도 기꺼이 수용하는 확고한 의지와 신념을 모든 직원들이 알게 해야 한다.

둘째, 관할하고 있는 부문의 안전관리상의 문제점(사고가 발생하는 원인)이 무엇인지 명확히 파악하고 개선해야 한다. 위험이 발생하는 원인이 공정이나 설비 등 기술적인 문제인지, 교육이나 제도 등 관리상의 문제인지, 근무환경이나 작업조건 등 구조적인 문제인지를 명확히 파악하고 이에 따른 대책을 수립하여 개선해야 한다. 우문현답愚問賢答이라는 사자성어는 원래 "어리석은 질문을 받고 현명하게 답한다"는 의미지만 산업 현장에서는 "우리의 문제는 현장에 답이 있다"는 뜻으로 사용된다. 이는 모든 안전상의 문제는 현장에서 이뤄지고 있고 그 해법도 현장에서 찾아야 하듯이 경영자는 안전에 관한 제반 문제는 철저히 현장 중심으로 현장에서 직접 보고, 듣고, 판단해서 답을 찾아야 한다. 이를 위해 안전계획과 개선현황을 점검하고 안전과 관련한 제반 문제와 발전방향을 토론하는 안전 회의체를 적어도 월 1회 이상은 주관해야 한다.

셋째, 안전 업무는 '결과outcome 중심'이 아닌 '과정process 중심'으로 관리해야 한다. 결과 중심은 사고 건수나 재해율에 초점을 맞춰 관리하는 것으로 예방에 초점이 맞춰진 것이 아니라 사후에 관리하는 방식이다. 이러한 결과 중심의 문제점은 사고는 자주 발생하는 것이 아니기 때문에 기업의 안전관리 향상을 위한 시간과 노력을 잘 반영하지 못한다. 즉, 사고가 없다는 것이 안전하게 관리되고 있다는 것을 의미하는 것은 아니란 얘기다. 안전관리를 열심히 잘 하는 과정에 사고가 발생하는 것과 그렇지 않은 상태에서 사고가 발생하는 것을 단순히 같은 사고로 평가해서는 안 된다. 이렇듯 사고에 초점을 두게 되면 조직내 부정적 분위기를 조성하게 되고 주로 책임자를 문책하거나 인사고과에 불이익을 주는 부정적인 방식으로 조치가 이뤄진다. 사고를 은폐하게 되는 것도 이런 이유 때문이다. 이러한 상황들이 지속되면 안전관리에 대한 부정적인 인식이 쌓이게 되고 관리자와 근로자들의 자발적 참여는 더욱 어려워진다.

안전관리가 과정 중심으로 자리잡기 위해서는 생산성 및 품질관리처럼 측정 가능한 예방관리 활동 지표를 바탕으로 목표를 세우고 관리해야 동기부여가 된다. 예를 들면, 위험요인의 발굴관리(점검&개선율), 위험성 평가관리, 안전교육의 질적 수준, 안전행동 관찰률과 안전행동 수준(안전작업표준 준수율)과 같은 것이 과정 중심의 관리지표가 될 수 있다. 사람들은 대개 실패에 대한 회피보다 무엇인가 성취하기 위한 것에 동기부여가 된다. 그러나 안전은 성취에 대한 목표도 아니고 결과가 가시적이지도 않기 때문에 동기부여가 잘되지 않는다. 따라서 안전관리도 실패를 회피하는 방식이 아닌 성취하는 방식으로 전환하여 관리할 수 있는 안전관리 프로그램을 개발해서 시행해야 한다. 이러한 과정을 통해 오랜 시간 동안 끊임없는 노력을 기울일 때 안전은 기업의 가치로 내재화되고 문화가 된다.

넷째, 관리감독자가 안전관리를 잘 수행하고 있는지 지휘 감독하고 부족한 점이 있으면 지도하고 지원해야 한다. 관리감독자가 생산 및 품질관리를 철저히 챙기듯 안전교육 및 점검을 효과적으로 잘 하고 있는지, 위험요인에 대한 관리는 잘 하고 있는지 등 관련 자료를 검토하고 현장에서 확인해야 한다. 안전교육도 직접 참관해 봐야 안전교육이 효과적으로 진행되고 있는지도 알 수 있다. 안전관련 전문지식을 갖춘 엔지니어도 육성해야 안전관리 수준을 향상시킬 수 있다. 또한 안전관리 수행과정의 문제점이나 고충 등을 여과없이 듣고 해결해 주려는 보다 적극적인 자세가 필요하다. 경영자가 안전에 대한 관심을 보이지 않게 되면 관리감독자나 근로자들의 안전의식과 관심도는 서서히 저하된다. 따라서 의도적으로라도 잊을 만하면 안전의 중요성을 강조하고 점검 확인하여 경영자가 항상 안전을 챙기고 있다는 인식을 갖도록 하는 등 안전에 대한 경각심을 높여주어야 한다.

지난 4월 27일 노동건강연대, 한국노총, 민주노총 등으로 구성된 산재 사망대책마련 공동 캠페인단은 '2020년 최악의 살인기업 선정식'을 개최하고 2019년 가장 많은 근로자가 일하다 사망한 기업을 발표했다. 노동계는 반복적인 산재 사망사고의 심각성을 알리고 기업의 책임강화를 위해 2006년부터 매년 최악의 살인기업을 선정 발표하고 있다. 우리나라 경제와 산업을 대표하는 굴지의 대기업들도 예외없이 매년 이름을 올리고 있다. 가정과 삶을 지탱하는 일터에서 근로자의 소중한 생명이 사그라질 정도의 사고가 발생한다는 것은 매우 부끄러운 일이고 수치스러운 일이며 다시는 있어서는 안 될 일이다.

경영자는 '자신이 맡고 있는 일터와 영역에서 사고가 발생하는 것은 자신의 잘못'이라는 분명한 책임 의식을 가져야 한다. 근로자들의 부상이나 죽음을 기업 경영의 리스크 정도로 취급해서는 안 된다. 직원들의 잘못이 아니라 자신의 부족하고 미흡한 안전관리 역량과 노력부족 때문이란 것을 알아야 한다. 경영자는 생산과 품질 등 실적만 챙기라고 있는 것이 아니라 이것을 해내는 직원들의 안전도 챙기라고 있는 것이다. 안전을 소홀히 함으로써 대형 사고가 발생하여 국민 앞에 머리 숙이고 최악의 살인기업에 지정되는 수모를 당하지 않으려면 평소 경영자의 안전에 대한 책임과 역할을 다해야 한다.

다시 듀폰의 설립자 E.I. Du Pont의 말을 빌려 보자. "안전은 현장 경영자의 책임이다Safety is a line management responsibility" "최고경영자

가 직접 공장을 가동하기 전에는 어떤 직원도 신규 또는 건설된 공장에 들어갈 수 없다No employee may enter a new or built mill until a member of top management has personally operated it"

위험의 외주화, 그 본질을 알고 접근해야 한다

"한 번 일어난 일은 다시 일어나지 않을 수 있지만 두 번 일어난 일은 반드시 다시 일어난다"는 말이 있듯이 같은 사고가 계속 반복되고 있다. 지하철 스크린도어 정비 중 세 번이나 발생한 판박이 사망사고, 남양주 지하철 공사현장 폭발 붕괴사고, 에어컨 기사 추락사고 등 같은 사고가 연이어 발생하면서 사회 각계 각층에서 우리 사회의 안전을 우려하는 목소리가 높아지고 있다. 시민 단체들은 이런 사고와 관련해 위험의 외주화로 인한 사회적인 타살이라며 구조적인 문제점을 해결해야 한다고 목소리를 높이고 있다.

미국 오바마 前 대통령의 노동정책을 설계한 데이비드 와일 노동부 종신 행정관은 현재의 노동 시장을 '균열 일터Fissured Workplace'라고 정의했다. 겉으로는 한 직장에서 일하는 것 같지만 직원들은 정규직과 사내 하청, 사외 하청, 일용직 등 신분에 따라 여러 형태로 구분되어진다는 것이다. 비용 절감이라는 명목으로 안전업무마저 하청을 주고 비정규직을 쓴 탓에 사람의 목숨이 너무 가볍게 취급되고 있어 비정규직을 고용하거나 외주를 주지 못하도록 해야 한다는 주장이 거세게 일고 있다.

2018년 12월 11일 새벽 충남 태안화력발전소에서 하청업체 노동자 김용균씨가 혼자서 설비를 점검하다 컨베이어벨트에 끼어 사망했다. 정부는 고 김용균 사망사고 진상규명 및 재발방지를 위한 '석탄화력발전소 특별노동안전조사위원회(특조위)'를 출범했다. 특조위는 4개월여 활동 후 지난해 8월 19일 하청노동자 직접고용을 포함한 22개 권고안을 담은 700쪽 넘는 보고서를 발표했다. 정부는 발전부문 외주화를 지속적으로 추진하며 '시장의 효율성 및 안전성 제고가 가능한 최고의 경쟁도입'임을 강조해 왔다. 하지만 특조위는 발전사 외주화가 효율성도 안전성도 담보하지 못했다고 지적했다.

5개 발전사에서 2014~2018년 5년간 일하다 다치거나 사망한 근로자는 371명이다. 재해자는 원청 소속이 26명이었고, 하청 협력사 소속이 345명이었다. 사망자 21명은 모두 하청 소속이었다. 자회사 근로자는 원청 근로자보다 작업 중 사고를 당할 확률이 7.1배 높았다. 하청 업체와 협력사 근로자는 원청 근로자 대비 각각 8.1배와 8.9배 수준이었다. 또한 건설 현장에서 사망하는 근로자의 95%는 비정규직이고, 30대 기업의 산재 사망자도 95%가 하청 근로자다. 이렇듯 사고 데이터만 보면 산재 사망사고의 대부분은 비정규직과 하청 업체 근로자들이다.

시선을 돌려 하청 업체(외주화)의 구조와 사고 원인을 분석해 보면 핵심을 놓치고 있다는 것을 알 수 있다. 지하철 구의역 사고는 근본적으로 안전에 필요한 적정 비용을 누구도 부담하지 않는 구조적 부실 위를 달리는 데서 비롯됐다. 서울 메트로가 퇴직자들을 용역업체에 낙하산으로 마구 보내면서 정작 현장 작업인력은 이들의 1/3의 임금으로 근무해야 했다. 문제는 메트로의 잘못된 용역업체 운용이나 퇴직자 특혜 채용 같은 내부의 비경쟁과 독점 그리고 부패였다. 이런 것들로 인해 안전에 필요한 합당한 비용을 외면했다.

태안 화력발전소도 마찬가지다. 정부가 협력사 근로자들의 몫으로 책정해 업체에게 지급한 직접노무비 수준은 결코 낮지 않았다고 한다. 정비분야의 경우 노동자의 숙련도가 업체의 기술력을 좌우하기에 민간 경쟁력 향상을 목표로 한 정부는 원활한 인력수급을 담보해 낼 수 있는 수준의 직접 노무비를 책정했다고 한다. 하지만 협력사 노동자에게 실제 지급된 인건비는 직접 노무비의 절반 정도에 불과했다는 것이다. 하청업체의 인건비 착복이자 지나친 탐욕이 빚어낸 결과다. 근로자의 열악한 처우는 잦은 이직으로 이어져 근로자의 안정된 생활을 어렵게 하고 협력사의 기술 축적 또한 힘들게 하면서 이런 악순환을 초래했다. 외주화가 문제의 본질이 아닌 것이다.

내가 기업에 있으면서 보고 경험한 바로는 '위험의 외주화'라는 말은 언론에서만 들었다. 공정의 외주화이고 작업의 외주화다. 이는 산업사회에서 해외 선진 기업들도 경영효율과 경영기법의 일환으로 널리 활용하고 있는 것이다. 기업은 본연의 핵심기술과 공정에 역량을 집중하고 다른 비전문적이고 부가적인 공정은 전문기업에 위탁해 운영하는 것이 무슨 문제가 된다는 것일까. 다만 원청은 외주화 한 공정의 안전관리를 제대로 해야 한다. 외주업체가 필요한 기술인력과 처우 등 직접노무비 등을 비정상적으로 사용하지 않도록 철저히 관리감독도 해야 한다. 저임금 구조하에서 그곳을 평생직장이라 생각할 사람은 없을 것이고 이는 젊은 근로자들의 미숙련 노동으로 이어질 수밖에 없기 때문이다.

직영이나 외주화가 안전 문제의 본질일 수는 없다. 공기업이든 민간 기업이든 특정 업무를 분사나 외주 체제로 가는 데는 그럴 만한 이유가 있다. 예를 들면 전문 기술직과 단순 노무직이 단일호봉제에 묶여 있는 임금체계를 개선하는 정상적인 정책일 수도 있다. 인력관리의 효율성 제고 차원도 있다. 전기 및 통신이나 주택 공급같은 것을 정부가 모두 직접 움켜쥐고 갈 수 없는 것과 같다.

위험의 외주화 금지는 안전이 보장되는 외주화로 비정규직의 정규직화는 고임금 전문직화로 개선해야 한다. 작업장의 안전은 고용형태나 외주화에 영향을 받지 않는다. 산업현장의 안전은 책임 소재가 명확한 제도확립, 과학적이고 검증된 안전시설 확보, 그리고 교육훈련을 통한 안전수칙 준수 등의 문화가 정착돼야 달성할 수 있다. 이러한 것들을 경영자가 해야 한다. "자기가 하기 싫은 일을 남에게 시켜서는 안 된다"는 공자님의 말씀을 명심하면서.

사업장 안전의 키 맨Key Man
관리감독자의 안전 리더십Safety Leadership

관리감독자는 사업장 안전관리의 핵심

일반적으로 사업장의 관리감독자를 안전의 키-맨이라고 한다. 현장의 안전관리에 있어 관리감독자의 역할이 그만큼 중요하다는 의미이다. 사고 예방의 키를 쥐고 있고 안전관리의 성패를 좌우하는 핵심 요소가 바로 관리감독자이기 때문이다. 관리감독자는 현장의 공정이나 설비의 특성 등 현장 운영의 메커니즘을 가장 많이 알고 있고 최일선에서 항상 근로자들과 함께 하기 때문에 작업내용이나 방법 및 환경에 대한 폭넓은 경험과 지식을 갖고 있다. 또한 근로자들의 작업능력은 물론 성품이나 습관 등 개인별 특성까지도 가장 잘 파악하고 있고, 함께 일을 하기 때문에 근로자의 불안전한 행동을 즉각 제어할 수도 있다.

그뿐만 아니라 그동안 시행착오를 거치며 발전해온 작업표준의 이력과 과거에 발생했던 앗차사고와 재해사례 등을 가장 잘 알고 있다. 이렇듯 관리감독자는 현장에서 작업이 이루어지는 공정과 설비 및 근로자들에 대한 정보와 지식 그리고 경험이 가장 많은 사람이다. 이런 이유로 관리감독자를 안전관리의 성패를 좌우할 핵심 리더라고 부르는 것이다. 바로 사업장 안전관리의 중심에 관리감독자가 있다.

안전관리는 먼 옛날 원시 수렵사회와 농경사회부터 작업(노동)을 하는 과정에서 숙명처럼 수반되는 위험을 컨트롤하는 수단으로 진화되어 왔다. 문헌상 안전관리의 시초는 고대 바빌로니아 제6대 왕인 함무라비왕(재위 BC 1792년~BC 1750년)이 집필한 함무라비Hammurabi법전에 나오는 기록에서 확인된다. 인류 역사상 두 번째로 오래된 성문법이면서 '눈에는 눈, 이에는 이'라는 동해보복법으로도 유명한 함무라비 법전에는 총 282개의 판결문이 실려 있다. 그 가운데 작업을 잘못했을 때는 작업 감독자를 처벌하는 규정도 있다. 작업 중 사고가 났을 때는 분명한 안전책임을 물어야 한다는 장면이 나온다. 바로 이것이 산업안전관리의 첫 번째 기록 사례다. 탈리오법칙(피해자가 입은 피해와 같은 정도의 손해를 가해자에게 가한다는 보복의 법칙)이 적용되는 시대였던 만큼 그 징벌이 가볍게 끝나지 않았을 것이다. 이처럼 세계 역사적으로도 일찍부터 관리감독자에 대한 안전상의 책임이 부여되어 있었던 것이다.

이것이 오늘날 현대 산업 사회까지 이어져 내려오고 있다. 예로부터 산업 현장에서의 관리감독자 역할이 그만큼 크다는 의미일 것이다. 산업안전보건법상의 관리감독자는 '경영조직에서 생산과 관련되는 업무와 그 소속 직원을 직접 지휘·감독하는 부서의 장 또는 그 직위를 담당하는 자'라고 정의하고 있다. 다시 말해 생산라인이나 공사 및 서비스 등 관련 산업의 지휘체계에 있는 사람을 관리감독자라 하고 생산활동 과정에서 발생할 수 있는 위험에 대한 안전상의 책임과 역할을 부여하고 있는 것이다. 이런 점을 감안해 기업의 최고경영자와 경영진은 관리감독자에게 직무와 관련된 안전보건에 관한 업무를 제대로 수행할 수 있도록 적극 지원해야 한다.

내가 입사 초기 안전을 시작할 때만 해도 산업안전보건법의 안전보건관리 체제에 관리감독자의 역할이 명시되어 있지 않아 생산을 담당하는 관리감독자들이 생산과 안전을 따로 분리해서 생각하는 경향이 심했다. 안전을 생산활동에 수반되는 기본관리로 인식하지 않고 부가적인 업무쯤으로 생각해서 이를 이해시키고 설득하는 데 많은 어려움이 있었다. 그때 많이 얘기했던 것이 바로 "생산과 안전은 표리부동表裏不同한 것이 아니라 일심동체一心同體 관계"라는 것이다.

안정된 상태에서 안전하게 작업을 한다는 것은 항상 올바른 방법으로 작업을 한다는 것을 의미하기 때문에 작업의 실수가 없어지고 이는 안전 측면뿐만 아니라 생산과 품질 측면에서도 크게 기여를 하게 된다. 궁극적으로 품질이 향상되어 불량이 줄어들고 생산성 향상에도 큰 도움이 된다. 평소 관리감독자가 안전에 대한 관심을 보이지 않거나 생산과 품질만 강조하게 되면 근로자들은 당연히 생산과 품질 위주로 업무를 챙기게 되고 안전은 소홀히 할 수밖에 없다. 이렇게 되면 안전의식은 서서히 저하되어 위험한 상황이 방치되고 결국 재해로 이어진다. 관리감독자의 안전 리더십과 안전의식이 절대적으로 필요한 이유다.

Zohar(2002년)는 안전 리더십과 관련하여 관리감독자들의 안전관리 행동을 강조하였다. 현장의 관리감독자는 근로자들과 항상 가까운 곳에서 함께 작업을 하거나 작업을 지시하고 감독하는 역할을 하기 때문에 관리감독자의 안전에 대한 자세나 행동 등 안전의식은 현장의 안전수준과 사고 발생에 직접적인 영향을 준다는 것이다. 관리감독자의 안전에 대한 관심이나 동기가 부족하게 되면 사고 예방에 필요한 점검이나 안전장치 관리 등 기본적인 사항을 소홀하게 되고 심지어는 무시하게 된다. 실제 관리감독자의 안전 리더십 연구에서도 현장 관리감독자의 리더십 유형과 안전의식 수준에 따라 사업장별로 안전수준 및 사고 발생에서 큰 차이가 있는 것을 확인할 수 있다.

Zohar의 연구에서 현장 관리감독자를 대상으로 한 안전 리더십 기반의 활동(관찰, 피드백, 커뮤니케이션 등)을 수행한 결과, 근로자들의 안전보호구 착용비율이 9%에서 59%까지 상승했다. 관리감독자의 안전 리더십 수준은 조직내 안전문화에도 많은 영향을 준다. 조직문화는 집단행동 규범의 영향을 받고 이 규범 형성에 많은 영향을 미치는 것이 관리감독자의 리더십이다. 관리감독자가 안전에 대해 어떠한 철학과 신념을 갖고 얼마나 강조하고 실천하는지는 근로자들에게 아주 중요한 지침과 방향성이 된다. 안전과 관련된 언행 및 상호작용을 많이 할수록 관리감독자가 속한 현장이나 조직의 집단행동 규범에서 안전이 우선순위가 되고 근로자들 역시 이에 따라 현장에서 안전의 가치와 중요성을 인식하게 된다. 사람들은 대부분 합법적인 권위를 가진 사람의 지시에 순응하게 되어 있다.

2014년 고용노동부에서 연구 용역을 통해 관리감독자의 안전리더십과 안전의식이 근로자의 안전행동에 미치는 효과를 분석한 자료가 있다. 그 결과 사업장 안전관리에 있어 관리감독자의 역할이 얼마나 중요한지를 알 수 있다. 근로자의 성별, 연령, 교육수준, 근속연수, 근로시간 그리고 회사의 규모 등은 회사의 안전문화에 미치는 영향이 미미한 수준이라고 나왔다. 반면 관리감독자의 안전리더십과 안전의식이 높을수록 회사 전체의 안전문화가 높아지며 안전문화가 높을수록 근로자가 작업장에서 안전행동을 잘 준수하는 것으로 나타났다. 결국 사업장의 안전사고 발생을 줄이기 위해서는 근로자의 안전행동을 늘려나가야 하며 근로자의 안전행동을 늘리려면 이들에게 가장 큰 영향을 미치는 관리감독자의 안전리더십과 안전의식의 확립이 필요하다. 즉, 관리감독자의 안전 역할이 사업장 안전관리에 절대적인 영향을 미치는 가장 중요한 요소다.

관리감독자의 역할과 책임

우리나라 반만년 역사 중 안전관리의 역사는 이제 겨우 50~60년 정도에 불과하다. 이러한 짧은 역사이지만 경제성장과 안전이 균형을 이루며 발전했어야 했는데 압축성장 과정에서 그렇게 되지 못하다 보니 안전을 희생하며 소홀히 했다. 특히 현장 일선에서 생산과 품질 그리고 공기工期를 책임지고 있는 관리감독자들이 이러한 영향을 가장 많이 받아왔다. 따라서 안전관리 향상을 위해서는 이런 것부터 시급히 개선해 나가지 않으면 안 된다. 빨리 빨리에 익숙해진 사회 전반의 관습이 고착화되면서 안전에 대한 개념이나 의식이 뒤따르지 못하다 보니 사회 곳곳에서 각종 대형 참사가 끊이지 않고 발생하고 있는 것이다. 최근 산업현장에서 발생하는 많은 대형 사고의 원인 중 하나로 자주 오르내리는 것도 바로 관리감독자의 안전관리 소홀이다.

2016년에 발표되었던 모 국가산업단지 입주 기업내 관리감독자를 대상으로 한 '안전보건관리 인식 및 실천 수준 조사 결과'에 따르면 아직도 회사 내에서 안전보다는 생산이나 품질 등의 업무에 더 많이 중점을 두는 관리감독자가 여전히 많은 것으로 나타났다. 21세기를 살아가는 지금까지도 이런 인식을 갖고 있는 관리감독자가 많다는 것은 참으로 안타까운 일이 아닐 수 없다. 물론 기업에서 생산과 품질 향상을 우선하는 것은 당연하고 생산이나 품질 관리가 관리감독자의 중요한 업무지만 안전관리도 생산이나 품질관리 못지않게 그 중요도를 평가할 수 없을 만큼 막중한 관리감독자의 역할이다. 이제는 안전을 바탕으로 한 생산과 품질, 안전을 바탕으로 한 성과를 창출해야 진정한 성과로 인정하고 인정받아야 한다. 작업공정 전반에 걸쳐 생산과 안전이 일심동체로 조화를 이룰 수 있도록 조정과 균형을 맞춰 나가야 한다. 이것이 바로 관리감독자의 역할이자 책임이다.

그러기 위해서는 우선 관리감독자의 안전에 대한 인식이 바뀌어야 한다. '안전은 생산을 하는데 번거롭고 불편한 것이 아니라 모든 것에 앞서 가장 먼저 확인하고 지켜야 하는 가치'로 인식해야 한다. '부하 직원의 희생을 감수하는 생산이나 성과는 이제는 안 된다'고 하는 안전에 대한 확고한 신념이 필요하다. '사랑하는 내 자녀나 동생이 일하는 일터'라고 생각한다면 위험요인을 방치하고 그 속에서 무리하게 일하게 하지는 않을 것 아닌가.

관리감독자는 작업을 지휘하고 감독할 책임과 의무가 있듯이 '부하 직원이 건강한 모습으로 출근한 것처럼 그 모습 그대로 안전하게 퇴근하게 해야 할 책임이 있다'는 것을 한시라도 잊어선 안 된다. 성과만 자랑할 것이 아니라 안전을 바탕으로 한 성과를 자랑하는 관리감독자가 진정한 관리감독자가 되어야 하는 시대다. 직장생활을 하는 동안 안전관리를 잘못하여 부하 직원이 사고로 다치는 험한 꼴을 안 당하는 게 다른 어떤 것보다 가치있고 보람있는 일 아니겠는가. 그런 것들이 진정 부하를 아끼고 사랑하는 관리감독자들의 명예이자 자부심이다. 자신의 안전을 염려해 주고, 철저히 챙겨주는 사람을 위해 열심히 일하지 않을 사람이 어디 있을까.

관리감독자가 해야 할 안전관리 업무는 산업안전보건법에 명시되어 있다. ▲사업장 내 관리감독자가 지휘·감독하는 작업과 관련된 기계·기구 또는 설비의 안전·보건 점검 및 이상 유무의 확인 ▲관리감독자에게 소속된 근로자의 작업복·보호구 및 방호장치의 점검과 그 착용·사용에 관한 교육 지도 ▲해당 작업에서 발생한 산업재해에 관한 보고 및 이에 대한 응급조치 ▲해당 작업의 작업장 정리·정돈 및 통로확보에 대한 확인·감독 ▲해당 사업장의 산업보건의, 안전관리자 및 보건관리자의 지도·조언에 대한 협조 ▲위험성평가 등 유해·위험요인의 파악 및 그 결과에 따른 개선조치의 시행 ▲그 밖에 해당 작업의 안전·보건에 관한 사항으로써 고용노동부령으로 정하는 사항 등이다.

그야말로 안전관리 전 과정의 일들을 관리감독자가 수행해야 한다. 관리감독자가 이런 일을 원활히 수행하는 것을 지원하도록 산업안전보건법에서는 '사업주는 관리감독자에게 그 업무 수행에 필요한 권한을 부여하고 시설·장비·예산, 그 밖의 업무수행에 필요한 지원을 하여야 한다'고 규정하고 있다. 안전한 작업현장을 만들기 위해서는 사업주와 관리감독자가 함께 힘을 모아야 한다는 것을 의미한다.

이처럼 관리감독자가 해야 할 안전관리 업무는 아주 많다. 그러나 이것을 단순하게 3단계로 요약할 수 있다. 작업표준SOP의 제·개정-교육훈련-확인 및 점검이다. 관리감독자가 가장 먼저 해야 할 일은 안전하게 작업할 수 있도록 제대로 된 작업표준을 만드는 것이다. 현장에서의 작업표준은 안전측면과 생산측면을 고려한 가장 안전하고 효과적으로 작업할 수 있게 만든 작업절차이자 작업방법이다. 작업표준은 안전작업에 필요한 수공구, 안전위생보호구, 디테일한 작업방법 등이 모두 포함돼야 한다. 이러한 작업표준은 변경점이 발생할 때는 즉시 반영해서 관리해야 한다.

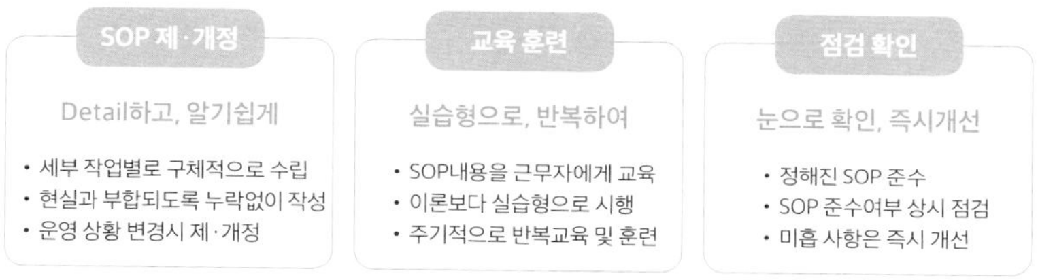

SOP 제·개정

Detail하고, 알기쉽게

- 세부 작업별로 구체적으로 수립
- 현실과 부합되도록 누락없이 작성
- 운영 상황 변경시 제·개정

교육 훈련

실습형으로, 반복하여

- SOP내용을 근무자에게 교육
- 이론보다 실습형으로 시행
- 주기적으로 반복교육 및 훈련

점검 확인

눈으로 확인, 즉시개선

- 정해진 SOP 준수
- SOP 준수여부 상시 점검
- 미흡 사항은 즉시 개선

관리감독자의 안전관리 사이클

작업표준이 만들어지면 다음으로 해당 근로자들에게 체계적인 교육을 해야 한다. 교육은 가급적 표준작업에 대해 시연試演으로 보여주고 근로자로 하여금 직접 실습하게 하는 등 체험을 통해 몸에 익히도록 하는 것이 가장 좋다. 교육에서 중요한 것은 노-하우Know How만 가르치는 것이 아니라 노-와이Know Why를 반드시 알려줘야 한다. 즉, 왜 그렇게 해야 하는지 원리와 이유를 가르치지 않으면 안 된다. 특히 안전교육에서는 위험요인에 대한 위험성과 작업의 임계점 및 작업에서 요구되는 지식과 기능을 확실히 정의하고 교육해야 한다.

아무리 인원이 부족하고 시간이 없어도 해당 작업에 필요한 지식과 기능이 갖춰지지 않은 직원을 현장에 배치하면 안 된다. 왜 그렇게 해야 하는지 원리까지 가르치는 것은 시간이 걸리고 힘든 일이다. 그렇지만 적어도 관리감독자는 작업의 원리를 충분히 이해하고 이를 토대로 근로자를 교육하고 현장 지도를 할 수 있어야 한다. 그리고 이와 같은 교육훈련은 한번 하고 그치는 것이 아니라 체계적이고 정기적으로 계획을 갖고 실시하는 것이 중요하다.

작업표준을 만들고, 교육만 하면 관리감독자의 역할을 다했다고 할 수 있을까. 아니다. 근로자들이 교육한 내용대로 작업을 잘 하고 있는지 수시로 확인하고 점검하는 것 또한 관리감독자가 해야 할 일이다. 그런 과정을 꾸준히 지속적으로 반복해야 작업자의 안전작업이 비로소 습관화된다. 근로자의 안전작업이나 안전행동 증진을 위한 효과적인 관리감독자의 관찰 등 점검 활동은 근로자들의 다양한 작업수행 정보를 얻을 수 있는 리더의 중요한 활동이다. 점검활동으로 얻는 정보는 근로자들의 안전행동을 평가하고 개선하는 주요 자료로 활용할 수 있고 관리감독자의 안전전략에 대한 설계와 수정의 방향성도 모색할 수 있다.

관리감독자의 점검 방법으로는 관찰적 점검과 상호작용적 점검이 있다. 관찰적 점검은 근로자가 작업하는 것을 가까이서 일방향으로 관찰하는 것으로 이는 근로자들과 소통이 부족하기 때문에 정보가 제한되는 단점이 있지만 직원들이 관리감독자가 없는 상태에서 무슨 일을 어떻게 수행하는지 독립적으로 관찰할 수 있기 때문에 효과적인 관리감독자의 업무 수행을 위해서 매우 중요하다.

반면 상호작용적 점검은 작업방법이나 내용 등에 대해 1:1 대화를 통해 직원들로부터 직접 정보를 얻는 것으로 시간과 노력이 더 많이 소요된다. 직원들은 상사에게 좋은 이미지를 남길 수 있는 정보를 선택적으로 제시할 수 있다는 단점도 있다. 일반적으로 근로자들은 관찰적 점검보다는 상호작용적 점검을 하는 관리감독자를 더 신뢰한다. 그러나 관리감독자 입장에서는 이들의 장점은 살리고 단점을 보완할 수 있는 관찰적 점검과 상호 작용적 점검을 병행해서 시행하면 점검효과를 극대화할 수 있다. 중요한 것은 근로자들이 스스로 안전하게 작업하도록 하는 것이다.

사업장 안전의 파수꾼
안전관리자

내가 걸어온 안전관리자의 길

나는 기업에서 안전업무를 담당하는 선후배를 만나거나, 사회에서 새로운 사람을 소개받을 때 안전관리자라고 하면 괜스레 마음이 짠해지곤 한다. 안전관리자는 업무 특성상 항상 좋은 얘기보다는 상대방이 불편하고 듣기 싫어하는 말을 많이 해야 하는 힘든 직업이기에 그만큼 외롭고 힘들며 고통스러운 직업이라는 것을 잘 알기 때문이다.

'예방한 사고는 사고가 아니다'는 말처럼 아무리 고생해서 일을 해도 '사전 예방'이라는 업무는 사고가 없는 곳에서는 표시가 잘 나지 않아 그 공功이 쉽게 부각되지도 않는다. 그러다가 만일 사고라도 나면 모든 게 다 자신 때문인 것 같아 고개숙인 죄인이 되고 누가 뭐라고 나무라든 나무라지 않든 자괴감에 몸부림친다. 어쩔 수 없는 안전관리자의 숙명이라고 하기엔 너무나도 무거운 짐이다. 안전관리 업무를 해보니 자연스레 그렇게 되었다. 여러가지 회사 업무 가운데 과연 이런 업무가 또 어떤 게 있을까?

생산현장이나 건설현장 또는 서비스 현장에서 일하는 근로자들과 관련한 설비는 모두 현장 부서의 소속이다. 다시 말해 사람과 설비 모두 안전관리자의 직접 지휘 라인에 있지 않다. 그렇기에 이들과 소통하고 이들을 설득해서 안전한 작업환경을 만드는 것이 여간 어려운 일이 아니다. 나는 사원 시절 생산부서 직원과 업무로 심하게 부딪쳐 지하 스프링클러 룸까지 들어가 멱살 잡고 몸싸움까지 한 적도 있다. 어느 날은 이제 어느 정도 자리가 잡혔구나 싶다가도 또 다른 날엔 이게 아니다 싶기도 한 적이 수도 없이 많았다. 시간이 많이 걸리는 일이고 힘든 일이지만 이해와 설득의 길을 가자고 마음먹다가도 그런 마음이 배신당하는 날에는 그냥 편한 길을 갈까 하는 유혹이 수없이 들기도 했다.

어떤 마인드로 안전관리자의 길을 가야 할지 어떻게 직원들과 관리감독자를 대하고 어떻게 안전을 이끌고 나아갈지 수없이 많은 생각과 번민의 시간을 보냈다. 그렇지만 그 끝에는 항상 안전관리자로서 나의 존재의 이유 그리고 내가 맡고 있는 곳에선 작업자들이 예견된 사고로 내몰려 한 가족이 불행해지는 것만큼은 방치하지 말자는 다짐이 있었다. 적어도 안전관리자로 일하는 동안만큼은 아무도 알아주지 않을지라도 안전을 일생의 업으로 택했던 그 사명감과 자긍심을 잃지 말고 내가 할 수 있는 최선을 다해 묵묵히 내 갈 길을 걸어가자고 다짐한 적도 수없이 많다.

그렇게 일하다 보니 어느새 33년이란 세월이 흘렀다. 뒤돌아보면 중대사고로 큰 아픔도 여러 번 겪었고 사고처리로, 예방관리로 뜬 눈으로 지새운 날도 수없이 많았다. 일복은 타고 나서 신입사원 시절부터 임원이 된 지금까지도 가는 곳마다 수많은 일들이 기다리고 있으니 마음 편히 쉰 기억이 별로 없다. 그래도 어디서 나오는지 모르는 긍정의 마인드가 강해 이왕 할거면 즐겁게 잘 하자는 생각으로 최선을 다해 왔다. 그렇게 하다 보니 좋은 성과를 냈고 조직에서 인정도 받아 많은 혜택을 누렸다.

요즘 주변의 동료나 선·후배들과 안전의 현재와 미래에 대한 얘기를 많이 나눈다. 그리고 주변 기업들의 얘기도 많이 듣는다. 그런데 아쉽고 안타까운 얘기도 있다. 그중 하나가 안전담당 임원에 대한 얘기다. 국내에서 대형 참사가 끊이지 않고 안전과 관련한 규제가 강화되다 보니 대기업에서는 안전담당 임원을 위촉한다. 그런데 안전을 배우지도 전혀 경험해 보지도 못한 사람을 임명하는 경우가 종종 있다고 한다.

실무는 담당자들이 하면 되고 간부들도 있으니 방향만 잘 잡아주고 지원을 잘해 주면 아무 문제가 없을 수도 있다. 그러나 안전은 전문적인 지식과 경험 기술이 필요한 분야인데 기업이 안전을 정말 잘해 보려고 재난안전 전문가 중심의 새로운 조직으로 만들고자 한다면 그 직위와 직책에 걸맞은 사람을 위촉하는 것이 당연하지 않을까. 안전담당 임원 정도는 언제든 갈아 치울 수 있고 아무나 앉혀도 된다는 판단이 아니길 바랄 뿐이다. 이런 사례는 기업이 '안전을 낳기만 하고 키우는 걸 포기'하는 것과 같다. 안전이 그렇게 만만한가.

안전관리자가 갖추어야 할 소양

안전관리는 기본적으로 혼자 할 수 없는 일이다. 안전관리 스텝부서(본사)에 근무하는 안전관리자라면 최고경영자, 공장장, 부서장, 동료 및 선후배와 함께 지휘통제를 받아 서로 도와가며 함께 일해야 하고 현장 부서의 임원 및 관리감독자뿐만 아니라 근로자들과도 소통하며 협력해서 일해야 안전관리를 원활하게 잘 수행할 수 있다.

생산 현장이나 건설현장에서 근무하는 안전관리자도 마찬가지다. 안전관리 스텝부서와 현장의 관리감독자 및 근로자들과 잘 소통하고 신뢰가 형성되어야 하고자 하는 일을 잘 추진할 수가 있다. 다양한 분야에 있는 수많은 사람들의 적극적인 협력과 지원 그리고 참여를 이끌어 내야 안전업무를 성공적으로 진행할 수 있는 것이다. 임원이 된 후 사업부에서 안전관리를 담당하는 직원들 워크샵이나 후배들과의 대화 등에서 들려줬던 내용(안전관리자에게 바란다_바람직한 안전관리자 像)을 소개한다.

첫째, 책임감과 사명감을 갖자. 안전관리자에게 가장 먼저 요구되는 덕목이다. 안전관리자는 근로자의 생명을 지키고 보호하는 일을 하는 사람이다. 어떤 이유로 안전관리자의 길에 들어섰든 근로자 한 사람 한 사람의 생명을 지키는 일을 한다는 강한 책임감과 사명감 없이는 이 험난하고 지난한 업무인 안전관리를 할 수 없다. 현장에서 땀 흘리며 고생하는 사람들, 수많은 사연과 어려움 속에서도 자신과 가정의 행복한 삶을 위해 열심히 일하는 근로자들을 "내가 아니면 누가 지켜줄까?"라는 책임감과 사명감으로 기꺼이 근로자들의 행복 지킴이가 되어야 한다.

사고로 다친 근로자의 고통과 애환을 한 번이라도 경험한 안전관리자라면 이 말을 이해할 수 있을 것이다. 그런 마음가짐으로 '우리 현장, 우리 사업장, 우리 회사는 내가 지킨다'는 신념이 있어야 한다. 안전관리자로서 '일의 의미'는 그 무엇보다 소중하고 존귀하다. 케네디 대통령이 미항공우주국NASA을 방문했을 때 청소하는 직원한테 "무슨 일을 하는가?"라고 묻자 "저는 지금 인류가 달에 가는 것을 돕고 있습니다"라고 했다는 일화가 있다. 이렇듯 각자 하는 일에 대한 의미부여가 필요하다. 때론 힘들고 무기력해질 때가 수도 없이 많다. 이럴 때면 안전관리자의 길을 택했던 초심으로 돌아가 내가 하는 일의 의미를 다시 한번 되새겨보고 자부심과 자긍심을 잃지 말자. 다른 일반 직장인처럼 단지 근로를 제공하고 월급받는 사람이라고 생각한다면 안전관리자 업무를 감당하기가 너무 힘들지 않은가.

둘째, 안전 전문지식과 기술로 무장하자. 안전관리자는 기본적으로 법규를 무기로 생각하고 갈고 닦아야 한다. 현장이나 사업장과 관련된 안전 법규는 완벽히 꿰차고 있어야 한다. 관련 공무원과 법으로 논쟁을 벌여도 이길 수 있어야 한다. 또한 공정이나 설비의 작동 메커니즘 등 기본적인 기술에 대해서는 충분한 지식을 갈고 닦아야 한다. 안전관련 법규 이외에도 건축, 전기, 설비 등과 관련한 안전사항 등에 대해서도 잘 알아야 한다. 전문지식, 관찰력, 상상력, 분석력 및 입체적 사고 등을 길러 위험을 보는 눈이 예리해져야 한다. 남들이 보지 못하는 보이지 않는 위험을 찾아낼 수 있어야 전문가다.

안전을 하면서 한가지 유념해야 할 것이 있다. 안전은 법규와 기술 등 현장의 근로자들이 이해하기엔 어렵고 딱딱하다. 이를 쉽게 이해할 수 있도록 현장의 용어로 바꿔서 얘기할 수 있어야 한다. 미국 듀크대의 페트로스키 교수는 "안전이란 단어는 기술적 전문 용어가 아니라 사회적 언어다"라고 했다. 법과 기술을 전문으로 하는 안전관리자들이 의미있게 받아들여야 할 말이다. 법과 기술 및 정량화된 안전율이나 한계 리스크 만으로는 근로자들이나 관리감독자와 소통할 때 효과적이지 못할 수도 있다는 뜻이다. 그래서 안전은 더 어렵다.

셋째, 안전 전문강사가 되자. 안전교육은 교육을 실시하는 것이 목표가 아니다. 피교육자의 의식과 태도를 바꾸고 안전에 대한 지식을 충전해 줄 수 있어야 한다. 그러기 위해서는 교육 효과를 극대화할 수 있는 교안을 개발하고 다양한 교육 대상자의 수준에 맞는 맞춤형 교육을 실시할 수 있도록 끊임없이 연구하고 노력해야 한다. 교수법과 교육 스킬은 기본이다. 효과적인 교육과정을 운영하기 위해서는 ADDIE Analysis Design Development Implementation Evaluation Model이 도움이 된다. 구체적인 교육니즈를 분석하여 행동변화의 목표를 구체화할 수 있도록 설계하고 콘텐츠, 교재 및 매체와 학습자 설문지 등을 개발한다. 이를 바탕으로 실행하고 평가하는 프로세스다. 피교육자의 만족도를 교육의 성과로 평가해서는 안 된다. 교육을 통해 어떤 교육적 효과성을 확인할 수 있는지를 목표로 설정해야 한다. 설정한 목표를 달성할 수 있는 교육을 체계적으로 개발하는 것이 중요하다.

넷째, 디테일하면서 스피디한 업무 추진능력을 갖추자. 디테일과 스피드는 상반되는 말 같지만 업무추진 능력은 디테일과 스피드로 결정된다. 중국의 왕중추는 '디테일의 힘'이란 책에서 '사람이나 기업의 성패는 디테일로 결정되며, 실패한 사람이나 기업의 이면에는 디테일한 부분의 미흡함이 존재한다'라고 했다. 흔히 안전을 얘기할 때 100-1=99가 아니라 '0'이라고 말하듯이 업무나 사회생활에 있어서도 1%의 실수가 100%의 실패를 낳을 수 있다. 제아무리 큰 일도 디테일에서 시작되며 디테일한 것이 모여 위대한 성과를 이룬다. 특히나 안전관리에 사소한 것이란 있을 수 없기 때문에 섬세함과 꼼꼼함과 같은 디테일은 매우 중요하다. 그리고 업무나 과제를 진행할 때는 그 핵심을 잘 파악해 신속하게 처리하는 업무 추진능력도 겸비해야 한다.

다섯째, 기획력企劃力을 기르자. 회사의 사무직이나 기술직 업무의 모든 것은 품의서나 보고서 등 문서를 통해 이루어진다. 따라서 기획력은 그 사람의 업무 능력을 보여주는 것이라고 해도 과언이 아니다. 즉, 보고서는 그 사람의 얼굴이며 그 사람의 업무 능력 수준을 나타내는 것이다. 기획력은 현안懸案이나 문제점에 대한 문제해결능력(방법)과 하고자 하는 것에 대한 설득의 논리(힘)를 글로 나타내는 것이다. 안전관리자도 대부분의 업무를 문서로 한다. 점검결과 및 사고조사 보고서, 조사분석 보고서, 투자 기획 품의서, 안전교육 시행품의 및 결과보고 등 문서를 통하지 않고 되는 것이 없다. 점검결과나 사고조사 보고서 하나만 봐도 그 사람의 업무역량이나 기획력을 알 수 있다.

기획력을 향상시키려면 어떻게 하면 될까. 중국 송나라 시대의 문인 구양수는 "글을 잘 쓰려면 3다三多를 해야 한다"고 했다. 기획에 도움이 될 만한 지식을 습득하기 위해 관련 도서나 자료 등을 많이 읽는 '다독多讀', 읽은 지식을 토대로 상황에 맞게 많이 생각하는 '다상량多商量', 다독과 다상량을 활용해 많이 써보는 '다작多作'이 바로 3다이다. 인간은 딱 자기의 무의식에 저장된 만큼만 상상할 수 있다고 한다. 그러니 무엇보다 많이 읽고 보고 듣고 느끼는 것이 기획력 향상에 중요하다. 기획을 하다 보면 그냥 한번 생각하고 할 때와 두세 번 생각하고 고민해서 하는 것의 차이는 매우 크다. 이렇게 하면 보고서나 품의서의 질이 달라진다. 이런 과정을 거쳐 사고 예방과 관련된 새로운 아이디어를 창조하고 연출하는 피디producer도 된다.

여섯째, 강한 목표의식을 갖자. 계획, 꿈, 목표는 개인의 삶에서든 회사 업무에서든 꼭 필요하다. 그 목표가 크든 작든 지향하는 바나 가고자 하는 지점이 있어야 그곳을 향해 열심히 달려가려고 하기 때문이다. 안전관리는 잘 하려고 하면 끝이 없는 업무다. 반면 그런 사람은 없겠지만 기본적인 것만 설렁설렁해도 사고가 없을 때에는 크게 표가 나지 않는다. 그렇지만 사고가 없다고 해서 안전한 것은 아니다. 이러한 업무 특성으로 인해 결과 중심이 아니라 예방중심 즉, 과정중심의 안전관리로 전환해야 한다.

미국의 관리학자 에드윈 로크E.A. Locke는 "인간은 목표를 부여하면 성과는 11% 오르고 생산성은 25% 오른다"는 로크의 법칙을 발표했다. 안전과 관련한 목표는 안전관리자의 의식과 행동을 지배한다. 목표 의식이 확실하면 현장을 한 번이라도 더 가게 된다. 안전관리자 시절 목표의식이 확고할 때는 현장을 한 번이라도 더 자주 가고 타이트하게 챙겼다. 그러다 어느 순간 이 목표가 희미해지고 조금이라도 무기력해지게 되면 이상하게도 어김없이 사고가 발생한다는 것을 직접 체험했다.

이렇게 되다 보니 현장을 돌아보다 찜찜한 것이 있으면 퇴근했다 가도 이를 확인하기 위해 다시 회사에 갔던 적도 여러 번 있다. 사업장의 안전은 안전관리자의 능력과 목표의식에 따라 좌우된다는 생각을 갖고 안전업무에 임해야 한다. "이 많은 현장의 근로자와 설비를 내가 어떻게 다 관리하나"라는 생각을 할 수 있다. 그러나 "내가 하지 않으면 누가 하나"라는 생각을 하게 되면 행동이 달라진다.

안전관리자로서 개인의 꿈은 무엇일까. 열심히 일 잘해서 안전분야의 성과를 창출하고 회사로부터 좋은 처우를 받으며 승진하는 등 일하는 보람을 찾는 것은 직장인이라면 모두가 바라는 공통된 생각일 것이다. 회사마다 기업의 규모나 경영환경이 다르지만 아직도 열악한 환경에서 일하는 안전관리자들이 많이 있다.

그러나 과거에 비해 안전을 바라보는 정부나 국민의 시선이 많이 달라졌고 앞으로는 더 좋아질 것이다. 따라서 안전을 담당하는 안전관리자들의 업무 환경은 더 좋아질 수밖에 없다. 이제는 자신감을 갖고 안전의 위상에 걸맞은 비전과 꿈을 꾸면서 일했으면 하는 바람이다.

안전관리자들이여 꿈을 꾸자. 꿈은 날짜와 함께 적으면 목표가 되고 목표를 잘게 나누면 계획이 되며 계획을 실천하면 꿈은 실현된다. 그러기 위해서는 안전에 있어서만큼은 최고라고 자신할 수 있도록 자기계발을 게을리하지 않아야 한다. 현상유지는 퇴보라는 생각으로 적어도 1~2년에 한 가지씩은 자신의 프로필에 새롭게 추가되는 역량이 있게 하여 자신의 가치를 향상시켜야 한다.

일곱째, 소통을 강화하고 친화력(대인관계)을 기르자. 안전관리는 혼자서는 도저히 할 수 없는 업무다. 같은 부서원들과는 말할 것도 없고 생산 현장의 근로자와 관리감독자, 건설현장의 소장, 공사 관계자 및 근로자들과 터놓고 얘기할 수 있어야 한다. 인사나 관리부서 등 사무 간접부서와도 원활한 업무협조가 절대적으로 필요하다. 그뿐만 아니라 고용노동부 등 관계부처 공무원들과도 서로 소통해야 한다. 친화력이 있는 사람들은 친절하고 배려심이 있으며 온화하다.

이들은 태생적으로 옥시토신 호르몬 수준이 높은 경향이 있는데 이 호르몬은 사회적 유대를 맺는데 중요한 역할을 한다. 태생적으로 옥시토신 호르몬이 낮은 안전관리자는 개인적인 노력을 통해 얼마든지 높일 수 있다. 나 역시 내성적인 성격이었지만 많은 사람들과 안전 업무를 하면서 바뀌었다. 아니 바뀌지 않을 수 없었다는 표현이 맞다. 집안 대대로 술은 한 방울도 못하고 담배도 안 하는 집안에서 태어났는데 직장 생활을 하면서 수많은 고통을 견디며 이젠 술도 제법 많이 늘었다. 그렇다고 술을 장려하는 것은 아니다. 다만 대화와 소통과정에 약간의 알코올은 좋은 촉매제 역할을 하는 순기능이 있다는 걸 얘기하고 싶을 뿐이다. 소통을 잘하면 친화력도 좋아지고 인적 네트워크도 넓고 풍부해진다.

안전관리자는 현장 근로자들의 안전과 생명을 지켜주기 위해 열심히 일하고 고생하는데 현장 사람들은 왜 안전부서와 안전관리자들을 싫어할까. 아마 대부분의 회사에서 그럴 것이다. 존중받고 고마워해야 할 부서와 사람들이 오히려 외면 받는 현상은 보통 아이러니가 아닐 수 없다. 이 부분은 안전관리자들이 한 번쯤 생각해 봐야 할 대목이다. 어디서부터 잘못되었는지 필요하면 현장부서와 난상토론도 해 봐야한다. 소통의 부재, 일방향의 업무 추진, 목적과 수단의 괴리에서 오는 현상이다. '사고 예방'이란 목적은 같은데 이를 실행하는 수단과 방법에서 입장이 다르기 때문에 이런 모순이 발생한다. 서로 목적이 같기 때문에 하고자 한다면 서로를 챙겨주면서 얼마든지 잘 할 수 있다.

우리가 어떤 '절대 안전'이라는 정체성을 고수할수록 그것을 넘어 성장하고 발전하기는 힘들어진다. 나를 구성하는 정체성 중 사소한 일부는 목적을 위해 다소 양보하면 이 문제들은 해결된다. 때로는 안전이란 정체성을 다소 작게 유지할 필요가 있다. 양보나 포기가 아니라 더 나은 안전을 위해 필요할 때가 있다는 것이다. 한가지 정체성을 지나치게 붙잡고 있으면 결국은 부러진다.

안전이란 정체성의 중요한 측면들은 유지하되 수용할 것은 과감히 수용할 필요도 있다. 이렇게 되면 정체성은 꺾이지 않고 구부러진다. 물이 장애물을 만나면 돌아 흘러가듯이 정체성은 환경에 대항하지 않고 함께 작용한다. 안전도 현장과 함께 상호작용할 때 목적에 빨리 도달할 수 있다. 안전에 대한 이해관계자와 양방향 소통을 강화하고 이들과 더불어 희로애락을 함께하는 가슴이 따뜻한 안전관리자가 되기를 소망해 본다.

여덟째, 좀 더 진솔(신뢰와 성실)해지자. 안전관리자는 근로자의 생명과 건강을 지키고 보호하는 일을 하는 사람이다. 사람을 대할 때는 꾸밈없고 거짓없이 진솔해야 한다. 다른 어떤 사람보다 성실하며 신뢰가 가고 믿음이 가는 사람, 누가 보든 말든 내가 해야 할 일을 묵묵히 하는 사람이어야 한다. 사고예방에 효과도 없는 겉만 번지르르한 보여주기식 안전관리를 기획해서는 안 된다. 철저히 효과를 고려한 안전활동이라야 한다. 그래야 안전관리자의 말을 믿고 따른다. 마찬가지로 현장에서는 그렇게 일하는 사람을 찾아 칭찬해 주고 격려해 줘야 한다. 이런 근로자들이 인정받는 조직이 제대로 된 조직이다. 일을 하거나 작업할 때의 이런 우직함과 성실함은 안전관리의 든든한 기반이 된다.

아홉째, 멀티플레이어Multi-Player가 되자. 산업안전보건법상 안전관리자는 안전에 관한 기술적인 사항에 관하여 사업주와 관리

책임자를 보좌하고 관리감독자에게 지도·조언하는 역할을 수행한다. 이에 따라 법에서 정하는 안전관리자 고유의 업무도 수십 가지가 있다. 그뿐일까. 때로는 작가가 되기도 하고 법률가가 되기도 하며 홍보맨이 되기도 하는 등 수많은 역할을 담당한다. 여러 방면에 박학다식博學多識해야 하며 일이 생기면 깔끔하게 처리해내는 팔방미인八方美人이자 멀티플레이어가 되어야 한다.

안전관리자들 사이에서 많이 회자되는 안전관리자의 역할 21가지를 들여다보면 실로 엄청나다. ▲강사로서의 안전관리자 ▲의사로서의 안전관리자 ▲경찰로서의 안전관리자 ▲법률가로서의 안전관리자 ▲기상예보관으로서 안전관리자 ▲손해사정인으로서의 안전관리자 ▲노무사로서의 안전관리자 ▲관상가로서의 안전관리자 ▲발명가로서의 안전관리자 ▲작가로서의 안전관리자 ▲카운셀러로서의 안전관리자 ▲엔지니어로서의 안전관리자 ▲레크리에이션 강사로서의 안전관리자 ▲리더로서의 안전관리자 ▲종교인으로서의 안전관리자 ▲보건담당자로서의 안전관리자 ▲소방관으로서의 안전관리자 ▲사진작가로서의 안전관리자 ▲홍보맨으로서의 안전관리자 ▲스텝으로서의 안전관리자 ▲코디네이터로서의 안전관리자 등 산업 현장에서의 안전관리자 역할이 막중하다고 할 수 있다.

열째, 취미생활을 하자. 안전관리자는 일도 많고 여러 사람들과 업무를 협의하고 조정하며 협조를 구하는 일 등으로 직원들과 상대하다 보면 스트레스도 많이 받는다. 사고라도 발생하면 그 스트레스는 극에 달한다. 개인의 건강과 리프레쉬뿐 아니라

보다 나은 업무를 위해서도 취미생활은 필요하다. 사내 동호회에 가입해서 활동하게 되면 스트레스 해소뿐만 아니라 다른 부서 직원들과 소통하고 교류하여 업무에 대한 이해와 협조에도 많은 도움이 된다. 나의 경우 삼성코닝과 에버랜드에서 배드민턴 동호회를 만들어 다양한 부서의 많은 직원들과 함께 땀 흘리며 운동하고 소통했다.

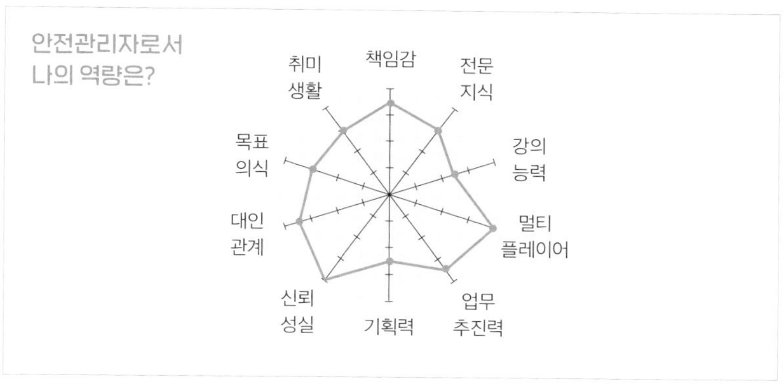

안전관리자의 필요 역량

안전사고와 징계(신상필벌)에 대한 소고小考

과거 대형 참사가 발생할 때면 정부에서는 그 발생 원인이 정확히 밝혀지기도 전에 관련부처 수장인 장관을 교체하는 등 문책성 인사를 단행하곤 했다. 기업에서도 사회적 이슈가 되는 사고가 발생되면 대표이사가 경질되기도 한다. 2013년 7월 울산에서 발생한 물탱크 사고의 책임을 물어 박기석 삼성엔지니어링 대표이사를 경질하고 후임 대표이사에 박중흠 부사장을 내정했다. 삼성은 공식 보도자료를 통해 "이번 인사는 최근 안전환경 사고 예방을 위한 투자를 대폭 늘리고 안전의식 제고를 위한 조직문화 개선을 추진하는 과정에서 또다시 발생한 사고에 대해 최고경영자의 책임을 물어 계열사들의 안전환경 의식에 대한 경각심을 높이기 위한 것"이라고 배경을 설명했다.

현대중공업 울산 조선소에서는 지난 5월 21일 30대 협력업체 근로자가 사망하는 등 올해 들어서만 안전사고로 다섯 명이 숨지자 권오갑 현대중공업지주 회장은 5월 25일 잇따른 조선근로자 사망 사고 등과 관련해 사과하고 조선사업 대표를 경질했다. 최고경영자를 안전 이슈로 극약 처방하여 교체하면 최고경영자가 안전을 회사 경영의 최고 가치로 인식하고 실천하지 않을 수 없다. 전임 대표이사 경질 후 선임됐던 삼성엔지니어링의 박중흠 사장은 그룹의 안전담당 임원 및 부서장이 참석하는 안전환경 전략회의에 최고경영자 최초로 자율 참석해서 경청하기까지 했다. 때마침 그 자리에서 발표된 삼성물산 리조트부문의 안전경영 우수 사례를 들은 후 삼성엔지니어링 모든 임원이 참석한 경영회의 자리에서 내가 발표하는 자리까지 만들었다.

그렇다면 안전사고와 관련한 재해 당사자, 관리감독자, 경영진 및 안전관리자 등에 대한 안전사고의 책임 범위와 징계는 어떻게 이루어질까. 사고에 대한 징계여부와 징계수준은 기업 문화와 상황에 따라 많이 다르다. 지금은 그래도 많이 달라졌지만 과거에는 사고가 발생하면 안전관리자를 징계하는 경우가 많이 있었다. 과거에 안전업무를 하면서 징계를 받아보지 않은 사람은 아마 흔치 않을 것이다. 안전관리자의 직접적인 과실이 없으면 도의적인 책임이라도 갖다 붙여 징계한다. 안전관리자에 대한 우대는 해주지 못할망정 전폭적인 지원이나 권한은 주지 않은 채 사고가 발생하면 그 모든 책임을 안전관리자에게 돌리는 것은 언어도단이고 안전의 발전을 위해서도 바람직하지 않다.

사고의 원인이 되는 사항들을 직접 관리하고 교육하고 점검해야 하는 현장의 안전을 책임져야 할 사람을 징계하지 않고 안전관리자를 징계하면 사고는 계속될 수밖에 없다. 또한 안전관리자는 사고가 발생하면 징계를 받아야 하는 직무라면 그런 업무를 어떤 유능한 직원이 하려고 하겠는가. 또한 이치에도 맞지 않는다. 현장에서 성희롱, 직장내 괴롭힘, 부정 등의 사고가 발생할 때 인사나 감사부서가 징계를 받는 것을 본 적이 없다. 그런데 왜 사고가 나면 안전부서나 안전관리자를 징계해야 하는지 이해가 안 된다.

물론 안전관리자도 업무를 게을리해서 위험이 있는 것을 찾아내지 않고 알려 주지도 않는 등 안전관리를 소홀히 하거나 방관해서 사고가 발생했다면 당연히 합당한 징계를 받아 마땅하다. 그러나 단지 사고가 발생했다는 이유만으로 안전관리자를 징계하는 것은 안전관리에 아무런 도움이 되지 않을뿐더러 안전관리자의 사기만 저하시키게 된다. 법적으로도 안전관리자는 사업주 또는 관리책임자를 보좌하고 관리감독자에 대한 지도·조언에 대한 역할을 하는 사람이다. 보좌하고 지도·조언하는 사람에게 직접 책임을 지우는 것은 이치에도 맞지 않는다. 징계를 주지 않아도 사고에 가슴 아파하고 자괴감을 느끼며 자책하는 사람이 안전관리자이다. 책임감과 사명감을 갖고 일하는 사람들을 더 이상 힘들게 해서는 안 된다. 회사는 안전관리자의 위상과 자존감을 지켜주어야 한다.

그렇다고 관리감독자를 무조건 징계하라는 것이 아니다. 관리감독자가 해야 할 일을 다 했는데도 근로자가 지켜야 할 작업표준을 준수하지 않아 발생한 사고까지 책임을 물어서는 안 된다. 관리감독자는 안전 작업절차나 방법, 수공구 및 안전보호구 등이 포함된 정확한 작업표준의 제·개정, 교육 및 정기적인 확인점검 등을 성실히 수행해야 한다. 그런데 사고 조사를 해보면 관리감독자의 관리가 부실한 경우가 많다. 작업표준이 구체적이지 않거나 잘못되어 있는 경우도 있고 충분한 교육없이 작업에 투입하거나 또는 교육한 대로 작업하는지에 대한 확인점검 등이 소홀한 경우가 많다. 이러한 부분을 철저히 관리해야 관리감독자의 책임을 다하게 되는 것이다. 관리감독자는 "내 부하 직원의 안전은 내가 지킨다"는 책임감과 사명감을 갖고 부하 직원이 안전한 작업을 할 수 있도록 디테일하게 교육하고 확인해야 한다.

재해 당사자인 근로자의 경우는 어떠할까. 근로자의 실수나 안전수칙 위반으로 사고가 발생했다 해도 열심히 일하는 과정에서 발생된 사고로 상해를 입은 것도 서러운데 징계까지 하는 것은 비 인간적이며 너무 가혹할 수 있다. 징계를 해야 할 경우에는 징계의 효용성을 고려해서 신중히 결정해야 한다. 이는 관리감독자의 경우도 마찬가지다. 일반적으로 징계를 하는 목적은 잘못한 개인 또는 관계자를 벌하는 외에 다른 직원들의 안전에 대한 경각심을 일깨워 준다는 측면에서 일부 효과가 있을 수 있다. 즉, 기본적인 안전 행동을 유도하거나 나쁜 습관 또는 위험한 행동을 중단시키거나 예방하기 위해서 징계는 어느 정도 필요할 때도 있다. 징계로 인해 사고를 유발한 그러한 문제행동이 일정 기간 동안 발생하지 않기 때문이다.

나의 경우 안전사고로 인해 징계를 당해 보기도 하고 징계를 많이 상정하기도 했다. 그러나 사고에 대한 징계는 최소화하는 것이 바람직하다고 생각한다. 고과 등 업무 성과를 평가하는 회사에선 이중 처벌이 될 수 있고 징계에는 일관성이 있어야 하는데 그 일관성을 유지하기가 쉽지 않기 때문이다. 한번 징계를 하면 모든 사고에 동일하게 적용해야 하는데 그렇게 하기가 쉽지 않고 경우에 따라서 하게 되면 일관성과 회사의 신뢰도에 악영향을 미칠 수밖에 없다.

징계를 결정할 때는 반드시 고려해야 할 사항이 있다. 첫째, 징계는 처벌이 목적이 아니라 안전행동을 유도하기 위한 방편으로 사용되어야 한다. 징계는 부정적 감정을 유발하고 이러한 부정적 감정은 공격성을 증가시킨다. 조직 분위기를 해치거나 생산성을 저해하는 요인으로 작용할 수도 있다. 또한 긍적적인 행동을 억제할 가능성이 높다. 즉, 회사의 안전활동에 소극적이거나 동료들의 참여를 부정적으로 만들게 하는 등 악영향을 미칠 수도 있다. 이런 것들이 쌓이고 반복되면 조직에 불신의 씨앗이 될 가능성이 높다.

둘째, 징계에는 일관성이 있어야 한다. 비슷한 사고가 발생했는데 어떤 사고나 사람은 징계하고 또 다른 사고나 사람은 징계하지 않거나 징계 수위가 다르면 징계에 대한 근로자들의 신뢰가 떨어진다. 일관성이 있으려면 사고가 발생할 때마다 징계를 해야 하고 징계 수위도 비슷하게 해야 하는데 기업에서 그렇게 하기는 현실적으로 불가능하다. 생산이나 건설공사 과정에서 생산 여건이나 공기에 따라 때로는 불안전한 행동이나 작업을 해야 할 경우도 있기 때문이다. 징계가 일관적으로 적용되지 않으면 징계는 그 효력을 상실하게 된다. 이는 결국 회사에 대한 신뢰저하와 불평불만으로 이어지고, 안전에 소극적으로 되는 악순환으로 돌아오게 된다.

이런 이유로 인해 자율적인 안전을 유도하고 안전문화를 조기에 정착하기 위해서 벌罰은 최소화하고 상賞을 많이 주어야 한다. 우리가 바라는 진정한 안전은 자발적이고 능동적인 참여와 스스로 우러나서 실천하는 행동이 체질화되는 것이다. 따라서 선진 안전문화 정착을 위해서는 근로자들이 안전행동을 할 때 이를 증가시킬 수 있는 방안이나 프로그램을 모색해야 한다. 안전이 번거롭고 힘들고 귀찮지만 이러한 것들을 다소나마 상쇄할 수 있는 흥미, 재미, 의미, 가치 등을 느낄 수 있는 프로그램을 기획하고 실행할 필요가 있다. 이런 안전행동과 습관을 늘려나가는 활동 중에서 다양한 인센티브나 동기부여를 하면 효과는 배가된다.

나의 안전은 내가 지킨다

근로자의 안전 책임의식

인간이 생존하고 생활하기 위해서는 의식주를 위한 물자가 필요하다. 이러한 물자는 인간이 그 대상인 자연에 일정한 작용을 가하여 획득하지 않으면 안 된다. 원시시대에도 나무에 달린 열매를 채취하는 행위나 사냥 및 물고기를 잡는 행위 등과 같은 활동이 필요했으며, 농경사회에서는 농업과 어업이, 근대 산업사회에서는 다양한 생산활동이 이루어지고 있다. 이와 같은 일련의 인간의 육체적·정신적 활동을 노동(일 또는 근로)이라고 하고 이러한 일을 기업에서 수행하는 사람을 근로자라고 한다.

노동은 인간의 생존을 위한 필수 요건이다. 일하지 않으면 먹고살 수 없으니 일을 하는 것은 당연하다. 일을 통해 개인적으로는 경제적 대가를 받아 생계를 유지하고 능력을 발휘하기도 한다. 자아를 실현할 수 있고 성취감과 보람도 얻을 수 있다. 내가

하는 일은 개인적 차원뿐만 아니라 사회적 차원에서도 중요한 의미가 있다. 한 사회의 구성원으로서 각자의 일을 성실히 수행하면 다른 구성원에게 도움을 줄 수 있고 건전한 사회의 유지와 발전에도 이바지할 수 있다. 즉, 내가 하는 일이 사회적으로는 공동체 구성원으로서의 충실한 역할 수행은 물론이고 다른 사람들과의 사회적 관계를 형성한다.

그러나 먼 옛날부터 이러한 노동을 수행하는 과정에는 항상 위험이 수반되어 왔다. 그로 인해 작업을 하는 과정에서 다치고 심지어는 목숨까지 잃기도 한다. 일을 하는 목적과 배치되는 불행한 결과를 초래하는 것이다. 그렇다면 이러한 사고를 예방하기 위해 근로자가 해야 할 일은 무엇일까. 산업안전보건법 제25조에는 '근로자의 준수사항'을 명시하고 있는데 다음과 같다. "근로자는 사업주가 시행하는 위험 예방과 건강장해를 예방하기 위한 필요한 조치를 지켜야 하고 허가대상 유해물질을 제조하거나 사용할 때는 안전 기준에 적합한 작업방법으로 작업해야 한다" 즉, 회사에서 실시하는 안전보건상의 조치를 잘 준수해야 한다.

우리 삶에서 안전은 정말 중요하다. 모든 사람 누구에게나 가장 소중하고 귀한 것은 바로 자신의 목숨 즉, 하나뿐인 생명이다. 안전은 생명과 생존의 문제이다. 또한 나 혼자가 아닌 가족의 문제이자 일상생활의 문제이다. 인간으로서의 생명이 유지되고 삶을 영위할 수 있어야 그다음에 필요한 것과 소중한 것이 생기는 것이다. 여기에 안전관리의 존귀함이 담겨있다. 세상엔 공짜가 없듯이 '안전도 그냥 얻어지는 것이 아니다'는 사실을 명심해야 한

다. 시간과 노력을 들여야 안전을 보장받을 수 있다는 것을 잊지 말고 안전해지기 위한 노력을 시작하자

첫째, "나의 안전은 내가 지킨다"는 확고한 의지와 신념을 가져야 한다. 내가 직업을 갖고 일을 하는 이유는 궁극적으로 행복한 삶을 영위하기 위함인데 그 수단인 일을 하는 과정에서 사고가 발생하면 모든 것이 수포로 돌아가고 만다. 일터에서 안전하게 일하고, 건강하게 다시 가정으로 돌아가서 행복하게 사는게 인생에서 가장 중요한 만큼 우리 모두는 자신의 안전에 책임을 져야 한다. 단순히 성과가 중요한 것이 아니라 안전하게 성과를 만들어내는 것이 더 중요하다는 확고한 인식을 가져야 한다.

내가 사고로 다치거나 목숨을 잃게 되면 나 자신의 인생이 송두리째 끝나버릴 뿐만 아니라 사랑하는 부모 형제나 자녀와 배우자 등 생계를 의지하고 있는 가정에도 평생 지울 수 없는 큰 불행이자 고통을 안기는 일이 된다. 그렇기 때문에 작업을 시작할 때부터 끝날 때까지 안전의 소중함을 한순간도 잊어서는 안 된다. 아무리 현장이 급하게 돌아가고 힘들어도 항상 안전을 최우선 순위에 놓고 정해진 안전수칙은 예외없이 반드시 지키는 안전작업을 실천해야 한다. 기본과 원칙을 철저히 준수하고 몸에 익혀 안전이 습관화되고 체질화될 수 있게 해야 한다.

둘째, 위험에 대한 올바른 지식과 경험을 갖춰야 한다. 위험이 보내는 크고 작은 신호들을 제대로 잘 받아들이는 것은 안전해지기 위한 중요한 조건이 된다. 왜냐하면 위험을 제대로 느끼지 못한다면 안전해져야겠다는 동기 자체가 생길 수 없기 때문이

다. 하지만 문제는 위험을 적절히 느끼기가 쉽지 않다는 것이다. 그래서 일정 부분 위험에 대한 적정한 불안을 느낄 수 있어야 한다. 우리를 성가시게 만드는 불안이지만 사실은 생존에 가장 중요한 시그널(신호)이다. 불안이 신호를 넣으면 우리 뇌 안의 위기관리 시스템이 작동해 생존을 보존해 주려는 동기가 생긴다. 더 나아가 불안은 성취의 동력이 되기도 한다. 적당한 스트레스를 받아야 뇌가 효율을 올린다는 '적정 스트레스 이론'은 이미 조직의 인사시스템에 일반화되어 있다.

우리는 일상적으로 수행하는 작업에서 위험이 보내는 신호에 둔감해지기 쉽다. 위험이 높은 상태인데도 위험을 제대로 인식하지 못해서 사고를 발생시키는 경우를 흔히 본다. 위험이 보내는 신호에 대한 적절한 감수성을 결정하는 것은 지식과 경험이다. 위험에 대한 올바른 지식과 경험은 반드시 노력을 통해서만 성취된다. 즉, 위험을 느끼고 그 위험을 해결하기 위해서는 노력하는 에너지, 구체적으로는 작업에 사용되는 설비의 작동 메커니즘이나 정확한 안전 작업표준과 절차 그리고 작업에 요구되는 숙련도 등을 정확히 알고 훈련해서 작업에 임해야 한다.

또한 과거에 발생한 고장이나 사고 등에 대한 이력도 모두 파악하고 대처해야 한다. 근로자들은 위험을 해결하는 데 사용해야 하는 시간과 노력을 아끼려고 하기 쉽다. 저마다 위험을 해결하기 위해서 적절한 시간과 노력을 기울이지 않으면 안전은 보장되지 않는다는 것을 잊어선 안 된다. 근로자가 안전을 위해 해야 할 몫을 제대로 하지 않으면 언제든지 사고의 희생자가 될 수 있다. 안전에 기울인 노력만큼만 우리는 안전해질 수 있다.

셋째, '안전의 본질은 편안한 것이 아니라 불편한 것'이란 사실을 이해해야 한다. 사람들이 안전에 대해서 잘못 이해하고 있는 대표적인 것이 '안전이 편리하다'는 생각이다. 반대로 '위험은 불편하다'고 생각한다. 하지만 사실은 그 반대이다. 위험이 편리하고 안전은 불편한 속성을 지닌다. 예를 들어보면 요즘 코로나19로 온 국민이 일생 생활에서 많은 고통과 불편함을 겪고 있다. 마스크를 착용하는 게 편할까. 당연히 착용하지 않는 것이 훨씬 더 편하다. 마찬가지로 우리가 일하는 작업장에서 착용하는 안전모 같은 안전보호구를 착용하는 게 편할까. 당연히 안전보호구를 착용하지 않는 것이 더 편하다. 하지만 안전보호구를 착용하지 않는 순간 위험은 커지게 된다. 마스크를 쓰고 안전보호구를 착용하는 불편함을 감수하는 대가로 우리는 감염병을 예방할 수 있고 안전을 얻을 수 있다. 우리가 안전에 대해서 잘못 파악하고 있는 이러한 부분들을 우선 바로잡고 이해해야 한다.

넷째, 적극적이고 자발적으로 안전활동에 참여해야 한다. 기업의 안전문화가 정착되기 위해서는 무엇보다 톱 다운Top Down에 의한 최고경영자 등 경영진과 관리감독자들의 적극적인 의지와 지원이 절대적으로 필요하다. 그렇지만 사고는 경영진이나 관리감독자에게서 발생하는 것이 아니다. 바로 현장의 근로자들이 사고의 당사자이다. 그렇기 때문에 근로자들이 자신과 동료의 안전문제에 대해 주인의식을 갖고 주도적인 마인드로 적극적이고 자발적으로 안전활동에 참여해야 한다.

근로자는 자신이 근무하는 현장이나 작업의 특성과 위험에 대해 누구보다 잘 알고 있다. 위험요소가 어디에 어떤 형태로 존재하는지, 함께 근무하는 동료들은 어떤 불안전한 행동을 하고 있고, 안전하게 작업하려면 어떻게 해야 하는지, 안전과 관련해 시설이나 근로자들의 문제는 무엇인지 등 모든 것을 잘 아는 사람들이다. 안전한 작업을 위해서는 실제로 현장을 가장 잘 아는 근로자들로부터의 참여와 협조가 필수적이다. 근로자들 스스로 안전의 주인공이라는 생각을 갖고 안전활동에 주도적으로 참여해야 안전활동이 실질적으로 효과를 볼 수 있다. 관리감독자나 안전관리자가 미처 알지 못하는 위험요인이나 안전상의 문제점과 제안 등을 여과 없이 알려주고 개선되도록 적극적인 자세로 임해야 한다. 자신의 생명과 관련된 일에 소홀함이 없어야 한다.

안전과 관련해 직접 당사자인 근로자들은 자신들의 안전을 위해 일하는 것이 담당 업무인 안전관리자나 안전관리부서를 안전을 위한 동반자로 생각하고 원활한 의사소통을 해야 한다. 안전과 관련된 문제에 있어서는 무엇이든 얘기하고 협의하는 등 지도와 조언을 구해야 하고 문제점에 대해서는 함께 머리를 맞대고 해결책을 찾아 나가야 한다. 우리가 잊지 말아야 할 것이 있다. 안전에는 노사가 따로 있지 않다. 안전은 경영진과 관리감독자 그리고 근로자 등 노사 모두가 한마음 한뜻으로 함께 힘을 모아 이루어 나가야 하는 소중한 가치이다. 일시적인 경각심이 아니라 지속적 관심과 실천을 통해 안전의식을 체화해 나가도록 그 주인공인 근로자가 앞장서야 한다.

안전을 최우선 하는 사회 공동체 건설
우리 국민 모두가 해야 할 일

대형 참사 앞에 부끄러운 우리들의 자화상自畵像

우리나라의 경제 규모에 비추어 볼 때 우리 사회의 안전상황은 국격을 떨어뜨릴 정도로 부끄러운 형편이다. 평소 생활 속 나의 안전의식은 어떤지, 교통법규를 수시로 위반하고 있지는 않은지, 공동체 질서를 무시하며 지키지 않고 있지는 않은 지, 국민 각자의 위치에서 자기 자신을 한번 되돌아볼 필요가 있다. 대형 참사가 발생할 때마다 사회와 정부를 질책하고 원망하면서도 정작 스스로의 안전을 위해 얼마나 노력하고 있는지 살펴봐야 한다.

급하다는 이유로 신호를 무시하고 제한속도를 초과해서 달리지는 않는지, 운전하면서 네비게이션을 조작하지는 않는지, 다른 사람의 생명을 해칠 수도 있는 음주운전이나 졸음운전을 하고 있지는 않는지, 불편하다는 이유로 아무 생각 없이 계단 방화문을 열어 두고 있지는 않는지, 사용하지 않는 가스밸브는 잘 잠그고 있는지, 비상구로 연결되는 복도에 적재물이나 가연물을 쌓아두지는 않는지, 산에 오를 때 인화물질을 소지하지는 않는지, 집에서 화재가 났을 때 사용할 수 있는 소화기는 있는지, 본인의 이익을 안전을 위해 포기할 수 있는지, 공공의 안전을 위해 조금이라도 자신이 앞장서서 희생할 수 있는지 차근차근 되짚어 봐야 한다. 사소한 행동이지만 자신과 다른 사람의 생명을 앗아갈 수 있는 위험한 관행들이다. 일상 속에서 설마 나 하나쯤이야 하는 안전 무시가 돌이킬 수 없는 참사로 이어질 수 있다.

낚싯배를 타면서도 불편하다고 구명조끼를 외면하지는 않았는지, 사람들이 붐비는 도로가 비좁다고 지하철 환풍구 위를 내달린 적은 없는지, 한 손으로 핸들을 돌리며 또 다른 손으로 스마트폰에 날아온 문자를 확인하며 곡예운전을 한 적은 없는지, 단속카메라가 없는 곳에서 종종 속도를 높이지는 않는지, 화재 훈련이나 지진 훈련 때마다 요리조리 도망다니다 보니 소화기 작동법은 물론 사무실 어느 곳에 소화기가 있는지조차 모르고 있지는 않은지, 내가 바로 그런 사람은 아니었는지 자기 자신을 한 번 되돌아봐야 한다. “나는 그렇지 않다”고 자신 있게 말할 수 없다면 언젠가 사고를 당한 사람들처럼 스스로 후회하며 한탄하는 순간이 올 수도 있다.

유사시 비상구가 유일한 생명줄이고 그런 사태는 언제든지 찾아올 수 있다는 인식의 전환이 없는 한 비상구는 벽일 수밖에 없다. “잠깐이면 되겠지”하는 불법주차가 자칫 대형사고로 이어질 수 있다는 인식의 전환을 유도해야 한다. 안전은 말로만 외친다고 되는 것이 아니다. 잦은 교육과 훈련으로 대처요령이 몸에 배어야 한다.

대형 사고가 꼬리를 물고 있다. 온갖 불법과 잘못된 관행들이 빚은 참사들이다. 세월호 사고 이후 우리 사회에서 안전은 다른 무엇보다 우선시해야 할 가치로 여겼지만 우리 삶 곳곳에서 체화體化된 안전 불감증은 그다지 달라진 게 없다. 시민들은 여전히 설마 하는 안전 불감증에 젖어 있고 결국 무엇과도 바꿀 수 없는 소중한 생명을 잃고 나서야 뒤늦게 뭐가 잘못됐고 누가 책임져야 하는지 따지는 후진적 사고思考와 행태만 고스란히 반복되고 있다.

시민들의 안전의식 부재도 문제고, 법을 지키는 사람들이 오히려 손해본다는 준법의식 결여도 문제다. 이런 것들이 쌓여 국민 한 사람 한 사람의 마음가짐부터 사후관리 불량은 아니었을까. 재난은 사회의 모순과 결핍을 고스란히 드러내고 교훈을 남긴다. 그러나 되풀이되는 참사에서 교훈을 얻지 못하는 사회는 안전을 누릴 자격이 없다. 우리 마음속의 안전 불감증을 완전히 뿌리 뽑기 위해서는 국민 개개인의 의식 대혁명이 이루어져야 한다. 무엇보다 안전에 대한 국민 의식이 확실히 개선되지 않으면 대형 사고는 언제라도 다시 일어날 수밖에 없다.

안전사회를 위한 국가 건설은 아무런 노력없이 그냥 이루어지지 않는다. 나는 가만히 있고 국가만 바꾸면 되는 것이 아니다. 그런 방식으로는 국가도 바뀌지 않는다. 국민 각자가 해야 할 일을 철저히 하고 일정 부분 자기 몫을 내놓아야 한다. 스스로 자신을 바꾸든지 아니면 엄격한 법규같은 규제를 받아들여야 한다. 그리고 그에 따른 불편과 희생을 감수해야 한다. 이런 걸 정확하게 알고서 다시 물어봐야 한다. 나는 안전한 국가 건설을 진정 바라고 있는지, 진정 안전한 나라가 되려면 국민 개인의 안전의식부터 바뀌고 변해야 한다.

100만 공무원이 5000만 국민 개개인의 안전을 지켜줄 수는 없다. 국민 발목에 모두 안전 발찌를 채워서 관리할 수는 없지 않은가. 국가가 국민 하나하나의 생명을 왜 지켜주지 않느냐고 따지는 것은 이만저만한 모순이 아니다. 아무리 국가가 안전 관련 법을 제정하고 안전시스템과 매뉴얼을 만들어 제대로 작동하게 하더라도 궁극적으로 국민 스스로 지켜야 할 안전수칙을 지키지 않으면 국민의 안전은 보장되지 않는다. 안전 매뉴얼은 정부만 지키는 것이 아니다. 국민 개개인도 나와 주변의 안전을 위해 지켜야 할 수칙이 있다. 법과 질서를 지키는 것은 피곤하고 불편한 일이다. 노력과 시간이 든다. 나는 그 불편을 감수할 각오가 되어있는지를 자문자답해 봐야 한다.

국민 개개인의 생명과 안전은 그 무엇보다 소중하다. 따라서 안전은 국민 모두가 앞장서서 지켜야 하는 가치이다. 이 소중한 가치를 지키기 위해 가장 먼저 필요한 것은 반드시 지켜 내겠다는 우리 모두의 마음이다. 우리 사회에 만연한 안전 불감증을 걷어 내려면 아이부터 사회 지도층까지 온 국민에게 '안전이 우선'이라는 가치를 지속적으로 일깨워 줄 특별한 프로그램이 필요하다. 당장 빠르고 편리한 것보다 안전을 우선시하는 국민 의식이 사회 전반에 확산될 때 안전은 문화가 될 수 있기 때문이다. 우리 사회 전체가 국가든, 기업이든, 국민이든, 한 목소리로 안전에 대한 혁신적 변화가 필요하다고 주문하고 모두가 동참하면 얼마든지 극복할 수 있는 문제다. 필요한 것은 안전을 제일의 가치로 여기고 노력하는 사람들이 많아지도록 하는 동인動因이다. '더 안전한 세상 더 안전한 대한민국'을 만드는데 국민 모두의 동참과 응원이 절실하다.

지금은 안전의 패러다임을 바꿔야 할 때

지구촌의 재난은 복합적이고 지정학적인 경계를 넘어서고 있다. 자연재해나 사회재난으로 끝나는 게 아니라 거대한 산업 인프라에 불똥이 튀어 엄청난 경제적, 사회적 피해를 초래한다. 위험사회의 울리히 벡도 그랬고, 정상 사고의 찰스 페로도 현대사회에서 기술적 문제와 의사소통 문제의 복잡성으로 인해 사고는 언제든지 발생할 수 있다고 했다. 위험사회는 저개발 국가가 아닌 선진국에서 나타난다. 산업화가 물질적 풍요와 일상적 위험을 함께 가져오기 때문이다.

재난연구의 대가인 찰스 페로 예일대 명예교수는 1984년 펴낸 그의 저서 《무엇이 재앙을 만드는가》에서 "원자력 발전소, 화학공장, 항공기, 선박 등 인간이 만든 복잡한 시스템은 항상 참사 위험을 안고 있다. 사소하고 일상적인 실수가 겹쳐지면 대형사고가 발생한다"는 정상사고Normal Accident 이론을 제시했다. 100여 년간 전 세계에서 발생한 주요 대형 사고를 분석한 이 책은 재난 연구의 바이블로 통한다. 정상 사고는 아무리 주의해도 시스템의 복잡성 때문에 발생하는 사고다. 즉, 복잡성을 특징으로 하는 현대사회에서는 시스템이 갑작스럽게 연계되면서 재난이 시작된다는 것이다.

이렇듯 재난과 사고는 우리가 아무리 피하고 싶어도 앞으로 계속 일어날 것이다. 그 사고를 막기 위해 할 수 있는 일은 끊임없는 의사소통의 개선과 더 강력한 교육훈련 그리고 약자에 대한 배려밖에 없다. 결국 재난과 사고에 우리가 어떻게 대비하느냐에 따라 우리 사회와 개인의 안전이 달려있다. 대형 사고가 발생할 때마다 법과 규정은 강화되고 개선되었다. 어길 경우 처벌 근거도 마련되고 수준도 강화됐다. 문제는 시민들의 안전 의식이 바뀐 제도를 따라가지 못하는 것이다.

안전사고의 위험요소는 우리 생활 주변에 산재해 있다. 국가가 국민의 안전을 보장하기 위해서는 국가의 헌신적인 노력과 함께 국민의 적극적인 관심과 참여 그리고 노력이 필수적이다. 국민의 자발적인 참여나 안전의식 혁명이 없으면 국가 컨트롤 타워도 무용지물이 된다. 안전은 저절로 생겨나는 것이 아니라 우리 모두가 함께 만들어 가는 것이다. 국민이 어느 곳에 살든 재난으로부터 안전한 사회를 만들려면 우선 안전의식의 생활화와 안전문화가 정착되어야 한다. 위험사회는 끝까지 진화한다. 안전은 위험보다 한발 늦기 때문에 법 제도와 시스템만으로는 모든 사고를 막을 수 없다. 사람은 안전을 담보로 이익을 높이려 하기 때문이다. 우리 사회에 대한 새로운 패러다임으로 의식혁명이 필요한 이유이다.

위로부터가 아니라 아래에서부터 시작해야 한다. 대통령이나 장관의 한마디에 기댈 것이 아니라 우리 국민 스스로 나부터, 내가 먼저 시작해야 한다. IMF 당시 금 모으기 운동도, 태안 앞바다 유조선 기름 유출 때도, 코로나 19가 한창일 때도 우리 국민 스스로 나서서 잘 해내지 않았던가. 온 나라에 퍼져 있는 대형 참사의 슬픈 에너지를 안전한 사회 건설을 위한 불쏘시개로 삼아야 한다. 참사로 소중한 생명을 허망하게 잃는 모습을 그저 무기력하게 바라만 보고 있던 우리 국민의 슬픔과 후회, 죄책감과 분노를 안전의식 혁신의 동력으로 바꿔야 한다. 한 번 한다면 하고야 마는 신명과 열정이 많은 민족이라서 '안전한 사회 한번 만들어보자'는 시동만 걸리면 그렇게 오랜 시간 걸리지 않고 해내고야 말 것이다.

어떻게 하면 될까. 안전한 사회는 그냥 오지 않는다. 즉, 안전은 시간과 노력을 통해서만 얻을 수 있다는 인식의 전환과 자신의 안전은 스스로 지킨다는 안전 패러다임을 근본적으로 바꿔야 한다.

이를 위해서 먼저, 기본을 지키고 원칙에 충실하자. 안전의 핵심은 원칙과 기본을 지키는 것이다. 심리학자 칼 구스타프 융은 "밖을 내다보는 자는 꿈을 꾸고, 내면을 들여다보는 자는 깨어난다"고 했다. 안전한 나라를 실현하기 위해서는 우리 안에 잠들어 있는 '기본과 원칙 준수'를 깨우는 것이 선행돼야 한다. 우리 사회에서 발생하는 대부분의 사고가 안전법규 위반, 무관심과 부주의, 안전수칙 미 준수 등이 높은 비율을 차지한다는 것은 많은 사고가 평상시 안전에 관심을 갖고 기본과 원칙을 준수했다면 발생하지 않았을 것이라는 것을 의미한다.

기본만 지켜도 사고의 비극을 막을 수 있다. 너무 멀리서 찾지 말고 가까이서 찾아보자. 우리의 운전습관은 어떤가. 우리 모두가 조금 더 빨리 가려고, 조금 더 앞서가려고 평생 조급하게 이렇게 살아온 것이다. 설마설마, 대충대충, 빨리빨리 이 세 가지가 더해지거나 곱해지면서 크고 작은 사건 사고를 만들어 낸다. 아주 사소한 기본만 지켰더라도 대형 참사를 막을 수 있었으리란 아쉬움이 크게 다가와 안타까웠던 사고가 한두 건이 아니었다. 어디 운전뿐인가. 생활 도처에 이런 나쁜 습관이 배어 있는 것이다. 세월호 선장과 선원들을 돌팔매질하기 전에 우리 자신을 한번 냉정하게 되돌아볼 필요가 있다. 이런 몸에 밴 안전무시 관행을 이젠 뿌리 뽑아야 한다. 지켜야 할 것은 반드시 지키고 정해진 질서와 순서 그리고 룰과 프로세스는 꼭 준수하는 선진 시민으로 거듭나야 할 때다. 안전을 최우선 하는 국민 공감대를 형성하여 백년에 한번 일어날 수 있는 사고라 해도 서로 약속을 했다면 원칙대로 지키는 국민의식이 필요하다.

둘째, 안전 생활을 습관화해야 한다. 안전은 생명과 생존의 문제로 인간에게 가장 기본적인 욕구이자 권리이다. 그래서 헌법은 국가가 재난의 위험으로부터 국민을 보호하기 위해 노력할 것을 규정하고 있다. 이제는 사고가 날 때마다 안전을 외치지만 금방 사그라지는 냄비 안전의식과 일시적인 경각심을 추방하고 국민 모두가 지속적인 관심을 갖고 안전의식을 체화해야 한다. 구체적으로는 안전 생활이 습관이 되게 하는 것이 필요하다. 그렇지 않으면 언제든지 사고와 재난 앞에서 허둥대며 위험에 빠진다. 개인으로서는 습관이고 공동체 차원에서는 안전한 생활을 위한 좋은 관습이 형성되어야 한다. 안전이 단순히 지켜야 할 규범이 아닌 생활문화로 자리잡을 수 있도록 사회 각계 각층에서 적극 나서야 한다. 이런 노력이 결실을 맺을 때 비로소 위험사회를 벗어나 인간 존엄의 가치를 최우선으로 삼고 안전을 실천하는 명실상부한 선진 안전 대한민국 시대를 열어갈 수 있다.

안전에 대한 공동체 시민의식을 향상해야 한다

세월호 참사는 안전 불감증의 관행과 설마하는 무신경에서 비롯된 구조적인 비극이었다. 공동체 전반의 안전의식과 수익성 위주의 시스템이 개선되지 않고는 아무런 교훈도 얻지 못한 채 또 다른 대형 참사에 노출될 수밖에 없다. 무엇보다 국민 스스로가 안전을 위해 기꺼이 생활 속 불편을 견뎌내고 공동체를 배려하는 사회적 공감대가 형성돼야 한다. 국가 차원의 법규나 안전제도 정비는 이제 어느 정도 이뤄진 만큼 국민 개개인이 공동체 일원으로서의 의식개혁이 필요하다.

선진국에서는 개인보다 다른 사람이나 공동체를 먼저 생각하고 배려하도록 교육받는다. 학교에서도 친구들과 협력을 통해 해결하도록 그룹 과제를 부여하고 그런 것을 잘하는 것을 높이 평가한다. 그러나 한국은 나만 잘하면 되고 우리 아이만 잘하면 된다는 식으로 교육받는다. 함께 잘 해야 된다는 의식이 없다. 그러다 보니 나만 피해보지 않으면 괜찮다는 분위기가 생겨난다. 내 자식과 내 가족만 잘 살겠다고 한다. 공동체 의식이 무너지지 않을 수 없다. 우리 모두가 문제다. 불행한 대형 참사가 되풀이되지 않으려면 모두가 변해야 한다. 내 자식 내 가족이 피해를 볼 수 있다는 생각으로 모두가 안전한 사회를 만들기 위해 함께 노력해야 한다.

남이야 어떻든 나만 공부 잘하면 되고, 나만 빨리 가면 되고, 새치기를 해서라도 나만 오래 기다리지 않으면 되고, 남이야 굶어 죽든 말든 나만 잘 먹고 잘 살면 되고, 남이야 주차하는데 고생을 하든 말든 자기 차만 편하게 아무렇게나 주차하는 일이 정상적인 공동체의 모습이 되어선 안 된다. 타인이나 이웃에게 불편을 주는 것을 부끄러워할 줄 아는 게 정상적인 시민이다. 서로 도와 가며 일하고, 공부하고, 생활하는 공동체 시민정신이 필요하다. 그렇게 아이들을 교육하고 그렇게 행동하는 시민이 되어야 한다.

펜션이나 글램핑 등 숙박시설 운영자가 비용이나 이익에 앞서 내 사랑하는 자식이나 가족이 그 숙소에서 잔다고 생각하면 그토록 허술하게 관리하거나 대충 감독하지 않을 것이다. 놀이기구를 점검하고 운영하는 업무를 담당하는 나는 해당 놀이기구를 점검하는 직원들에게 늘 강조하는 게 있다. "내가 점검하는 이 놀이기구를 내 가족이 탄다"는 생각으로 한 치의 오차없이 꼼꼼히 점검하자는 것이다. 당연히 그래야 하고 그런 마음가짐으로 한다면 어떻게 대충 점검할 수 있겠는가.

"나 하나쯤이야"라는 생각이 아니라 "나 때문에"라는 생각을 갖고 공동체 시민의 일원으로 거듭 나야 한다. 도덕성의 붕괴는 사소한 규칙, 윤리의 위반이 쌓여서 오는 것처럼 공동체의 작은 리스크를 잘못 관리하면 위기가 되고, 위기가 심하면 재난이 된다. 예방적으로 시행하는 안전조치의 성과는 체감하기가 쉽지 않다. 오히려 현실에선 많은 사람들이 안전조치는 불편조치로만 여긴다. 그럼에도 그런 것을 감수하고 인정해 줘야 결정권자들이 주저없이 안전을 최우선 할 수 있다. 우리는 그럴 수 있는가. 여러분은 안전을 위해 불편할 준비가 되어있는가.

생각을 바꿔야 안전이 보인다

대한민국 안전을 찾다

초판 1쇄 발행 2020년 10월 30일
초판 4쇄 발행 2021년 4월 20일

지은이 유인종
펴낸이 전형주, 전익균

기 획 백현서, 조양제
이 사 김영진
실 장 허태훈
편 집 김정
관 리 이주용, 전이랑, 조성오
개 발 박수아
디자인 페이지제로
교 육 민선아
마케팅 팀메이츠

펴낸곳 도서출판 새빛북스, (주)아미푸드앤미디어
전 화 (02) 2203-1996, (031) 427-4399 **팩스** (050) 4328-4393
출판문의 및 원고투고 이메일 svedu@daum.net
등록번호 제215-92-61832호 **등록일자** 2010. 7. 12

값 19,500원
ISBN 978-89-968972-3-1 03320

* 도서출판 새빛은 새빛에듀넷, 새빛북스, 에이원북스, 북클래스 브랜드를 운영하고 있습니다.
* (주)아미푸드앤미디어는 북카페 아미유를 운영중에 있습니다.
* 파본은 구입처에서 교환해 드리며, 관련 법령에 따라 환불해 드립니다.
  다만, 제품 훼손 시에는 환불이 불가능합니다.